教育部人文社会科学研究规划基金项目"乡村振兴战略下新生代农民工返乡创业行为驱动、测度及绩效评价研究——以江西为例"(项目编号:21YJAZH029)

乡村振兴战略下新生代农民工返乡创业行为研究

——以江西省为例

侯俊华 汤作华 著

立信会计出版社
LIXIN ACCOUNTING PUBLISHING HOUSE

图书在版编目(CIP)数据

乡村振兴战略下新生代农民工返乡创业行为研究：以江西省为例 / 侯俊华，汤作华著. --上海：立信会计出版社，2024.11. -- ISBN 978-7-5429-7773-1

Ⅰ.F323.6

中国国家版本馆 CIP 数据核字第 20247M4B26 号

策划编辑　　王斯龙
责任编辑　　彭秋龙
美术编辑　　吴博闻

乡村振兴战略下新生代农民工返乡创业行为研究——以江西省为例

出版发行	立信会计出版社
地　　址	上海市中山西路 2230 号　　邮政编码　200235
电　　话	(021)64411389　　传　　真　(021)64411325
网　　址	www.lixinph.com　　电子邮箱　lixinaph2019@126.com
网上书店	http://lixin.jd.com　　http://lxkjcbs.tmall.com
经　　销	各地新华书店
印　　刷	苏州市古得堡数码印刷有限公司
开　　本	710 毫米×1000 毫米　　1/16
印　　张	19.25　　插　　页　1
字　　数	292 千字
版　　次	2024 年 11 月第 1 版
印　　次	2024 年 11 月第 1 次
书　　号	ISBN 978-7-5429-7773-1 /F
定　　价	98.00 元

如有印订差错，请与本社联系调换

前言

党的十九大报告提出实施乡村振兴战略。为贯彻落实党的十九大精神,根据中央经济工作和农村工作会议精神以及政府工作报告要求,中央农村工作领导小组办公室编制的《乡村振兴战略规划(2018—2022年)》指出,在乡村振兴发展过程中要培育壮大创新创业群体,鼓励农民就地创业、返乡创业,加大各方资源支持本地农民兴业创业力度。党的二十大报告提出要全面推进乡村振兴。《中共中央 国务院关于做好 2023 年全面推进乡村振兴重点工作的意见》提出实施培育高素质农民计划,对创业带头人展开培育行动,《中共中央 国务院关于学习运用"千村示范、万村整治"工程经验有力有效推进乡村全面振兴的意见》提出把推进乡村全面振兴作为新时代新征程"三农"工作的总抓手。鼓励农民工[①]返乡创业是振兴乡村的重要举措,政府高度重视农民工返乡创业工作,并有计划地出台了一系列相关的政策文件。实施乡村振兴战略有利于推进城乡一体化融合发展,吸引农民工返乡创业,而农民工返乡创业在乡村经济发展中发挥着重要作用。促进农民工返乡创业,将有利于进一步推进乡村振兴。《2023 年农民工监测调查报告》数据显示,新生代农民工不仅成为我国农民工群体的主体,而且成为返乡创业的骨干力量。相较于老一代农民工,新生代农民工不仅数量庞大,而且受教育程度更高,创新性意识更强。新生代农民工已成为乡村振兴的新生力

---

① 本书所指"农民工"即"新产业工人",为便于表述,下文不再逐一说明。

量,是目前最具有培育潜力的创业群体。在此背景下,对新生代农民工返乡创业行为的研究具有特别重要的意义。

如何进一步优化创业环境、降低创业成本、推动返乡创业群体高质量地创业,是目前亟须解决的问题。新生代农民工在城市和乡村之间徘徊,这一代人大部分没有从事农业生产的经历,而在城市里面对种种问题,归属感又不强,与他们的父辈相比,双方所处的环境、打工经历有所不同,在创业理念、思维模式与社会价值取向等方面也有所差别,因此他们的返乡创业意愿与行为选择、创业能力与机会把握、创业效果等方面必然会存在差异。基于此,本书以新生代农民工为研究对象,依据"意愿—行为—绩效"的逻辑思路,从不同视角对影响返乡创业行为的多种因素进行梳理和研究,尝试对创业行为进行定量测度,并分析其对创业绩效产生的影响,提出引导新生代农民工返乡高质量地创业、培育创业群体、提高创业绩效的政策建议。

本书内容共分为 9 个部分。第 1 部分是绪论,主要就项目研究的背景与意义、国内外研究现状、研究目标与内容、研究的重点与难点、研究方法与技术路线、可能的创新等进行简要介绍,确定全书的分析框架并初步介绍研究内容。第 2 部分是核心概念界定与相关理论回顾,首先对"乡村振兴""新生代农民工""返乡创业行为"等相关概念的内涵进行界定,其次对本书涉及的重要理论进行总结和回顾,为本书奠定研究的理论基础。第 3 部分是乡村振兴战略下引导新生代农民工返乡创业的必要性分析,先运用理论结合实证分析法论证乡村振兴发展与新生代农民工返乡创业之间的互动关系,逆向解释新生代农民工返乡创业对农村经济高质量发展和乡村振兴的作用,说明在乡村振兴战略背景下引导新生代农民工返乡创业的必要性,然后基于推拉理论进一步阐述乡村振兴战略对新生代农民工返乡创业的影响以及动力机制。第 4 部分是国外移民创业对我国的启示,从影响创业行为的社会资源与环境、政策等要素出发,对典型发达国家移民创业环境进行分析与总结,为我国新生代农民工返乡创业提供启示。第 5 部分是新生代农民工返乡创业意愿与行为的联动和转化机制研究,通过对新生代农民工返乡创业行为特征的调查研究,找到乡村振兴战略下影响新生代农民工返乡创业意愿与行为的关键因素,构建创业意愿与创业行为之间关系模型,从而研究新生代农民工返乡创业从意愿到行为的内在转化机制。第 6 部分是新生代农民工个人特质对返乡创业行为的影响,依据影响创业行为的因素,在上一部分研究的基础上初步构建"个人特质—创业意愿—创业行为"模型,探讨新生代农民工返乡创业行为选择机理,考察各项具体因素对农民工返乡创业行为的影响程度和作用机制。第 7 部分是新生代农民工返乡创业行为对创业绩效的影响研究,构建适合新生代农民工高质量创业决策行为测度指标体系与路径,并进一步分析上述指标的不同维度对创业绩效的影响方向、程度和作用机理,继而通过实证进行检验。第 8 部分是乡村振兴战略下新生代农民工返乡创业行为的引导策略,在理论与实证的研究基础上,辅以典型案例进一步考察影响创业行为的影响因素,提出如何正确地引导新生代农民工进行创业,进而促进乡村振兴发展的政策建议,为创业者与政府相关部门提供理论指导。第 9 部分是研究结论、不足与未来展望,对本书的重点研究内容进行较为全面的总结,指出研究过程中存在的不足,并就该领域未来的研究提出展望。

本书系教育部人文社会科学研究规划基金项目"乡村振兴战略下新生代农民工返乡创业行为驱动、测度及绩效评价研究——以江西为例"(项目编号:21YJAZH029)的最终研究成果。本书的撰写得到邹静、杨锦琦、彭珍、李明香、周娟艳、王晨欣、吴天意、张潇、邓歆怡等人的帮助,同时参考了大量已有的研究成果,在此,我们对这些有价值研究成果的所有作者表示诚挚的谢意!本书仅仅就新生代农民工返乡创业行为进行了初步探讨,书中尚存在不妥的地方,研究的深度与广度还有待进一步拓展,敬请各位专家学者指正。

侯俊华

东华理工大学经济与管理学院

2024 年 3 月

目录

1 绪论 ·· 001
   1.1 研究背景与意义 ··· 001
   1.2 国内外研究现状 ··· 006
   1.3 研究目标与内容 ··· 013
   1.4 研究的重点与难点 ·· 018
   1.5 研究方法与技术路线 ··· 019
   1.6 可能的创新 ··· 021

2 核心概念界定与相关理论回顾 ······································ 023
   2.1 乡村振兴概念的界定与理论发展 ···························· 023
   2.2 新生代农民工返乡创业行为与理论发展 ·················· 027

3 乡村振兴战略下引导新生代农民工返乡创业的必要性分析 ······ 042
   3.1 乡村振兴发展与新生代农民工返乡创业的互动关系 ······ 042
   3.2 乡村振兴战略对新生代农民工返乡创业行为影响研究 ······ 048
   3.3 乡村振兴战略下新生代农民工返乡创业动力机制研究 ······ 057

4 国外移民创业对我国的启示 ··· 068
   4.1 相关国家移民创业 ··· 068

4.2 国外移民创业的主要特征 ··· 075
　　4.3 国外移民创业的启示 ··· 077

5 新生代农民工返乡创业意愿与行为的联动和转化机制研究 ······ 080
　　5.1 新生代农民工返乡创业行为特征研究 ···························· 080
　　5.2 乡村振兴战略下新生代农民工返乡创业的意愿影响因素
　　　　研究 ·· 095
　　5.3 乡村振兴战略下新生代农民工返乡创业行为的影响因素
　　　　研究 ·· 105
　　5.4 新生代农民工返乡创业从意愿到行为的转化机制研究
　　　　——基于资源获取的中介和创业环境的调节作用 ········ 115

6 新生代农民工个人特质对返乡创业行为的影响 ··················· 133
　　6.1 理论基础与文献综述 ··· 133
　　6.2 研究假设与理论模型 ··· 148
　　6.3 研究设计 ··· 157
　　6.4 数据分析与检验 ··· 166
　　6.5 研究结论与建议 ··· 187

7 新生代农民工返乡创业行为对创业绩效的影响研究 ············ 198
　　7.1 新生代农民工返乡创业行为测度的指标体系研究 ·········· 198
　　7.2 新生代农民工返乡创业行为对创业绩效的影响研究 ······ 209

8 乡村振兴战略下新生代农民工返乡创业行为的引导策略 ····· 224
　　8.1 新生代农民工返乡创业的案例分析 ······························ 224
　　8.2 政策支持建议 ·· 238

9 研究结论、不足与未来展望 ··· 248
　　9.1 研究结论 ··· 248

  9.2 研究不足 …………………………………………… 251
  9.3 未来展望 …………………………………………… 251

主要参考文献 ……………………………………………………… 253

附录 ……………………………………………………………… 284

1 绪 论

1.1 研究背景与意义

1.1.1 研究背景

"三农"问题一直是国家关心的重大战略问题。在我国城乡二元经济结构向现代社会经济结构转变的过程中,农民工问题也成为政府与学术界致力解决的重点。解决好农民工问题,不仅直接关系到从根本上解决"三农"问题,也关系到整个现代化经济发展的进程以及改革、发展与稳定的大局。党中央、国务院自2004年以来连续多年发布有关"三农"问题的中央一号文件,其中2009年中央一号文件提出落实农民工返乡创业扶持政策,在贷款发放、税费减免、工商登记、信息咨询等方面提供支持,积极支持农民工返乡创业;2010年国务院发布的中央一号文件《关于加大统筹城乡发展力度 进一步夯实农业农村发展基础的若干意见》,首次使用了"新生代农民工"一词,并要求采取针对性的措施,着力解决新生代农民工问题;2015年中央一号文件指出,引导有技能、资金和管理经验的农民工返乡创业,落实定向减税和普遍性降费政策,降低创业成本和企业负担;2016年中央一号文件首次提出加强农业供给侧改革;2019年中央一号文件鼓励各类人才返乡创业;2020年中央一号文件提出稳定农民工就业,深入实施农村创新创业带头人培育行动;2021年中央一号文件提出全面推进乡村振兴,培育高素质农民,吸引城市各方面人才到农村创新创业,参与乡村振兴和现代农业建设,随后中共中央办公厅、国务院办公厅印发的《关于加快推进乡村人才振兴的意见》指出,加快培养农村二三产业发展人才;2022年中央一号文件提出加快推进返乡创业园区建设,大力开展适合农民工就业与新业态的技能培训;2023年中央一号文件指出,全面推进乡村振兴建设,促进乡村产业高质量发展;2024年中央一号文件将"三个提升"作为推进乡村全面振兴的重点。近年来,国家出台的促进农民工返乡创业的相关政策与文件见表1-1。

表1-1 促进农民工返乡创业相关政策与文件

年份	政策文件	政策内容
2015	中央一号文件	定向减税降费政策,对产业进行扶持
2016	中央一号文件	培养新型职业农民,扶持农民工返乡创业,优化创业环境,营造浓厚的乡村创业氛围,吸引创业人才返乡
2017	中央一号文件	做大做强优势特色产业,建立现代农业产业园,鼓励农户和返乡创业人员入园区创业
2018	《乡村振兴战略规划(2018—2022年)》	对农民工创业加大社会各方面资源的支持力度
2019	中央一号文件	完善创业体系,吸引农民工返乡创业,加大返乡创业园区的建设
2020	中央一号文件	将乡村振兴战略、产业集群与当地特色优势相结合,促进各类人才返乡创业,培育农村创新创业带头人
2021	中央一号文件	对新生代农民工实施职业技能提升计划,促进农民就地就近就业创业,全面贯彻落实乡村振兴的方针政策
2021	《"十四五"就业促进规划》	引导具备创业能力的农民工群体返乡进行创业活动,促进农村经济的发展
2022	中央一号文件	大力推进返乡创业园区的建设,开展技能培训和新职业新业态培训,促进农民工就业创业
2023	中央一号文件	推动乡村产业高质量发展,实施高素质农民培育计划,开展创业带头人培育行动,建设创业孵化基地,引导农民就业创业
2024	中央一号文件	提升乡村产业发展水平,提升乡村建设水平,提升乡村治理水平

资料来源:根据相关政策文件整理。

为了支持农民工返乡创业,国家分阶段、分计划发布了相关政策。各部委采取了多项举措推进计划的实施,重点表现在以下几个方面:一是宣传落实返乡创业扶持政策,持续不断出台新政策。二是鼓励开发具有特色的返乡创业项目,培养新型职业农民带动返乡创业。三是搭建返乡创业服务平台,创设返乡创业园。四是加强返乡创业培训,提升农民工创业技能。五是完善返乡创业服务体系,利用社会各方面资源,加大支持力度。六是实施培育返乡创业带头人行动计划,建立创业孵化与培育基地。

《2022年农民工监测调查报告》数据显示,除2020年受突发公共卫生事件的影响,农民工总体数量趋于稳定增长(图1-1),2022年全国农民工总数为29 562万人,比2021年增加了311万人,增长率为1.1%。其中,本地农民工人数为12 372万人,比2021年增加了293万人,增长率为2.4%;外出农民工总人数为17 190万人,比2021年增加了18万人,增长率为0.1%。其中,外出农民工跨省流动人数为7 061万人,比2021年减少了69万人,下降了1.0%;省内流动人数为10 129万人,比2021年增加了87万人,增长率为0.9%。据国家统计局网站2024年4月30日公布的《2023年农民工监测调查报告》,2023年全国农民工总量为29 753万人,比2022年增加191万人,增长0.6%。其中,本地农民工12 095万人,比2022年减少277万人,下降2.2%;外出农民工

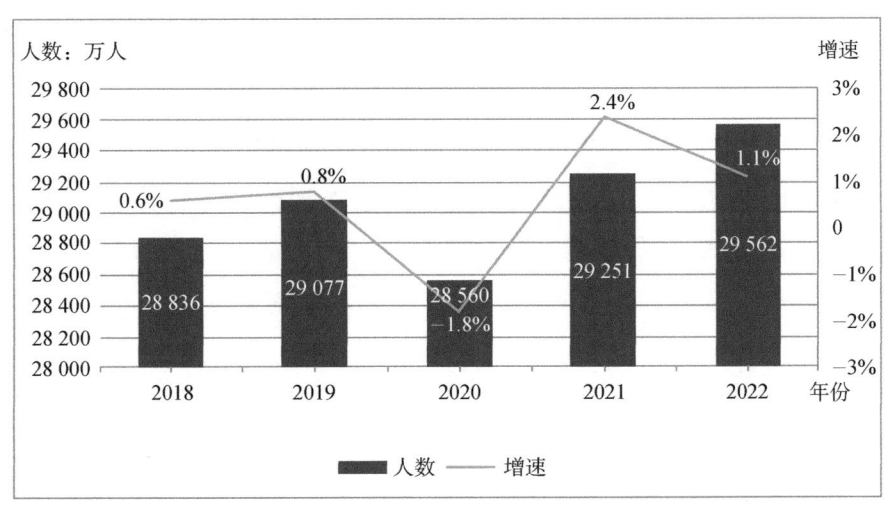

图1-1　2018—2022年农民工发展规模与增速变化图

17 658万人,比2022年增加468万人,增长2.7%。其中,外出农民工跨省流动6 751万人,这是近年来跨省流动农民工首次低于7 000万人。这说明我国农民工规模在不断扩大,就近就业创业趋势不断增强;外出农民工跨省流动人数减少,说明更多农民工选择就近工作;省内流动数量增加,说明更多外出农民工选择返乡就业创业。另外,每年返乡创业人数也在不断增加,根据农业农村部统计,2018年年底的返乡创业人员达到740万人,其中农民工人数达到580万人,占比为73.4%;2020年返乡创业人员达到1 010万人,首次突破1 000万人;截至2022年年底,全国返乡创业人员已经累计达到1 220万人(图1-2)。可以看出,我国返乡创业人数逐年增加,返乡创业热情持续高涨,他们成为农村经济发展的主体。

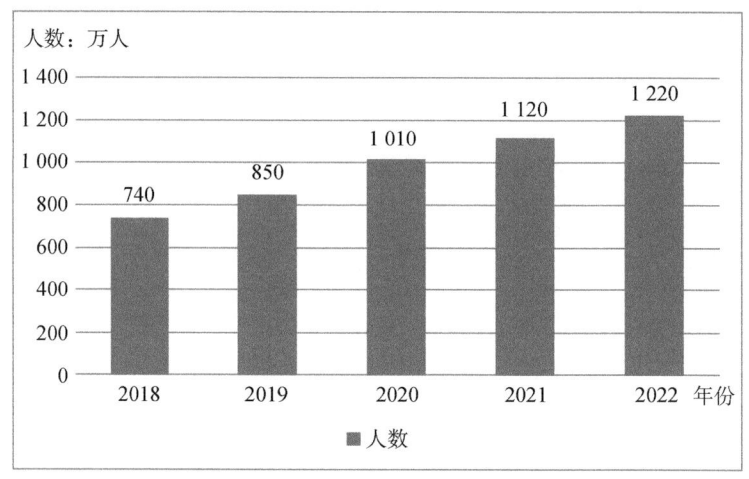

图1-2 2018—2022年返乡创业人员发展规模

由此可见,历年来国家高度重视农民工返乡创业与培育工作,以创业带动就业,把就业落到实处。政策激发农民工返乡创业的热情,使得创业人数持续增长。在此背景下,对农民工返乡创业行为的研究具有特别重要的意义。

1.1.2 研究意义

(1) 理论意义

如何优化创业环境、降低创业成本、推动返乡创业高质量发展,是目前亟须解决的问题。自20世纪末第三次"民工潮"出现以来,农民工群体内部逐渐呈现异质性(刘亚娜和董琦圆,2019),新生代农民工在城市和乡村之间徘徊,这一代人大部分没有从事农业生产的经历,而在城市里面对种种问题,归属感又不强,与他们的父辈相比,双方所处的环境、打工经历有所不同,在创业理念、思维模式与社会价值取向等方面也有所差别,因此他们的返乡创业意愿与行为选择、创业能力与机会把握、创业效果等方面必然会存在差异。江西是农业大省,也是劳务输出大省。历年来,省政府非常重视农民工返乡创业工作,也积累了丰富的经验。为了进一步促进农民工创业,2022年江西省人民政府办公厅发布了《关于促进农民工就业创业10条措施的通知》,如为农民工提供创业场地、指导与培训等免费服务,同时出台了财税方面的一系列优惠政策。由此,农民创业环境进一步得到改善,吸引了一大批新生代农民工返乡创业。尽管如此,全省农民工创业活跃程度与周边经济发达省份相比还存在较大差距,创业绩效还不高。在此特殊背景下,新生代农民工返乡创业意愿如何?他们与一般的创业者有什么不同?创业行为会发生怎样的变化?如何通过政策、环境引导,激发他们的创业意愿、引导创业行为、培育创业群体、提高创业绩效,对于实施乡村振兴战略具有十分重要的意义。创业行为是一个多维度的复杂过程,因此,本书以新生代农民工为研究对象,从创业行为入手,找出驱动新生代农民工进行返乡创业行为的核心和关键要素,构建适合新生代农民工高质量创业行为的测度指标体系,实证考察创业行为对农民创业绩效的影响程度及作用机理,并提出引导新生代农民工返乡高质量地创业、培育创业群体、提高创业绩效的政策建议。本书将创业理论应用于我国具有特色的新生代农民工创业行为研究,有利于丰富中国转型经济特征下的创业理论研究。

(2)实践意义

党的十九大报告提出乡村振兴战略,党的二十大全面落实与实施这一战略,国家制定《乡村振兴战略规划(2018—2022年)》,明确具体实施计划与指标,提出要培育壮大创新创业群体,实施农村双创带头人培育行动,利用各方资源加大支持本地农民工创业与兴业的力度。根据国家统计局公布的《2018年农民工监测调查报告》,新生代农民工,即1980年及以后出生的农民工,占全国农民工总量的51.5%,且呈现逐年上升的趋势。据《2023年农民工监测调查报告》,农民工平均年龄继续提高:农民工平均年龄43.1岁,比上年提高0.8岁,其中,本地农民工平均年龄46.6岁,外出地农民工平均年龄38.9岁。从年龄结构看,农民工中40岁及以下的占44.6%,41~50岁的占24.8%,50岁以上的占30.6%,新生代农民工目前已发展成为回乡创业的主要群体。张秀娥和张梦琪(2015)论证了新型城镇化发展与新生代农民工返乡创业之间互为耦合关系,新生代农民工返乡创业有力促进了乡村振兴的发展;袁方和史清华(2019)基于全国农村固定观察点数据,证实农村创业率和创业收入的提升均会显著降低农村返贫率。但新生代农民工返乡创业人数总体较少,仍处于较低水平,不利于农村的发展(谢桂花和王林萍,2019)。2020年2月,中华人民共和国国家发展和改革委员会(以下简称"国家发展改革委")、教育部、科技部等19个部门和单位印发《关于推动返乡入乡创业高质量发展的意见》,据国家发展改革委统计,到2025年,全国各类返乡入乡创业人员将达1 500万人以上,带动就业人数6 000万人左右。因此,引导新生代农民工返乡创业对于乡村振兴战略的实施、阻断农户返贫与巩固脱贫致富具有重要的现实意义。另外,本书的研究成果将在实践上为创业者提供行动参考,引导创业者高质量地开展创业活动,提升创业行为的效果与效率,助力创业成功,同时为政府制定政策提供可参考的依据,从而促进农民工积极创业和成功创业。

1.2 国内外研究现状

1.2.1 关于创业行为的测度研究

创业行为是创业活动的实施过程。它是一个多维度的复杂过程,是创业的动态化表述,蕴含着许多不确定性因素。在创业的研究领域,尚未有学者对此作出一个准确的、权威的定义,通常是基于创业者在创业过程中的行为进行分析。自20世纪90年代以来,创业过程成为学术界对创业研究的焦点,创业行为是创业研究的核心主题之一。在创业理论研究领域,国内外有很多学者从不同的视角对创业行为进行研究,其中对创业行为影响因素和定量测度进行分析的研究较多。

(1) 关于驱动创业行为的影响因素研究

从已有的文献资料看,驱动创业行为影响因素可以分为个体层面、决策层面与环境层面。

从个体层面来看,创业过程是创业者与外部环境互为影响相互作用的结果(Timmons,1999)。Wickham(2007)指出,创业行为的核心是创业者,创业者在创业机会的发现、创业资源的获取以及对创业团队的领导中都发挥着重要的作用。大量研究表明,创业者的个体特征对创业意愿与创业行为都有着重要的影响(Lyigun,1998;Baron,2004;Ciavarella,2004;赵文红和李垣,2002;范巍和王重鸣,2004;朱红根等,2010),包括教育、性别、年龄、能力、工作经历等。个体在创业方面富有经验,知识和能力储备充分,对创业行为会更有把握,对于创业行动中可能出现的问题或风险的掌控程度也会大幅提升,从而提升了创业行为的成功概率(Ajzen,2002)。基于心理学视角,创业行为由创业意愿支持或驱动(Kuratko等,2014)。Shapero和Sokol(1982)及Krueger和Carsrud(1993)均构建了创业意愿的模型,认为创业者只有具备创业意愿才能进行创业行为活动。计划行为理论(以下简称"TPB理论")指出,个体创业意愿与他们采取创业行为进行创业存在密切的关系,个体创业者对某一计划行为意愿越强,他们就越有可能实施该创业行动计划,而三种因素又往往制约了个体的意愿,即行为态度、主观规范和感知行为控制(Ajzen,1991)。国内学者李雯和夏清华(2013)从感知合意性和可行性对创业行为的影响以及内在的机理进行了分析;闫华飞和胡蓓(2014)认为,创业者的行为是创业者在受到创业意愿和创业机会的影响下,采取一系列行为来实现创业的目的;崔祥民等(2017)研究了创业意愿向创业行为转化的内在机制;刘宇娜和张秀娥(2018)证实了创业者创业意愿与创业行为转化过程是通过创业机会识别实现的,其中环境的不确定性在创业意愿、机会识别与行为之间起着调节作用;丁俊华和耿明斋

(2023)证实了返乡创业农民工的个体特征对创业绩效的作用。

从决策层面来看,创业机会和资源是影响创业行为的两大关键要素(Shane和Venkataraman,2000;Ardichvili等,2003),创业行为的核心就是如何去识别、开发和利用创业机会,而在对创业机会开发利用的过程中,关键是对创业资源的整合与利用。Gartner(1990)认为,创业过程就是发现机会、创建新组织等相关的所有行为过程,包括机会的识别、资源的获取、新组织的创建以及对创立后的新组织业务管理等;Timmons(1999)将创业机会的识别、资源获取以及团队组织的创立看作创业行为的三大核心要素;从创业机会的角度看,创业是创业者识别并抓住创业机会,充分发现并利用机会价值的过程,外部环境的不确定性和信息的不对称是创业机会的来源(Shane和Venkataraman,2000)。Kuratko等(2015)与Eshima和Anderson(2016)指出,创业活动是指在不确定情况下,创业者或创业企业通过利用其认知和行为将获得的新资源与现有资源进行配置,并利用新机会进行价值创造的一系列相关活动的整个过程。国内学者张玉利(2008)认为,创业行为就是创业过程,创业企业的机制在创业过程中起着关键作用,并指出创新行为的实施过程应包括发现创业机会、整合创业资源、组建创业团队以及获取新的创新资源;葛宝山等(2015)基于机会—资源一体化视角进行研究,认为创业应该围绕机会和资源两个关键要素开展活动,机会是创业过程的整个核心,资源能够为其提供保障;叶文平等(2018)基于创业机会分布进行研究,认为个体行动者开展创业行动的关键在于区域内创业机会分布的多寡。

从环境层面来看,创业环境一直是学者们研究创业行为关注的重点,它包括政策环境、社会网络和地域特征等。Fonseca等(2001)认为,政府制定的相关政策、法律和法规对创业者的意愿和行为都会产生重要的影响。创业者还需要通过与他人或组织进行联系,以获取诸如信息、资本、技术、人员等创业所需的社会资源,而创业者与他人之间的联系所形成的社会网络中蕴含着丰富的社会资源,良好的人际网络关系可以帮助创业者从中获取不同类型的资源,它是创业者获取创业相关资源的重要渠道(Shane和Cable,2002);社会网络关系可以拓展知识的边界,而这种知识可能直接形成机会(王侃和董保宝,2010);蒋剑勇等(2013)认为,创业者创业资源的获取会受到社会网络特征和社会技能的影响;蔡莉等(2019)认为,在独特的转型经济情境下,中国企业的创业行为有着其独特性,其中企业社会网络构建也刻着鲜明的中国烙印;张玉利和冯潇(2019)认为,对农民来说,基于宗亲网络形成的社会关系,为他们创业提供了方便,社会网络关系便于联结亲戚、朋友以及业务伙伴等社会关系成员,为农民创业提供了必要的物质与精神支撑。对农业企业来说,Grand(2011)发现,乡村设施、传统特色产品、地域文化、建筑风格等这些独特的重要资源不易被复制,能给企业增值;危旭芳和罗必良(2014)在关于农民创业模式选择的研究中指出,由于农民的恋土情结,农民创业者的创业领域更多的是涉及与农村农业相关的生产和生活领域;区域经济、政府政策和交通设施等都对返乡者的创业行为有显著的影响(Yin等,2021)。因此,创业环境对于促进返乡创业起着重要的作用(胡祎,2023)。

(2)关于创业行为定量测度研究

目前关于创业行为定量测度研究的资料不多,戴维奇和魏江(2010)从创新与风险投资两个角度定量测度集群企业创业行为,其中创新包括管理与产品服务创新,风险投资包括国内与国际风险投资,研究发现,公司的创业行为有利于提升集群企业的财务绩效,从而带动集群企业的升级与发展;闫丽平(2013)认为,创业行为具有时间动态特征,对此,可引用行为速度和行为集中度来衡量创业行为;闫华飞和胡蓓(2014)从机会识别、资源整合、团队组建、网络搭建和模仿行为5个维度对产业集群创业行为进行了测度;朱红根(2018)从绿色采购、绿色生产、绿色管理、绿色营销4个维度对农业龙头企业绿色创业进行了测度,认为绿色创业行为有助于提高农业龙头企业绩效;蔡莉等(2019)从机会—资源一体化创业行为角度设计了测度量表,并选取三家具有国企背景的新能源汽车企业行为进行多案例分析。

1.2.2 关于创业行为对创业绩效的影响研究

创业绩效是衡量创业企业成功的重要指标,也是实务界与学术界关注的焦点。理论上对创业绩效的研究已经从最初的单一因素影响分析逐步过渡到多因素探讨,但仅有少量研究从创业行为过程视角,探讨其对创业绩效影响。相关研究往往把创业环境作为创业绩效的重要影响因素,创业者在创业过程中主动识别环境中蕴含的机会和资源,通过识别、评估并开发创业机会,及时调整企业战略,以适应环境甚至能够创造适合组织自身目标的有利环境,这样才能提高创业绩效(Wickham,1997;蔡莉等,2007)。也有学者认为,创业行为过程所进行的一系列活动对创业绩效具有重要的影响,如资源开发与利用对创业绩效起决定性作用,创业者应该有效地捕获、配置和整合利用创业资源来提升创业绩效(Chrisman 等,1998;王雨濛等,2022);彭少峰等(2021)则证实了获取资源的效率对农民工返乡创业绩效有正向的促进作用;Brüderl 和 Preisendörfer(1998)认为,社会网络获取的资源(包括资金、信息、人际关系等要素)有助于提高创业绩效;创业战略是创业绩效的一个重要影响因素(Sandberg 和 Hofer,1987;Gibb 和 Davies,1990);Miles 和 Snow(1978)构建了战略选择对创业绩效的影响模型。我国学者对战略选择与创业绩效的影响研究较少,马鸿佳等(2016)认为,差异化策略和重点战略对企业绩效有显著影响,能产生积极作用,而全球成本战略对企业绩效的影响并不显著;孙昕宇等(2021)研究了绿色创业导向对农业新创企业绩效的作用,发现绿色创业导向对其财务绩效和环境绩效都起着正向作用。

1.2.3 关于新生代农民工返乡创业行为研究

关于"农民工",国外学术界没有这一提法,他们更多是用"Rural-Urban Migration"表示农村与城市之间的迁移,创业研究更多地聚焦于个体或者组织。由于我国的二元经济体制,农民工成为社会经济转型发展过程中的特殊群体,对其创业活动的研究也成为我国理论界的一种特色。在对劳动力转移过程的研究方面,国外著名的理论有刘易斯的理论模型、托达罗的人口流动模型,康纳德等运用推拉理论模型解释了劳动力迁移现象。而以农民为研究对象的创业理论及实践研究较少,仅有部分学者关注这一领域,Fafchamps 和 Quisumbing(2003)通过对巴基斯坦农村地区创业者的研究,发现受教育程度越高的家庭成员越容易成为创业者;Folmer 等(2010)利用构建结构方程模型(SEM)的方法,考察了印度西孟加拉邦地区农民创业的影响因素,认为创业者的个体特征如年龄、受教育程度、婚姻状况、孩子数量、职业地位等,还有庄稼数量、家庭资金的支持以及创新性等都是影响农民决定创业行为的因素;Stathopoulo(2004)研究发现,具有创业意识的农民更易发现创业机会,利用农村经济环境变化引起市场需求变化所带来的契机;Eugenia(2008)认为,创业机会的识别和开发利用是农民创业成功的关键;Krugman(1991)认为,基于人脉、关系和信任的社会资本环境与农民创业行为的效率密切相关,同时,农村网络关系能够弥补农民创业企业规模小的天然不足;完善的道路设施、物流设施和信息网络设施建设有助于刺激农民创业(Fox 和 Porca 2001,Malecki,2003);Corum 等(2001)研究发现,政府政策的支持程度对农民创业行为起着积极的引导作用,并建议政府依据不同地区的环境条件针对农民创业制定差异化的政策。

在国内,对农民工返乡创业的研究始于 2008 年,对农民工创业的研究由宏观到微观,由强调特质到注重创业过程研究,许多学者从个人特质、资源与环境等方面对农民工创业活动的影响进行了有益探索,如朱明芬(2010)以浙江杭州为例,实证分析了影响农民工创业行为的重要因素,包括地区经济发展水平、农民受教育程度、家庭中人口数量与承包耕地面积等;朱红根等(2015)证实了创业环境的不同维度影响农民工创业绩效,在不同发展阶段,创业环境的不同要素对于农民工创业绩效影响具有差异性;农民工返乡创业是个体特征、资源禀赋与宏观环境等共同因素作用的合理结果(罗明忠,2012;陈国生等,2022);王丽芳(2018)认为,乡村创业以农业为基础驱动产业耦合,促进农村产业结构调整。2010 年中央一号文件首次将"新生代农民工"写入官方文件,新生代农民工问题逐渐进入人们的视野,但有针对性地研究"新生代农民工创业"的文献不是很多。相较于老一代农民工,新生代农民工具有"双重边缘性"和"双重脱嵌性",这使得他们处于社会边缘,但他们在工作期望、物质和精神需求方面均高于老一代农民工。王春光(2001)研究发现,新生代农民工与老一代农民工出现代际变化,在农村流动过程中,他们的动机与社会特征都存在显著的差别;张秀娥等(2013)研究发现,影响新生代农民工的返乡创业行为因素包括家乡人的态度、自身能力以及外部资源可获得性等新生代农民工的个体特征、社会资本和心理因素均对创业意愿有显著性影响(韦吉飞,2017;伍如昕和何薇薇,2018;朱艳军和夏利波,2020);内外因素共同作用影响着创业行为(朱艳军和夏利波,2020);孔凡柱和赵莉(2018)研究发现,创业政策认知度会显著地影响新生代农民工创业行为,近年来国家虽然颁布了一系列返乡创业的扶持政策,但由于农民工对创业政策不敏感,并没有激发其创业意愿,同时进一步发现不同类型创业政策对创业者的影响效果不同,创业培训具有重要的影响,它不仅能激发创业者的热情,还有利于创业者进一步了解政府的其他相关创业政策,从而增强创业者的意愿;谢桂花和王林萍(2020)也证实了创业认知、风险态度、社会网络支持、不同技能培训和资本水平等因素对新生代农民工返乡创业意愿的影响存在较大的差别;李练军等(2021)认为,应依据机会与资源禀赋的差异来提升新生代农民工返乡创业的能力。

国内外现有研究成果为本书提供了理论指导,对我们更好地把握新生代农民工创业行为测度及绩效研究有着非常重要的借鉴作用。但通过上述对现有文献的综述,我们发现目前研究成果存在一些亟须解决的问题。

第一,已有的创业研究侧重创业行为影响因素分析,尤其是意愿影响因素,对创业行为过程的微观行为研究不够深入,实证研究方面往往也侧重在问卷调查基础上的描述统计分析,缺乏对创业行为更为科学、精确的度量方法。

第二,在现有研究中,创业者创业行为的影响因素包括创业者的个体特征、社会网络关系、区域与个体经济状况、社会文化环境以及产业发展背景等。但是,这些研究只是着重探讨某一特定或几种因素对创业行为的影响,缺乏将个体、环境与组织等因素整合在一起的分析框架,这为本书提供了研究机会。为了更全面、深刻地揭示创业行为过程的本质,构建更完善的创业行为理论,本书将进一步从行为过程视角出发,系统探究创业行为过程中各要素之间的作用机理。

第三,农民创业实质上就是在不同区域环境下,通过内外因素的共同作用,对机会、资源等不同要素进行动态的整合和平衡的过程(危旭芳和罗必良,2014),现有研究强调一般环境对农民创业过程与创业绩效的影响,较少将创业者置于区域环境中,从微观上分析农民创业行为选择。在乡村振兴背景下,新生代农民创业者与一般创业者在资源获取及利用方面有何特性差异、异质性资源如何影响创业过程及其绩效、新生代农民工如何依据地域与现代农业产业特性进行创业模式创新等,都是本书待探讨的问题。

创业行为影响因素具有复杂性与不确定性,在一定程度上给创业行为的度量分析带来了相当大的难度,因此,创业行为分析常采用统计性描述和案例分析方法,较少使用定量评估方法。本书将依据"意愿—行为—绩效"逻辑思路,从不同视角对影响创业行为的多因素进行梳理和研究,尝试对创业行为进行定量测度,并分析其对创业绩效产生的影响,探讨它们之间的影响关系。

1.3 研究目标与内容

1.3.1 研究目标

本书基于区域经济理论、创业理论与行为决策理论,利用定性与定量相结合的研究方法,依据"意愿—行为—绩效"逻辑思路,重点对驱动农民创业意愿转化为创业行为的因素、创业行为评价指标体系的构建与测度、创业行为对创业绩效的影响等进行分析,从而为全面系统地考察新生代农民工具体创业行为与各因素对农民工创业绩效的影响大小及其作用机理提供理论判断依据,并提出引导农民工进行创业的政策建议。本书旨在为政府科学引导新生代农民工、促进农民工积极创业和成功创业提供决策参考。

1.3.2 研究内容

本书依据"意愿—行为—绩效"的逻辑思路,以乡村振兴战略下新生代农民工返乡创业行为及其对创业绩效的影响为主要研究对象,在梳理当前文献的基础上,首先从社区环境、乡土文化、现代农业产业特征等方面入手探究乡村振兴战略对新生代农民工返乡创业意愿和行为的影响效应;其次运用推拉理论与二元Logistic回归模型分析影响新生代农民工返乡创业意愿的因素以及动力机制,并依据"创业意愿—机会识别—创业行为"的理论框架解析驱动创业意愿向创业行为转化的内在机理;再次从个人、决策、环境三个层面进行创业行为的主要影响因素识别,在此基础上构建包含机会开发、战略选择、创业模式、资源整合、网络构建五个维度的指标体系,对新生代农民工返乡创业行为进行定量测度;最后构建创业行为对创业绩效的影响模型,探究通过驱动创业行为来促进创业绩效提升,进而推动乡村创业高质量发展,并结合江西省的案例分析提出相关政策建议。

本书的逻辑框架如图1-3所示。

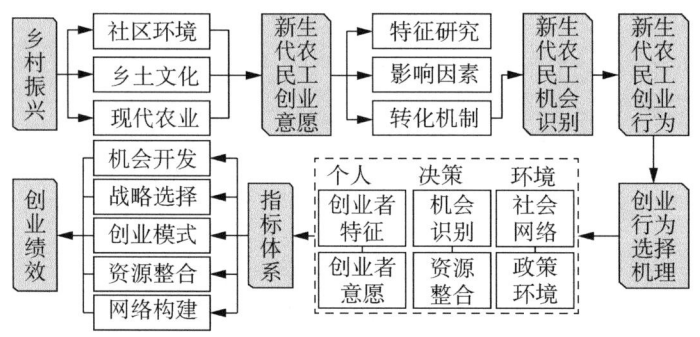

图1-3 本书的逻辑框架

(1)核心概念界定与相关理论回顾

本书首先对"乡村振兴""新生代农民工""返乡创业行为"的概念进行界定,然后对国内外创业相关研究进行总结和回顾,分别从创业行为、创业行为对创业绩效影响、新生代农民工返乡创业行为等方面对国内外相关文献进行梳理,从整体上对国内外新生代农民工创业行为及其对创业绩效的影响进行系统分析,厘清其中的重要关系和关键影响因素,从而为本书的模型构建与论证奠定理论基础。

（2）乡村振兴背景下引导新生代农民工返乡创业的必要性分析

《乡村振兴战略规划（2018—2022年）》明确提出，要科学有序推动乡村产业、人才、文化、生态和组织振兴，要构建现代农业产业体系、生产体系和经营体系。为此，本书首先分析乡村振兴发展与新生代农民工返乡创业之间的互动关系，解析乡村振兴发展与新生代农民工返乡创业的相互作用及影响，逆向分析新生代农民工返乡创业对农村经济高质量发展和乡村振兴的作用，继而论证在乡村振兴战略下引导新生代农民工返乡创业的必要性；然后基于实证研究从社区环境、乡土文化、现代农业三个要素分析乡村振兴战略对新生代农民工返乡创业意愿行为的影响；最后进一步运用推拉理论分析乡村振兴战略下新生代农民工返乡创业动力机制。新生代农民工返乡创业行为不仅受到乡村振兴战略的拉动作用，还受到其他因素的影响，尤其是政府、家乡和社会等多个主体的相互作用。本书进一步运用推拉理论厘清乡村拉动、政府推动和社会推动的三维联动机制内在逻辑关系（图1-4），分析新生代农民工返乡创业过程中内在动力因素和受到的阻力，进而发现新生代农民工返乡创业发展有利于乡村振兴战略的实施，同时乡村振兴战略为新生代农民工返乡创业提供了必要条件。

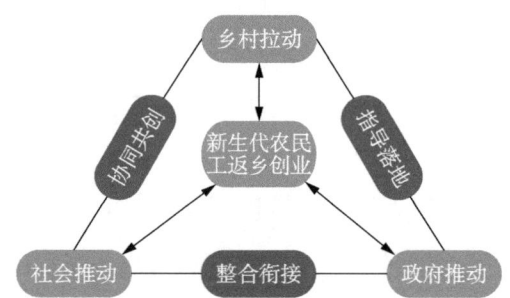

图1-4 新生代农民工返乡创业行为三维联动机制

（3）新生代农民工返乡创业意愿与行为的联动和转化机制研究

研究返乡新生代农民工创业意愿行为是洞察其创业行为规律至关重要的一环，创业意愿行为及行为质量客观决定着农民工返乡创业活动的效率。

一是新生代农民工返乡创业行为特征研究。本书分析我国乡村振兴背景下新生代农民工返乡创业行为的发展现状,并以江西省为例,调查新生代农民工返乡创业行为与一般的创业者有什么区别,运用描述性统计方法分析新生代农民工返乡创业行为的差异及原因,分析新生代农民工返乡创业的优势与困境。

二是新生代农民工返乡创业意愿与行为影响因素研究。新生代农民工返乡创业意愿与行为涉及政府、家乡、社会等多个主体的交互作用,本书从这三个主体分析新生代农民工返乡创业意愿与行为的影响因素,采用二元Logistic回归分析模型,从理论上探寻新生代农民工返乡创业行为的意向和影响因素,并进行实证研究。

三是驱动创业意愿向创业行为转化的内在机制研究。具有创业意愿的个人并不一定会完成创业行为,基于计划行为理论,个人意愿并不能完全决定创业行为,还受到其他因素的制约,如创业过程中的个人执行能力、机会与资源等实际条件的影响。在这些条件都具备且完善的情况下,创业者的行为意向才能转化实际行为。Shook等(2003)构建"形成创业意向—搜寻和发现机会—作出创业决策—开发创业机会"的理论模型,证实了机会识别在创业意愿向创业行为转化中起着重要的中介作用。本书依据"创业意愿—机会识别—创业行为"理论框架,基于创业机会的识别过程中,创业资源的获取是关键的结论,将资源获取作为中介变量,构建关于创业意愿和创业行为之间关系的研究假设和模型,并将创业环境作为调节变量引入模型。在上述理论模型框架基础上,本书分析驱动创业意愿向创业行为转化的作用机制,并以江西省为例,对理论框架模型的假设进行实证检验。

(4)新生代农民工返乡创业行为选择机理与评价指标体系

一是个人特质对返乡创业行为的影响——基于创业意愿的中介和创业政策的调节作用。创业行为是创业者在创业计划行为基础上进行创业决策的过程,基于三元交互理论和计划行为理论,本书将创业行为选择影响因素分为个人、决策和环境三个方面,建立"个人—决策—环境"的层级创业行为构建系统。个人层级考虑创业者特征与意愿,创业者特征包括个体特征、家庭特征、风险偏好等;决策层级主要为机会识别与资源整合,它们是创业行为最重要的核心驱动因素,创业就是通过对资源的独特整合,利用机会创造价值的过程;环境层级重点为社会网络、政策环境与地域特征,突出创业活动的本地化特征如社区文化、治理、产业等。在此基础上,本书从创业者特征、创业者意愿、机会识别、创业资源、创业环境等维度进行分析。

初始创业开展就是通过资源获取,发现机会并开始进行创业的活动。上节已经论证了驱动创业意愿向创业行为转化过程中资源获取的中介作用,本部分进一步探讨其余变量之间的内在逻辑关系,从而探究新生代农民工返乡创业行为选择机理。在乡村振兴背景下,创业环境中最重要的是创业政策的影响,由此将影响新生代农民工返乡创业行为选择因素各个变量之间的关系梳理为"个人特质—创业意愿—创业行为",如图 1-5 所示。

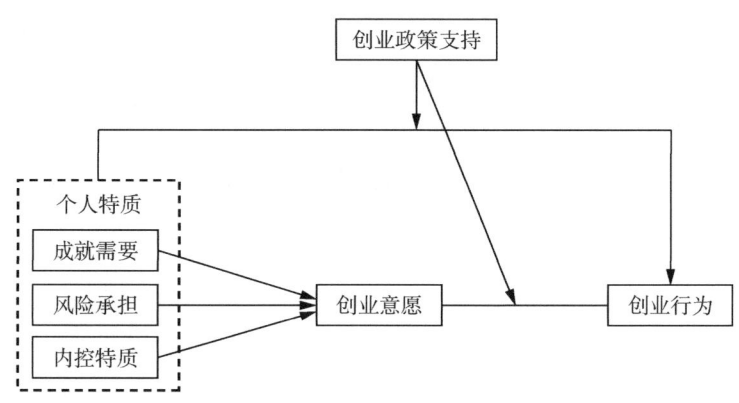

图 1-5 创业行为选择理论模型

本书以个人特质为自变量,以返乡创业行为为因变量,以创业意愿为中介变量,以创业政策支持为调节变量,探讨新生代农民工返乡创业行为选择机理,考察各项具体因素对农民工返乡创业行为的影响程度和作用机制,并运用结构方程模型进行实证研究。

二是新生代农民返乡创业行为的测度指标体系研究。本书通过创业行为及其影响因素初步构建适合新生代农民工高质量创业决策行为的测度指标体系与路径,并从机会开发、战略选择、创业模式、资源整合、网络构建5个维度进行构建,根据创业行为以及5个维度的理论定义对测量指标库中的指标进行分类和归并,运用扎根理论与因子分析法探讨每个维度的具体因素,明确其详细内涵,形成最初的测度指标体系,进而通过编码分析提炼出新生代农民工创业行为的维度结构,包括网络构建行为、创业学习行为、机会识别行为、资源利用与分配和商业模式创新,并进一步分析各维度对返乡创业质量的影响路径。

(5) 新生代农民工返乡创业行为对创业绩效的影响效应研究

基于乡村振兴战略,创业绩效不仅要考虑经济绩效,还应考虑社会绩效与生态绩效。首先,考虑到农民创业规模较小、财务制度不完善,很难获取相关的财务数据,对此,本书选择的创业绩效指标主要包括创业年利润、创业年纳税额、创业雇佣人数、创业企业的存活期、员工满意度和绿色产品比率等,最终测定须经过咨询专家反复讨论确定;其次,构建创业行为对创业绩效影响的结构模型,考察创业行为的不同维度对其影响的方向、程度和作用机理;最后,采用实证研究的方法对假设进行验证,并对研究结果进行总结分析。

(6) 乡村振兴背景下新生代农民工返乡创业行为的引导策略

本书以典型案例进行实证研究,验证理论与模型的可行性,并进行修正,同时通过典型案例调查,考察农民创业行为的具体要素,以期在实际案例中找到理论支撑。在上述基础上,本书借鉴国外的经验,有针对性地提出引导农民工创业行为进而促进乡村振兴发展的政策建议,为创业者与相关部门提供理论指导。

1.4 研究的重点与难点

1.4.1 驱动创业意愿向创业行为转化的内在机理研究

如何驱动农民工的创业意愿转化成创业行为?其内在机理是怎样的?这是本书的重点与难点。本书基于计划行为理论与相关的要素模型,在一般的"创业意愿—机会识别—创业行为"模型框架上,考虑乡村振兴背景,尤其是社区环境、乡土文化、现代农业产业特征与政策环境对其创业意愿的影响,从内外部要素两个角度科学地探究创业意愿向创业行为的转化机制。

1.4.2 创业行为评价指标体系的构建与测度

创业行为本身是一个动态的、多维度的复杂过程,是影响农民创业的各种内外部因素的综合体,涉及因素较多,很难在实证分析中全面度量,因此,创业行为变量的处理是关键。本书基于"个人—决策—环境"三个层级的梳理,初步找到影响创业行为的关键因素和规律,构建新生代农民工返乡创业行为选择因素各个变量之间的关系为"个人特质—创业意愿—创业行为",运用结构方程模型进行实证研究,考察各项具体因素对农民工返乡创业行为的影响程度和作用机理,并采用扎根理论对新生代农民工返乡创业行为各维度具体指标进行探索性研究,后续用实证与案例验证理论模型。

1.4.3 创业行为对创业绩效的影响效应分析

如何评判新生代农民工创业绩效,考察创业行为各指标体系与农民工创业绩效之间内在机理的关系也是本书的关键重点和难点之一。

1.5 研究方法与技术路线

1.5.1 主要研究方法

本书主要采用统计分析、计量模型、理论与实证研究以及文献资料相结合的分析方法,综合多学科研究的基本视角,具体研究方法如下:

其一,文献研究。在国内外相关创业的文献基础上,进行系统分析与整理,提出研究思路与方法。

其二,比较分析法。一是横向对比,主要是借鉴国外发达国家移民创业的经验,为我国农民工返乡创业行为的分析提供启示。二是纵向对比,比较分析新生代农民工与老一代农民工返乡创业在意愿与行为选择、能力与机会把握、创业绩效等方面的差异,便于总结。三是将现实问题与理论进行对比,遵从理论的原理路径,指导解决现实问题。

其三,理论研究与调查研究相结合。理论研究为问题的提出、测度的方法及指标体系的构建奠定基础,我们使用调查问卷等方法对江西省新生代农民工返乡创业行为进行实证研究。

其四,数理经济建模分析法。在指标分析及定量测度模型等环节,采用建立数理经济模型的方法进行说明和分析,并结合运用扎根理论、多元逐步回归模型、结构方程分析方法。

相关研究内容与方法如表1-2所示。

表1-2 研究内容与方法

研究内容	研究方法
乡村振兴发展与新生代农民工返乡创业的互动关系	文献资料分析、统计分析、面板向量自回归、面板因果关系
新生代农民工返乡创业意愿与行为的联动和转化机制研究	推拉理论、信度与效度、探索性因子分析、回归模型分析、Probit模型分析
新生代农民工返乡创业行为的影响因素与评价指标体系	统计描述、中介效应模型、结构方程模型、扎根理论
新生代农民工返乡创业行为对创业绩效的影响效应研究	统计描述、中介效应模型、结构方程模型、模糊数学评价
江西省新生代农民工返乡创业行为实证分析与案例研究	统计描述、聚类分析、跟踪调查法、深入访谈法
结论与政策建议	文献资料分析、公共政策分析、制度经济学

1.5.2 技术路线

本书依据乡村振兴、农民工高质量创业以及新生代农民工持续返乡创业的现实背景,提出对新生代农民工返乡创业行为研究的问题,基于区域经济、创业与行为决策以及绩效管理等理论,利用定性与定量相结合的研究方法,按照"意愿—行为—绩效"逻辑思路。首先,分析乡村振兴背景下引导新生代农民工返乡创业的必要性;其次,重点对新生代农民工返乡创业意愿与行为的联动和转化机制、创业行为评价指标体系的构建与测度、创业行为对创业绩效的影响效应进行研究;最后,以典型案例进行实证研究,提出乡村振兴背景下新生代农民工返乡创业行为的引导策略。具体技术路线如图1-6所示。

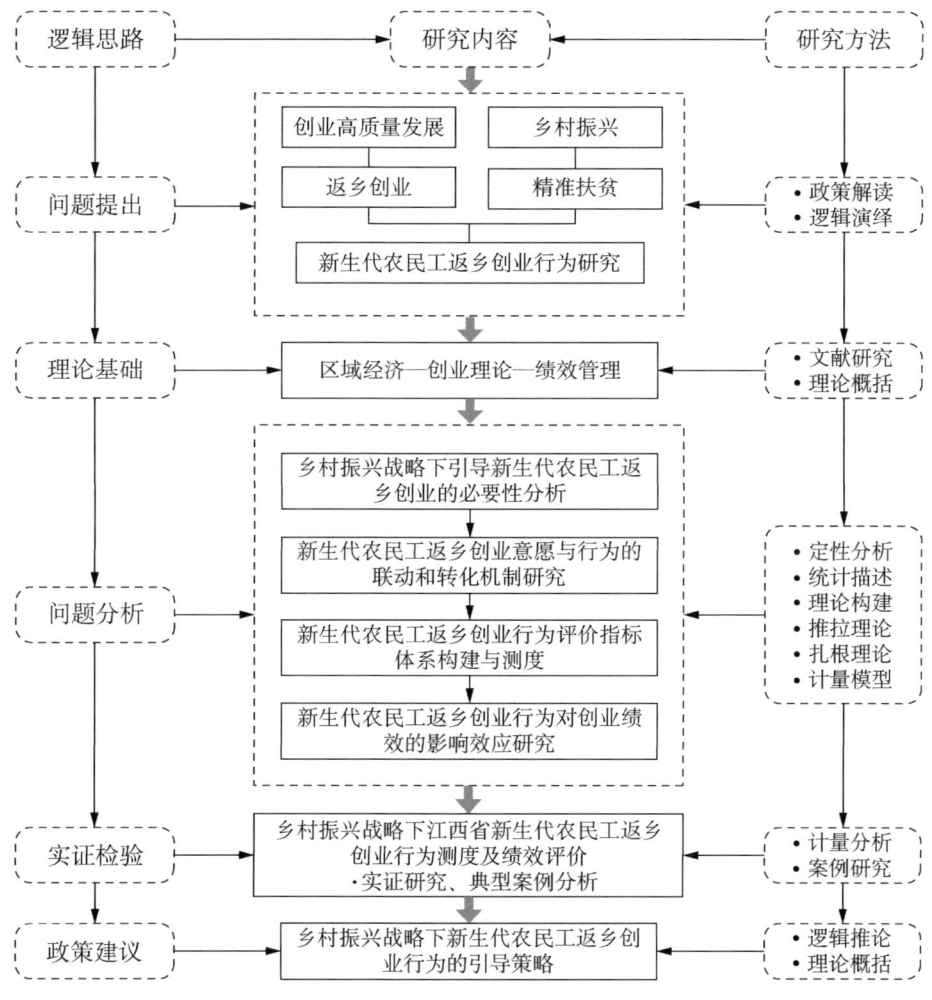

图 1-6　技术路线图

1.6　可能的创新

研究内容的创新：一方面结合乡村振兴背景，将个体、环境与组织等因素整合在一起来考察其对农民工创业行为的影响；另一方面采用扎根理论，结合内容分析法对影响新生代农民工返乡创业行为因素以及行为变量测度进行探索性研究，并考察创业行为各要素对创业绩效的影响方向、程度及作用机理。

研究方法的创新：目前对创业行为分析大都采用统计性描述和案例分析方法，本书在探讨创业意愿向创业行为转化的内在机理时，在建立理论模型框架的基础上，运用中介效应、面板向量自回归等多种方法进行分析；在建立农民工创业行为测度指标体系及绩效评价模型时，尝试运用扎根理论、多元选择模型和结构方程模型等方法。这是研究方法上的创新，也使得研究成果应用更加科学、精准。

2 核心概念界定与相关理论回顾

2.1 乡村振兴概念的界定与理论发展

2.1.1 乡村振兴的概念界定

关于乡村振兴的界定,一些学者将它看作在传统乡村转型概念上的进一步发展,也有学者将其认定为新农村建设的升级版。乡村振兴于2017年党的十九大报告中提出,已经上升为国家战略,国家对其具体的发展目标、内容以及远景规划作了重要的部署,由此许多学者对有关乡村振兴的内涵进行了深入解读。朱建江(2018)认为,乡村振兴是物理空间上的乡、镇、村等区划单位实现现代化发展和振兴;魏后凯(2018)认为,乡村振兴是一个复杂的概念,其涉及如何推动乡村的建设,从而实现乡村的兴旺发达;蒋永穆(2018)认为,乡村振兴是新农村建设的拓展与延伸,以更高的标准要求产业发展、生态与文明建设、治理能力和收入水平等;郭晓鸣等(2018)从党的十九大报告的角度进行解读,认为乡村振兴的内涵是乡村振兴战略总要求的集中概括,是关于乡村的社会、文化、产业、生态、人才和组织等各方面的兴旺昌盛。依据党的十九大报告提出的"产业兴旺、生态宜居、乡风文明、治理有效、生活富裕"20字方针,具体可从五个维度表述如何实现乡村全面振兴。其一,产业兴旺是其重点,是指建立农业产业、生产与经营体系,发展现代化农业。其二,生态宜居是其关键,是指保留乡村得天独厚的自然风貌,实现乡村生态与宜居的统一。其三,乡风文明是其保障,是指打造融合传统与现代文明的精神文明乡村。其四,治理有效是其重要前提,是指健全现代乡村社会的治理体系,有效解答乡村发展所出现的问题。其五,生活富裕是其根本,是指保持乡村居民增收速率,使城乡之间的收入差距不断缩减。这20个字概括了乡村振兴的内涵,受到国内学者们的广泛认同。综上所述,本书认为,乡村振兴就是以20字方针作为总要求,从产业、人才、文化、生态和组织等多方面推动乡村发展和农业农村现代化,从而实现乡村全面兴旺昌盛的过程。

2.1.2 乡村振兴的理论发展

中国的乡村振兴实践历经了漫长的发展过程,其历史最早可追溯到1927年井冈山革命根据地。中国共产党历来重视乡村的建设与发展,在新民主主义革命时期更是将农民问题作为革命的基本问题,在新中国成立后也格外重视"三农"问题。可以说,中国共产党百年自我革命史也是一部带领人民推动乡村发展的奋斗史,中国共产党带领人民历经乡村改造、建设、改革和振兴四个阶段。

第一阶段乡村改造,发生于新民主主义革命时期。中国共产党从农村包围城市,率先在乡村建立革命根据地,实行土地革命,带领农民对乡村改造进行探讨和实践。例如,乡村改造延安实践是在面临战争残酷和物质缺乏双重压力下的延安土地上摸索出为打破当时困难局面的乡村改造之路。抗日战争时期实行减租减息和开展大生产运动,解放战争时期实行"耕者有其田",这些举措都促进了乡村经济的发展。

第二阶段乡村建设,实践于社会主义革命和建设时期。在这一时期,中国共产党带领农民,在农村进行土地改革、发展集体经济以及兴修农田水利。首先,以渐进式的方法使土地最终归为集体所有。其次,带领农民开展互助合作运动,建设农具厂、农机制造企业等,发展合作医疗、农村教育,极大改善农村面貌。最后,大规模兴修农田水利,建设基础设施,如水电站等,同时实施"八字宪法",提高农业产量。这一时期乡村建设最典型的一个实践样态是"农业学大寨"模式,它具有农村合作社这一集体农业生产模式下的积极性,产生了极大的乡村建设效应。

第三阶段乡村改革,是在改革开放和社会主义现代化建设新时期实行的。1978年,小岗村人鼓起勇气,毅然签订实行"包干到户"的契约,这一壮举走出了中国农村改革的第一步。因此,小岗村有了"中国农村改革第一村"之美誉,乡村改革的初试模式"家庭联产承包责任制"也开始广为推行。1983年中央一号文件提出,乡村改革的主要方向是实行"家庭联产承包责任制"。这一举措使得农村生产方式发生了根本改变,极大地激发了农村劳动力的主动性和创造性,促进了农村生产力的提高,使得粮食产量和年收入持续激增。进入21世纪,虽然农民的温饱问题得到解决,但是"三农"问题仍然存在,关注农村、关心农民、支持农业仍是党和政府工作的重中之重。到2005年,国家提出社会主义新农村建设的重大历史任务,这是乡村改革的另一实践,从五个维度明确了建设社会主义新农村的改革要求。

第四阶段乡村振兴,是在中国特色社会主义新时期提出的。新时代,我国社会主要矛盾产生变化,解决"三农"问题的关键也转变为乡村全面振兴,以解决发展不平衡不充分这一难题。自2013年以来,有关乡村发展的任务和举措不断被提出与推进,如"生态宜居""厕所革命""发展特色小镇和特色产业""发展乡村旅游"等,这些任务和举措为乡村振兴战略的提出奠定了基础。2017年,国家在党的十九大报告中正式提出了乡村振兴战略,并将乡村振兴战略的总要求凝练为"产业兴旺、生态宜居、乡风文明、治理有效、生活富裕"这20个字。此后,多项政策文件出台,以落实乡村振兴战略。乡村振兴的政策体系初步建立,具体如表2-1所示。

表2-1 乡村振兴相关政策

时间	文件	主要内容
2017年10月	《决胜全面建成小康社会 夺取新时代中国特色社会主义伟大胜利》	破解"三农"问题是全党至关重要的工作内容,要将其贯彻始终,实施乡村振兴战略
2018年2月	《中共中央 国务院关于实施乡村振兴战略的意见》	将乡村振兴战略的实施过程分成以下步骤:一是在2020年有重大成效,基本构建制度框架和政策体系;二是至2035年取得关键性成效,基本实现农业农村现代化;三是2050年实现乡村全面振兴,农业强、农村美、农民富

(续表)

时间	文件	主要内容
2018年9月	《乡村振兴战略规划（2018—2022年）》	按照乡村振兴战略的总要求,指出2018年后5年内不同阶段的要务,并创建了包含村庄规划管理覆盖率、农业劳动生产率等22项衡量指标的乡村振兴指标体系
2019年8月	《中国共产党农村工作条例》	完备书记抓乡村振兴的五级考核体制,以懂得农业和热爱农村、农民作为乡村工作的基本要求,并加强其队伍建设
2020年7月	《全国乡村产业发展规划（2020—2025年）》	指出了至2025年乡村产业的预期目标：完善乡村产业体系的构建,显著提高乡村产业的质量和效益,持续优化就业结构和拓宽增收渠道,不断增强乡村产业的内生动力,如打造多个产值超百亿甚至千亿的优势特色产业集群等
2021年3月	《中共中央 国务院关于全面推进乡村振兴加快农业农村现代化的意见》	从产业、人才、文化、生态与组织等方面全面推进乡村振兴,最大程度地利用生态屏障、文化传承等,走中国特色社会主义乡村振兴道路,加速推动农业农村现代化和新型工农城乡关系的形成
2021年6月	《中华人民共和国乡村振兴促进法》	将国家粮食安全战略纳入法治保障；为处理耕地和种子这两个"要害"提供法律支持。该法补充了乡村振兴领域的立法空白,意味着乡村振兴战略进入有法可依、依法实施的新阶段
2022年5月	《乡村建设行动实施方案》	依据建设农村基础设施等乡村建设行动,明确了12项重点任务。首先是制订一个规划,其次是实行八大工程,最后是完备三个体系,简称"183"行动
2022年5月	《社会组织助力乡村振兴专项行动方案》	对于国家乡村振兴重点帮扶县进行结对帮扶,助力乡村活动要聚焦于重点区域和领域,并活跃参与乡村振兴活动,打造公益品牌
2023年2月	《中共中央 国务院关于做好2023年全面推进乡村振兴重点工作的意见》	守住守牢保证粮食安全和避免规模性返贫等底线,强化农业科技、设备和政策制度等支撑和保障,稳步推进乡村产业高质量发展、农民增收、乡村治理和建设等重要工作

2.2 新生代农民工返乡创业行为与理论发展

2.2.1 创业的定义

纵观创业定义的讨论,我们大致可以将其分为五类。第一类是从风险承担的角度定义创业,代表性人物有 Cantillon、Knight 和 Ronstadt 等。Cantillon(1755)将创业与经济学中的理论相联系,首次界定创业的含义,认为其是风险承担,因为创业者要担负起商品卖出价的不确定性的风险。Knight(1921)提出,创业者是不确定性的决策者,在创业过程中,有远见卓识的人具备领导权,可以指挥工作。与此同时,这部分人也需要承担风险,要保证提供生产服务的人的固定收入。Ronstadt 等(1984)指出,创业是动态化的创造过程,创造增值的企业家要担负起时间、承诺等风险[①]。从风险承担角度定义创业的学者们强调创业要承担一定的风险,而创业者就是承担风险的一群人。

第二类是从创新创造的角度定义创业。例如,Joseph(1934)提出,创业的实质即创新,创业就是在市场上最终完成创新成果的过程[②]。新企业以持续创造的新产品或技术扩大市场份额,进而建立新的市场经济秩序,对市场资源进行重组。Hisrich(1986)指出,创业是价值创造的过程,需要创业者有一定的能力去创新,以满足新企业的发展需求,从而促进企业发展。这一类定义强调创业的实质就是创新,创业需要不断创新以满足自身发展。

第三类是将创业定义为机会识别。Stevenson 等(1987)将创业看作个人对机会的追寻和发现,提出创业本质上是一种管理方式,包含机会识别、资源与管理等经营活动[③]。Shane 等(2000)提出,创业是创业者识

---

① RONSTADT R C, Robert R. Entrepreneurship: text, cases and notes[M]. Dana Point. CA: Lord Publishing, 1984.

② JOSEPH A. A theory of economic development [J]. Bloomsbury Business Library, Management Library, 1934(46):61-116.

③ STEVENSON H H, Roberts M J, Grousbeck H I. New business ventures and the entrepreneur[R]. 1987.

别和利用机会,并创立、经营一个以营利性为目的的机构的过程。这类定义将创业机会看作企业家创业过程中的核心要素,认为对创业机会的追寻、识别和利用是创业的关键点。

第四类是以创业者特质定义创业。Gartner(1990)以德尔菲法探讨创业的内涵,研究发现,创业的含义主要从创业者特质和行为结果两个方面进行解释[①]。Timmons等(1994)指出,创业是一种思考、推理结合一定运气的行为方式,并由运气所伴随的机会而推动,创业者将在方法上通观全局且具备和谐的领导能力[②]。这类学者强调,创业是由具备一定特质的企业家所选择的行为,其个人特质是企业家精神的重要因素。

第五类则尝试从综合的角度对创业的定义进行考虑。李志能等(2000)将创业定义为通过识别和捕捉的机会对产品或服务进行创新创造,从而获得增值的过程。宋克勤(2002)同样指出,创业是在对商业机会进行辨别的基础上,整合资源、提供商品,从而实现价值的过程。此外,陈震红等(2004)认为,创业是在动态化的时间与情境下,创业者以某种组织形式辨别并利用商业机会,从而实现价值创造的过程。总之,关于创业的内涵的高频关键词有风险承担、创新创造、机会识别以及创业者特质。早期对于创业问题的研究聚焦于"承担什么风险""创新与创业的关系""如何识别创业机会""谁是创业者"等,而后逐渐将重心转移到创业过程,并且从整体的高度研究创业。综上所述,本书将创业定义为:某个人或者某一团队以组织力量识别商业机会、创造创业价值和谋求发展,并且通过资源整合和不断创新来实现目标的过程。关于创业定义的总结如表2-2所示。

---

① GARTNER W B. What are we talking about when we talk about entrepreneurship? [J]. Social Science Electronic Publishing, 1990, 5(1): 15-28.
② TIMMONS J A, SPINELLI S. New venture creation: entrepreneurship for the 21st century[M]. Burr Ridge, IL: Irwin, 1994.

表 2-2 创业的定义总结

定义角度	作者	主要观点
风险承担	Cantillon(1755)	将创业与经济学中的理论相联系,首次界定创业的含义,认为其是风险承担,因为创业者要担负起商品卖出价的不确定性的风险
	Knight(1921)	创业者是不确定性决策者,在创业过程中,有远见卓识的人具备领导权,可以指挥工作。与此同时,这部分人也需要承担风险,要保证提供生产服务的人的固定收入
	Ronstadt 和 Robert(1984)	创业是动态化的创造过程,创造增值的企业家要担负起时间、承诺等风险
创新创造	Joseph(1934)	创业的实质即创新,创业是在市场上最终完成创新成果的过程
	Hisrich(1986)	创业是价值创造的过程,需要创业者有一定的能力去创新,以满足新企业的发展需求,从而促进企业发展
机会识别	Stevenson,Roberts 和 Grousbeck(1987)	将创业看作个人对机会的追寻和发现,提出创业本质上是一种管理方式,包含机会识别、资源与管理等经营活动
	Shane 和 Venkataraman(2000)	创业是创业者识别和利用机会,并创立、经营一个以营利性为目的的机构的过程
创业者特质	Gartner(1990)	以德尔菲法探讨创业的内涵,研究发现,创业的含义主要从创业者特质和行为结果两个方面进行解释
	Timmons 和 Spinelli(1994)	创业是一种思考、推理结合一定运气的行为方式,并由运气所伴随的机会而推动,创业者将在方法上通观全局且具备和谐的领导能力
综合	李志能、郁义鸿和罗伯特(2000)	创业是通过识别和捕捉的机会对产品或服务进行创新创造,从而获得增值的过程
	宋克勤(2002)	创业是在对商业机会进行辨别的基础上,整合资源、提供商品,从而实现价值的过程
	陈震红、刘国新和蓝俊武(2004)	创业是在动态化的时间与情境下,创业者以某种组织形式辨别并利用商业机会,从而实现价值创造的过程

2.2.2 新生代农民工返乡创业内涵

新生代农民工在乡村振兴背景下作出返乡创业的行为是社会发展的必然趋势。新生代农民工返乡创业的内涵可分为"新生代农民工"与"返乡创业"。

"农民工"这个词语最早由费孝通在1984年安徽的小城镇建设会议上提出,随后该词逐渐被引用。目前,国内对农民工的定义分为狭义和广义两种,狭义上将"农民工"定义为拥有农村户籍但外出进入异地城镇从事非农产业的劳动者,即离土又离乡的农村劳动力;而广义上的"农民工"定义是在狭义定义的基础上,还涵盖离土不离乡的情况,即指拥有农村户籍但进入本地或者异地城镇从事非农产业的劳动力(李辉敏,2006)①。王春光(2000)②首次界定了"新生代的农村流动人口",它是指出生于1980年以后、拥有农村户籍却在城市务工的新一代农民工,同时还要至少满足父辈在城市务工、中学毕业以后即进城务工或在城市出生或成长中的一条。2010年中央一号文件首次正式提出了"新生代农民工"一词。从已有研究看,新生代农民工和传统农民工有三方面的区别:第一,从年龄看,新生代农民工在1980年以后出生,拥有农村户籍却长期在城市生活或者务工。第二,从代际转换来看,新生代农民工是一类过渡性群体,老一代农民工是指那些进入城市务工,但是也拥有务农经验,保留了农民传统的人群,而新生代农民工是基本不在农村生活,没有务农经验的人群。第三,从特征差异看,与老一代农民工相比,新一代农民工普遍拥有更高的学历、有更清晰的职业规划,以及更高的精神需求,比如对城市的认同感、自我独立意识、生活方式等都有所区别,能更好适应社会发展。于是,本书将"新生代农民工"界定为具备下列三个条件的群体:一是出生于1980年以后的劳动力,二是原籍为农村户籍,三是生活和工作于城市并且从事非农产业6个月及以上。

---

① 李辉敏.农民工是工人阶级的重要组成部分[J].中国特色社会主义研究,2006(2):47-51.
② 王春光.新生代的农村流动人口对基本公民权的渴求[J].民主与科学,2000(1):18-20.

对于返乡创业中的"返乡"一词,国内学术界没有统一界定,部分学者认为,返乡是指从工作地返回到原籍所在的乡、镇、村(石智雷等,2010);另一部分学者则表示,返乡是从较发达城市返回到相对落后的县城及乡镇。例如,孔祥利等(2018)认为,返乡是从发达的东部沿海省份返回到家乡所在省份。本书中"返乡"一词的定义参考第一种。关于"返乡创业"的界定,黄建新(2008)认为,农民工返乡创业是指农民工外出经商或打工半年以上,在积累了资金、信息和技术能力,并熟悉了家乡的社会与经济环境之后,返乡创立企业的过程。马忠国(2009)认为,农民工返乡创业是返乡农民工在非农化生产过程中,将积累的知识、技术、经验、资本等,利用相应的平台,加入家乡的产业发展、新农村建设或城镇建设,从而提高其社会地位的过程[①]。石智雷等(2010)认为,农民工返乡创业是通过去城市务工或经商半年以上,积累了经验和知识,识别创业机会,然后利用资源进行产品提供和价值创造,返回到家乡创办工商企业或进行其他创业活动的过程。虽然不少学者对农民工返乡创业提出了自己的观点,但其概念都大同小异。依据已有研究,新生代农民工返乡创业可以概括为几个要点:一是创业主体为新生代农民工,二是在外地务工半年以上,三是外地务工积累了一定的经验与资源,四是返回自己的家乡,将外出务工经验和创业相结合的一系列活动。

综上所述,本书认为,新生代农民工返乡创业是指新生代农民工去经济较发达地区或者外地务工半年以上,在积累了一定的经验、资本后,识别机会、利用资源,结合当前市场环境,为创造价值和谋求发展而返回家乡创办工商企业或进行其他创业活动的过程。农民工返乡创业中的"业"既包括投资规模较大的企业,也包括仅几千元融资资金的微型企业或其他创业组织。

2.2.3 新生代农民工返乡创业行为概念界定

对"行为"一词的定义,夏征农等(2013)在专著《大辞海·心理学卷》中认为,行为主要是指生命体在某种情境下所作出的反应的总和,不仅

[①] 马忠国. 社会流动视角下农民工返乡创业路径研究[J]. 特区经济,2009(12):183-185.

包括生理性的和外在的反应,也包括心理性的和内在的反应。而对创业行为的定义,学术界看法不一。

国外学者们关于创业行为概念的界定,有"结果论""过程论"和"综合论"三类观点。在创业领域的起步阶段,创业研究更关注行为的结果,于是国外学者们开始以"结果论"界定创业行为。早期 Penrose(1959)打开了创业行为研究的大门,认为创业行为是创业者根据自身的灵感和想法,组织各种创业活动以作出创业贡献的行为。Bird 等(1988)认为,创业行为是创业团队或个人为创建新企业所实施的与企业发展息息相关的各种机会开发行为[①]。Carter 等(1996)认为,创业行为是创立新企业所需要实施的与企业生存相关的行为。不难看出,"结果论"视角更强调结果属性,强调创业行为主要是为创建新组织或新企业而实施的活动。随着对创业问题更深入地研究,国外学者们对于创业行为有了更全面的认识,逐渐倾向于从过程视角探究其相关问题,于是出现了以"过程论"界定创业行为的观点。Krueger 等(1994)将创业行为界定为创业者寻求和识别创业机会的过程。Timmons(1999)等认为,创业行为是一个动态化的过程,其本质为识别、利用机会与资源的一系列行为。Smith 等(2002)有类似的看法,认为创业行为是涵盖寻求、识别和评价创业机会的整个过程的行为。由此可见,"过程论"强调创业过程中所付出的实际活动,与"结果论"不同的是,"过程论"承认个体没有创建新企业但为之付出努力的行为也属于创业行为。最后一种是结合了"结果论"和"过程论"的"综合论",它从狭义和广义两方面对创业行为进行定义。例如,Sternberg 等(2005)从狭义上界定创业行为是创业者主动地创立、管理新企业并承担风险和收益的一系列行为。而广义上的创业行为则是指个体捕捉和识别机会、创造企业的参与行为,并不局限于个体是否为创建新企业的创业者[②]。

[①] BIRD B. Implementing entrepreneurial ideas: the case for intention[J]. Academy of Management Review, 1988, 13(3): 442-453.

[②] STERNBERG R, WENNEKERS S. Determinants and effects of new business creation using global entrepreneurship monitor data[J]. Small Business Economics, 2005, 24(3): 193-203.

从上述研究可以看出，国外对于创业行为概念所包含内容的讨论已经渐渐成熟，而国内对于创业行为的讨论起步较晚，主要是基于"综合论"，从狭义和广义两方面界定创业行为。张玉利（2003）①认为，广义上的创业行为是指个体基于已感知的机会进行必要资源的获取，以维持新企业生存和成长的逻辑行为过程；而狭义上的创业行为仅包括感知机会、整合资源和新企业生存的一系列行为，如图2-1所示。

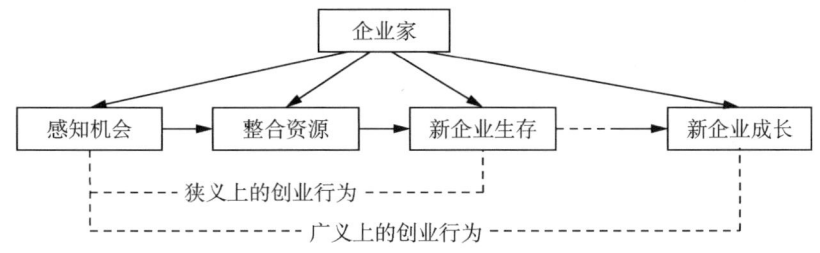

图2-1 张玉利（2003）的创业行为模型

钱永红（2007）②认为，狭义上的创业行为是创办者捕捉机会、整合资源以创办新企业的行为过程，而广义上是个体创造企业的一系列行为。2008年，全球金融危机导致众多外出务工的农民工提前回乡，引发国内学者对农民工返乡创业行为进行更深入的研究。之后，以农民工为研究对象的创业行为逐渐成为该领域的研究热点之一。较多学者从狭义上界定农民工返乡创业行为，郭群成（2011）认为，农民工返乡创业行为是作为创业主体的创业者基于创业的意愿和机会而实施的为最终达到创业目的的一系列行为，具体涵盖返乡创业的计划、决策、合作和激励行为。孔祥利等（2018）认为，农民工返乡创业行为是农民工以自雇或雇用劳动的形式创建生产组织，从而提供商品或服务的行为。李长生等（2019）认为，新生代农民工返乡创业行为主要是指新生代农民工从事种植养殖业、农村旅游业、小型工矿企业等特色企业以及创建组织或协会

---

① 张玉利.企业家型企业的创业与快速成长[M].天津:南开大学出版社,2003.
② 钱永红.女性创业意向与创业行为及其影响因素研究[D].杭州:浙江大学,2007.

的行为[1]。而从广义上以农民工为视角的返乡创业行为的研究文献相对较少,如张改清(2011)将农民工返乡创业行为界定为创业中策划、执行以及运行的整个行为过程。

综上所述,本书基于"综合论",将新生代农民工返乡创业行为从广义上看作新生代农民工从经济较发达地区返回到相对落后的家乡,根据当前市场环境和自身积累,开发已感知的创业机会、构建社会关系网络、整合已拥有的资源及选择恰当的战略和创业模式,以创建新企业或维持其生存、成长的一系列行为;从狭义上看作新生代农民工利用在经济发达地区就业积累的资金、技术、经验等要素,返回到相对落后的家乡,根据当前市场环境识别机会、整合资源和创建新企业或生产组织的一系列行为。

2.2.4 新生代农民工返乡创业基础理论

(1) 计划行为理论

Fishbein[2] 于 1963 年创立的多属性态度理论(TMA)为计划行为理论(TPB理论)奠定了基础。计划行为理论强调,个体的行为意愿受到预期结果和对预期的评价两大因素的影响。同时,学者们把态度认定为影响意愿行为的关键因素。但是在 20 世纪末期,有学者提出态度对意愿、行为的影响力较低的观点,他们开始寻找新的影响意愿行为的因素。1975 年,Ajzen 和 Fishbein 提出了理论行为理论(TRA),在当时被视为"最具有权威性的解读个体行为的理论"。该理论增加主观规范这个影响因素,强调其重要性,指出不仅个体的态度会影响行为意图,而且他人的看法也会对行为产生重大作用。随后学者们开始对理论行为的其他方面进行延伸研究,如模型变量、情境因素等,由于该理论的运用前提与现实一致性较差,制约了该理论的广泛应用。1985 年,Ajzen 在理论研究的基础上进行了深入的探索,将感知行为控制(PBC)视为一种重要的

---

[1] 李长生,刘晓蕾,汪淑群.信贷约束、社会网络和新生代农民工创业实施[J].农林经济管理学报,2019,18(5):607-617.

[2] FISHBEIN M. An investigation of the relationships between beliefs about an object and the attitude toward that object[J]. Human relations, 1963, 16(3): 233-239.

因素,添加到计划行为理论中。TPB 理论模型如图 2-2 所示。

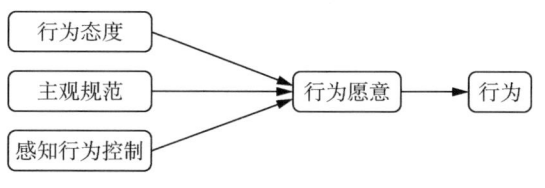

图 2-2　Ajzen 的 TPB 理论模型

TPB 理论是 Ajzen 在 1991 年发表的《计划行为理论》一文中提出的,它属于心理学的范畴理论。Ajzen 认为,个人行为是以理性的计划和思考为前提的,需要个人控制,因此为了促使行为的发生,必须先增强个人意愿。TPB 理论主要包括三个方面:行为态度、主观规范和感知行为控制①。行为态度是个人对行为展开且受到行为主体影响的一种积极或者消极的态度,它通常会受到行为主体的意念影响。主观规范是指个人在行动发生变化时,受到来自家庭、社会周围环境、同学等外部因素的影响,从而影响行为的发展。感知行为控制也可以理解为在某种行为过程中个体对自我能力的认可程度。一般来说,自身所拥有的资源越丰富,自身的感知能力和自控能力就越强。在计划行为理论中,这些因素都会影响创业意愿,从而影响返乡创业行为的发生。

计划行为理论在提出之后,被应用于创业行为、购买行为等其他领域,同时基本都通过了验证,对意愿和行为都有良好的解释力度。因此,本书将计划行为理论运用于新生代农民工返乡创业中,认为行为态度、主观规范和感知行为控制在一定程度上都会对他们的创业意愿产生重要影响,从而影响返乡创业行为的发生。新生代农民工对返乡创业的态度越消极,他们的行为意愿就会越低;对开展创业行为的主观规范性越负向,创业意愿就越低;新生代农民工对感知创业成功行为的控制力越弱,则返乡创业行为意愿就越差。总而言之,三者之间是相辅相成的。

---

① AJZEN I. The theory of planned behavior [J]. Organizational Behavior and Human Decision Processes, 1991, 50(2): 179-211.

（2）推拉理论

推拉理论是人口迁移研究中的经典理论，其可追溯到19世纪80年代。其间，Ravenstein(1885)提出"迁移法则"，这个法则是推拉理论产生的基础，是推拉理论的雏形。Ravenstein作为最早探究人口迁移行为的学者，在"迁移法则"中提出了7条规律：其一，大多数人口迁移是朝向相对发达城市的短距离迁移。其二，长距离流动大多流向工商业发达的中心城市。其三，各地的人口迁移过程是相似的。其四，人口迁移会出现相对应的人口反向流动，这是一种"补偿性"现象。其五，流动人口会往具有吸引力的中心位置迁移，其迁移的顺序为首先迁移到周边地带，然后往城镇靠拢。其六，农村居民比城市居民的流动率要高。其七，女性的迁移率要高于男性[1]。

后来，Bogue(1959)提出劳动力迁移的推拉理论，由此推拉理论逐渐步入成熟阶段。Bogue认为，劳动力迁移的主要原因是迁移者希望提升自身的生活水平，于是来自流出地的糟糕的社会经济条件就是推力因素，推动着人口流出，而来自流入地的可提高生活品质的因素就是拉力，拉动着人口流入，人口迁移就是由这两种力量引起的[2]。但是，Bogue的推拉理论模式只描述了流出地的推力和流入地的拉力对人口迁移决策的促进作用，忽略了不同个体的差异性对迁移决策的影响力，无法解释在同一地区群体中迁移决策存在差异的缘由。于是，在Bogue之后，一些学者对该理论作了补充。Lee(1966)[3]在Bogue的推拉理论模式基础上，补充了中间阻碍因素，把人口迁移的影响因素具体分成"推力""拉力"和"阻力"三种，其中，"阻力"是指在前拉后推的过程中难以避免的中间阻碍因素，具体包括文化差异、价值判断和距离远近等。

当前，推拉理论已是研究人口流动的成熟理论，可作为返乡创业活动的分析框架，对解释新生代农民工的返乡创业决策同样存在指导意

---

[1] RAVENSTEIN E G. The laws of migration [J]. Journal of the Statistical Society of London, 1885(2): 167-235.

[2] BOGUE D J. Internal migration, in hauser, duncan(ed.), the study of population: an inventory and appraisal[M]. Chicago: University of Chicago Press, 1959: 488-509.

[3] LEE E S. A theory of migration[J]. Demography, 1966(1): 47-57.

义。依据 Lee 的推拉理论,可将新生代农民工的返乡创业决策归为流入地对新生代农民工的推力、流出地对其的拉力以及新生代农民工个人因素三者共同影响下的结果。具体而言,首先是乡村振兴战略的吸引力,在乡村振兴背景下,农村地区的生态环境和创业环境有极大提高,各项政策也激励着新生代农民工回乡发展。其次是城镇化的推力,在快速城镇化现象的影响下,新生代农民工面临着城乡差异大、生活压力大和就业困难等问题。最后是新生代农民工自身的原因,例如,在外务工有一定的资金、知识和经验储备或者自身管理能力的欠缺等。新生代农民工在多种因素的综合作用下,会对流入地与流出地的成本与收益进行比较,权衡利弊后,比较理性地作出是否返乡创业的选择。

(3) 企业生命周期理论

Haire(1959)最早从"生命周期"角度探究企业的发展变化,他将企业比作生命体,认为企业的发展过程与生命体的成长过程具有相似性,都将经历从出生到壮大再到消亡的过程,而且每一阶段具有不同的特性,这一观点为企业生命周期理论提供了思想基础。同时,他还提出企业消亡的原因是管理不足,即管理的局限性会成为阻碍企业发展的可能因素。之后,Greiner(1972)[①]首次明确企业生命周期的概念,将企业成长划分成创立、指导、分权、协调和合作五个阶段。他认为,企业就是在"演变"和"变革"交替间不断成长,而且每一阶段存在着不同的危机和管理重点。第一阶段——创立阶段,该阶段企业组织结构简单,管理的重点应为制造和销售。如何迅速销售新产品、扩大企业规模是该阶段的重中之重。但是随着企业的扩张,由于领导者缺乏管理经验,该阶段可能会存在领导危机,这时创业者应进行自我变革。第二阶段——指导阶段,企业管理层次增加,会雇用经理人管理企业,此时的管理重点为提高效率。这一阶段经理人等员工会产生增加自主权的想法,容易导致自主权危机,此时应适当授权下属,完善管理体系。第三阶段——分权阶段,企业开始实施分权管理,职能部门快速分拆,逐渐成立销售中心、成本中

---

① Greiner L E. Evolution and revolution as organizations grow [J]. Harvard Business Review, 1972, 76(3): 37-46.

心等,此时组织越来越分散,将面临控制危机,需要提升控制和协调能力。第四阶段——协调阶段,企业将实行更规范和精细的管理流程,但烦琐的流程会引发官僚作风危机。第五阶段——合作阶段,企业在分权和集权之间逐渐找到平衡,可能会出现心理饱和。

在 Greiner 的基础上,学者们纷纷提出了企业的成长模型,其中最具代表性的是 Adizes 的企业文化变革模型,它也是企业生命周期理论正式形成的标志。Adizes(1979)[①]以企业文化为工具,深入分析了企业的生命周期。Adizes 认为,企业发展的每个阶段与生物体的成长和衰老一样,都是以灵活性和可控性的关系变化来展现的,当企业刚创建时,灵活性较高,易作出改变,但是对未来行为的预测性较难,可控性较差;而当企业开始走向衰退时,企业对未来行为更易作出预测,控制性变强,但是缺乏灵活性,终将会灭亡。因此,Adizes 将企业生命周期分为三个阶段——成长阶段、成熟阶段和老化阶段。其中,成长阶段又分为孕育期、婴儿期和学步期三个时期,成熟阶段分为青春期和盛年期两个时期,老化阶段分为稳定期、贵族期、官僚化早期、官僚期和死亡期五个时期,三个阶段的各时期具体划分如图 2-3 所示。由图 2-3 可知,该曲线呈山峰状,而且存在各时期不连续的可能性,不过从孕育期到盛年期是连续的,同时这五个时期皆有可能出现衰退,因为企业成长过程中的每个时期都会出现一定的问题,若是问题无法得到解决,则会出现提前衰退的现象。

综上所述,企业生命周期理论将企业发展视为生命体的成长过程,认为企业也将历经成长与衰老,而且企业成长的每个阶段有一定的规律性。在创业过程中,创业者要意识到每一时期可能出现的危机,对各种危机作出防范,同时要分清每一时期的管理重点,促进企业健康成长。

(4)资源基础理论

资源基础理论是新生代农民工返乡创业领域中一个重要的理论流派。Penrose(1959)最早提出企业就是资源的集合体这一观念,运用经济理论对企业的资源要素与自身发展之间的内在联系进行探讨,并提出

---

① ADIZES I. Organizational passages: Diagnosing and treating lifecycle problems of organizations[J]. Organizational Dynamics, 1979, 8(1): 3-25.

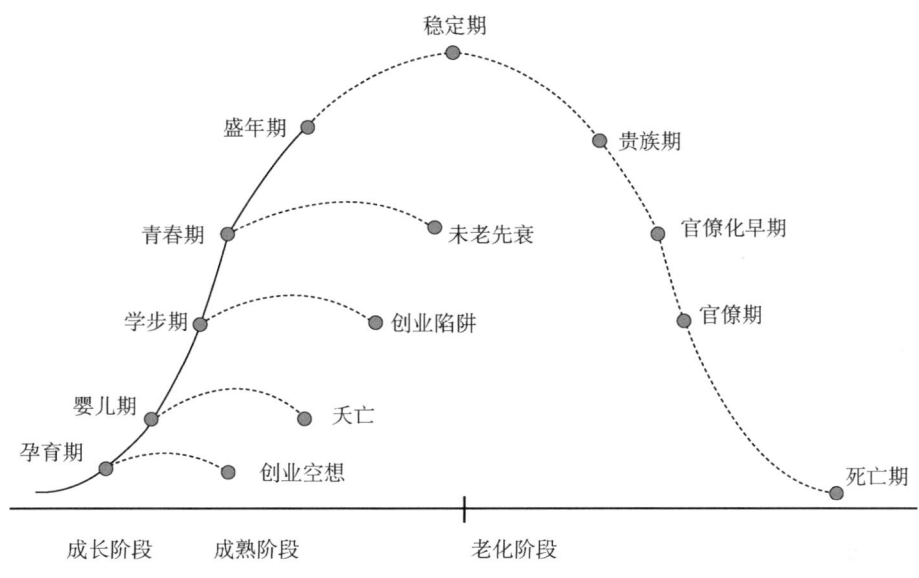

图 2-3 Adizes 的企业生命周期

人力资源、物质资源等要素有利于提升企业的竞争优势和绩效，这为资源基础理论奠定了基础思想。Wernerfelt(1984)首次正式提出了资源基础理论，认为资源是企业中有形资产和无形资产的总和，是企业保持竞争优势、实现高绩效的重要途径。不同企业所持有的资源存在差别且不可复制，进而导致不同企业具有不同的竞争优势。这一异质性和独特性也恰好解释了企业竞争优势的来源及持续性。在此基础上，Barney(1991)进一步提出使企业获得竞争优势的资源具有价值性、稀缺性、难模仿性和不可替代性四个特征(VRIN)[1]。Peteraf(1993)也提出了保持企业竞争优势的四个条件：资源异质性、事后限制竞争、资源流动受限与事前限制竞争[2]。至此，资源基础理论逐渐成型，对人力资源管理领域、经济与金融领域、创业领域、市场营销领域等产生一定的影响。资源基础理论的发展脉络如表 2-3 所示。

---

[1] BARNEY J. Firm resources and sustained competitive advantage [J]. Journal of Management, 1991, 17(1): 99-120.

[2] PETERAF M A. The cornerstones of competitive advantage: a resource-based view[J]. Strategic Management Journal, 1993, 14(3): 179-191.

表 2-3 资源基础理论的发展

阶段		代表人物	主要观点
奠定基础		Penrose(1959)	最早认为企业是资源的集合体,运用经济理论对企业的资源要素与自身成长之间的内在联系进行探讨,为资源基础理论奠定了基础思想
正式提出		Wernerfelt(1984)	认为资源是企业中有形资产和无形资产的总和,资源的异质性是企业获得且保持竞争优势的来源,标志着资源基础理论的诞生
理论成型		Barney(1991)、Peteraf(1993)	深入探究让企业获得且保持竞争优势的资源的特征和条件
		Conner(1991)、Grant(1991)、Harrison(1991)	认为企业在制定战略决策时应依据企业自身的资源和能力
理论衍生	人力资源管理	Wright, Dunford 和 Snell(2001)	将人员作为企业成功的重要战略因素,促进了战略和人力资源管理问题的相互作用和融合
	经济与金融	Lockett 和 Thompson(2001)	将路径依赖的影响作为一个统一的主题,来研究多样化和进入、多样化和绩效、企业重新聚焦和退出、企业的创新活动以及产品快速演进的市场中的行业演进的模式
	创业	Alvarez 和 Busenitz(2001)	认为正是通过认知、发现、理解市场机会的创业过程,投入才会变成异质输出,特别重视基于启发式的逻辑在使企业家能够迅速了解和吸收新变化对具体发展的影响方面的作用
	市场营销	Srivastava, Fahey 和 Christensen(2001)	通过确定营销如何揭示资源的本质,讨论了持续竞争优势(SCA)的实现和创建问题
		……	

Alvarez 等(2001)首次将资源基础理论延伸到创业者精神,他们认为,创业者的警觉性、知识和协调资源的能力本身就被视为资源,创业者可以通过专业知识察觉出价值和机会,并对其进行整合以创造创业租金,当创业者洞察到其他人所不具备的资源价值时,创业机会出现。他们认为,正是通过认知、发现、理解市场机会的创业过程,投入才会变成异质输出。异质性是创业和资源基础理论的共同特征。之后,Gilbert 等(2006)对新企业的成长和不同类型资源的内在联系进行探究。该研究

基于新创企业往往是缺乏经验和口碑的,在资源的吸引上会面临艰难的挑战,于是资源获取是新创企业成长的决定性因素。这一假设前提,系统性地整理了新创企业初期从各种不同渠道获取不同类型的资源如何影响企业的成长,这为创业资源学派奠定了重要基础。

综上所述,资源基础理论认为,企业是资源的集合体,要想公司获得并保持竞争优势,管理者就要重视资源的有效获取和合理调度。新生代农民工返乡创业本质上就是一个洞察机会、整合资源等一系列活动的过程。新生代农民工返乡创业者在创业过程中,不仅要提升自身组织学习能力,还应拓宽外部网络渠道,从自身和外部尽可能地获取、培养、发展和积累独特资源,动态配置资源,为创业行为提供动力,进而实现高质量返乡创业。

3 乡村振兴战略下引导新生代农民工返乡创业的必要性分析

3.1 乡村振兴发展与新生代农民工返乡创业的互动关系

党的二十大报告强调了全面推进乡村振兴的重要性,并提出了一系列相关战略和目标。要坚持农业农村优先发展,加快建设农业强国,实现农业现代化,推动乡村地区第一、第二、第三产业的融合发展,促进农民收入增长,提高生活水平。乡村振兴的核心理念是以人为中心、全面协调可持续发展,提出乡村产业、人才、文化、生态和组织的全面振兴计划,包括推进农村产业革命,培育壮大新型农业经营主体,提升农民的素质和技能水平,保护传统乡村文化和创造乡村文化品牌,实施乡村绿色发展和生态修复,加强乡村治理等方面的工作。乡村振兴战略旨在解决城乡发展不平衡问题,促进农村地区经济社会的全面协调发展,实现全体农民共同富裕。乡村振兴是一个长期而复杂的过程,需要各级政府、社会各界和广大农民的共同参与和努力。

乡村振兴战略与新生代农民工返乡创业之间形成了一种紧密耦合的机制,在实践中体现为产业互促、人才互补、文化互融、生态互建和组织互构。这种机制为新生代农民工返乡创业提供了良好的发展机遇和广阔的空间,吸引更多的农民工选择返乡创业。新生代农民工返乡创业已经成为推动乡村振兴的重要力量。为了探究乡村振兴与新生代农民工返乡创业之间的内在作用和关系,本书从乡村社会学理论出发,分析乡村振兴战略下新生代农民工返乡创业的影响要素与双方之间的逻辑关系。

3.1.1 新生代农民工返乡创业与乡村经济的发展

自改革开放以来,农村劳动力大规模向城市转移,这一转移就业的趋势不仅改善了农村劳动者的经济状况,也对中国的城镇化进程产生了重要影响。然而,在城市化的快速发展过程中,城乡差距逐渐扩大、农村人口流失、大量劳动力的流失对乡村地区的发展形成了阻碍。乡村发展的困难又加剧了劳动力的外流趋势。对此,国家提出以人才为支撑的乡村振兴发展战略,吸引高学历、高技能、高素质和具有广阔视野的新生代农民工返乡创业。新生代农民工返乡创业与乡村经济发展之间存在紧密的内在逻辑关系(图3-1)。他们的积极参与将为乡村经济发展提供人才支持,推动乡村经济、社会和文化的全面发展。

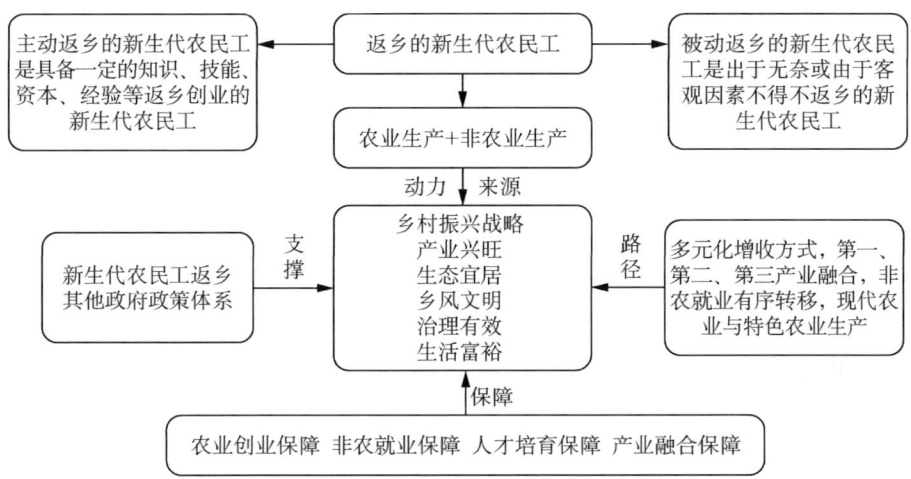

图3-1 新生代农民工返乡创业与乡村经济发展的内在逻辑关系

新生代农民工返乡创业促进了乡村地区经济的发展。一方面,新生代农民工返乡创业促进农业产业的发展。他们视野广阔,可以依靠城市学到的先进技术和出色的工作能力发展新型农业。比如,他们可以利用互联网经济,通过电商平台宣传当地特色农产品,推动当地农产品的销售;他们利用先进的技术、一定的资金发展规模养殖业、种植业等,可以突破传统小农经济的发展局限。另一方面,新生代农民工返乡创业也可以促进非农业产业的发展。当前,乡村产业发展基础依然薄弱,农产品的加工、流通以及乡村服务业落后,新生代农民工熟悉当地的农村产业发展条件,他们能够面向市场、因地制宜发展与农产品相关的制造业与服务业等,推动产业多元化发展,成为产业结构调整的引领者。农民工返乡创业不仅有利于劳动密集型产业向中西部及乡村地区转移,而且有利于推动现代农业发展,推进规模种植、养殖、加工、流通服务产业链整合,实现农业和农村的产业结构调整和优化。因此,新生代农民工返乡创业不仅可以让自己发家致富,又可以促进乡村地区的经济发展,成为乡村振兴战略实施的动力与乡村经济发展的重要源泉。

3.1.2 新生代农民工返乡创业与乡村振兴战略的实施

新生代农民工返乡创业与乡村振兴战略实施之间内在逻辑关系如图3-2所示,两者相互影响、相互促进。相较于传统的农民工,新生代农民工有更多的优势。第一,他们积累了一定的业务、客户、资本、行业等资源,可以为返乡创业提供资源保障。第二,他们借助在城市工作的经验,积累了多方面的知识,这使他们成为专业型、管理型、复合型人才,拥有现代化、信息化、智能化的工作技能以及创新思维、经营能力和管理能力等,并且具备行业经验、行业素养和行业技能等。新生代农民工的自身优势使得他们返乡创业后,成为乡村振兴战略实施的动力与源泉。新生代农民工返乡创业可以促进乡村振兴战略的实施,而乡村振兴战略的实施反过来又吸引了更多的新生代农民工返乡创业。

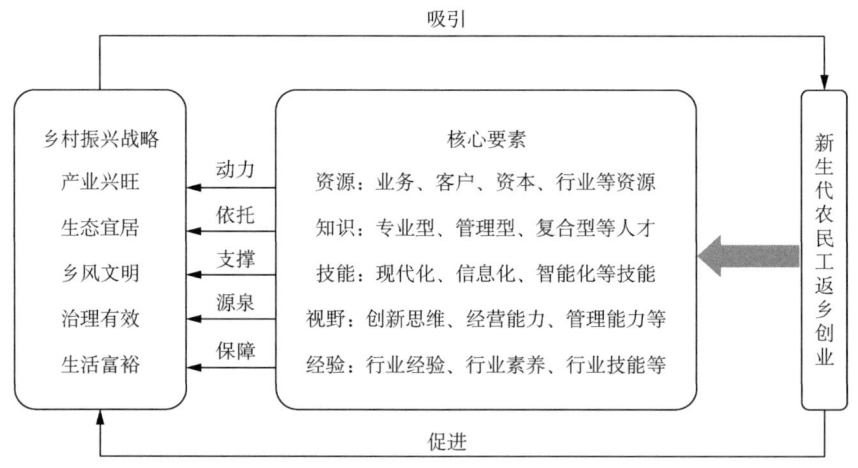

图3-2 新生代农民工返乡创业与乡村振兴战略实施之间的内在逻辑关系

（1）新生代农民工返乡创业与产业兴旺

乡村振兴战略的实施经验表明,农村产业兴旺的重要力量是人才。许多新生代农民工具备良好的技术和能力,他们在城市工作多年,承受了城市生活的巨大压力,但是在城市得到的归属感较弱,他们可能会主动选择返乡并在家乡创业或就业。他们将在城市积累的知识、技能和经验带回农村,为乡村发展注入新的动力。乡村振兴战略的实施以及乡村环境和政策的改善为农民工返乡创业提供了机遇。他们带着在城市积累的知识、技能和经验,为家乡的发展作出贡献,推动乡村产业兴旺和乡村振兴战略目标的实现。同时,这也为他们提供了更好的发展机会和生活环境,有利于其在家乡实现个人的价值和提升幸福感。

（2）新生代农民工返乡创业与生态宜居

生态宜居不仅是实施乡村振兴战略的基础保障,也是构建美丽中国的重要组成部分。生态宜居是确保乡村环境健康、资源可持续利用的基础,也直接关系到人们的生活质量和幸福感。近年来,随着城市化进程的加速,农村地区的生态环境面临着一定的压力和挑战。然而,由于新一代返乡农民工在城市生活中的亲身体验,他们对于生态环境的重要性有了更深刻的认识。他们倾向于回归自然,追求健康和宜居的生活方式,并希望家乡的生态环境能够得到改善。新生代农民工所拥有的知识和技能可应用于改善农村人居环境,推动农村基础设施建设和生态保护。同时,生态环境建设为新一代返乡农民工创业奠定了良好的基础,让返乡农民工创业拥有更持久的热情。

（3）新生代农民工返乡创业与乡风文明

乡风文明在乡村振兴战略的实施中具有核心和灵魂的作用,其建设方式应该具有灵活性和创新性,不应一成不变,也不能墨守成规。乡风文明建设需要深入挖掘乡村的丰富文化底蕴,并将其与群众文化活动密切结合,通过多样化的方式进行有效传播。新生代返乡农民工可以充分利用他们在农村成长和城市发展中积累的知识与经验,扮演模范带头的角色,推动乡风文明建设。新生代返乡农民工不仅能够运用最新的知识和技术改善乡村生活,还可以通过教育培训和身体力行等方式影响那些一直生活在乡村的居民,帮助其逐步改变乡村陋习。优良的乡风文明建设为乡村注入了文化活力和经济动力,为现代农业、特色农业、绿色农业以及农产品加工等提供了有利的平台,吸引了在城市工作的农民工回乡。同时,乡村主人翁意识使得越来越多的人愿意回到农村并积极参与乡风文明建设,进一步扩大了乡风文明建设的队伍。

(4)新生代农民工返乡创业与治理有效

自改革开放以来,农村地区很多年轻人为了追寻更多机遇而涌入城市。随着人们外出务工和求学,曾经热闹的乡村逐渐变得冷清。然而,要提升乡村的治理水平,需要充分调动乡村内部广大村民的积极性,并深入推广社会主义核心价值观,不断增强农民的自治能力。新生代返乡农民工能为乡村治理建设起到模范引领的作用。乡村主人翁意识促使他们愿意回到农村并积极参与乡村治理,不断充实乡村治理团队。而有效的乡村治理又为新生代农民工返乡创业提供了制度保障。

(5)新生代农民工返乡创业与生活富裕

实现农民收入水平的提高是乡村振兴战略的首要任务。然而,传统的乡村产业结构往往不利于这一目标的实现。在此背景下,新生代农民工返乡创业成为一种有效的途径。由于新生代农民工具有在城市工作或者求学的经历,他们拥有更广阔的视野和更充足的技能,他们更加具备推动农村经济结构调整的能力。他们可以帮助农村实现经济结构的调整,增加农民的收入并改善农民的生活水平。因此,在乡村振兴战略的推进过程中,新生代农民工返乡创业是实现乡村生活富裕的直接途径之一。对此,政府在政策层面可以积极支持新生代农民工返乡创业。政府可以通过提供创业平台、营造良好的创业环境等方式来促进他们发展农业生产,调整农村经济结构,提高农产品的附加值,从而增加农民的收入。另外,政府也可以通过改善基础设施、提供教育培训、促进农村就业等措施来吸引更多劳动力回流。这样可以激发新生代农民工的积极性,促进乡村的繁荣发展。

3.1.3 政策建议

乡村振兴战略的成功实施对于中国当前的发展至关重要。作为乡村振兴战略的核心和关键推动力,新生代农民工返乡创业在推进农业农村现代化、提高农村居民生活水平以及实现农村共同富裕等方面发挥着重要的作用。为了营造良好的环境,必须协调好乡村振兴战略与新生代农民工返乡创业之间的关系。

第一,转变产业发展方式,增强新生代农民工返乡创业的吸引力。传统的农业发展模式对于新生代农民工返乡创业的吸引力有限。因此,需要不断调整传统农业的发展方式,促进农业与工业、服务业的协同发展,实现第一、第二、第三产业的融合发展。具体可通过优化乡村产业结构的途径,发挥市场机制的作用,推动农业现代化和规模化发展,从而提高农民的收入水平。此外,还可以积极发展乡村地区的非农产业,如农产品电商、乡村旅游等,为返乡农民工创造更多的就业机会。

第二,优化生产资源配置,培养新时代农村工作者。应重点培养素质高、技术能力强的农村工作者,提高他们的科学素质和职业技能水平。具体可通过加强农民科技培训、推广农村科普知识、组织科技服务队伍等方式,不断提升农民的综合素质,培养一支富有创新精神和实践能力的职业农民队伍。

第三,提供政策保障,打造宜居新农村。为返乡农民工提供良好的生产和生活环境是减轻他们回流阻力的关键。因此,需要制定并落实一系列政策措施,解决子女入学、就业、养老等基本民生问题。政府可以提供财政补贴、技术支持或通过市场渠道帮助返乡农民工自主创业就业。同时,加强乡村环境治理,改善农村基础设施建设,提升农村居民的生活品质,吸引和留住返乡农民工。

综上所述,乡村振兴的发展为新生代农民工返乡创业提供了必要条件,新生代农民工返乡创业促进了乡村振兴发展,协调好乡村振兴战略与新生代农民工返乡创业之间的关系对于实现乡村振兴的目标至关重要。转变产业发展方式、优化资源配置和提供政策保障等措施,可以为新生代农民工返乡创业提供更好的机会和发展环境,从而顺利地推动乡村振兴战略的实施。

3.2 乡村振兴战略对新生代农民工返乡创业行为影响研究

乡村振兴战略对解决"三农"问题,实现农业农村现代化,全面建设社会主义现代化国家具有重要意义。农民工返乡创业是实现乡村振兴战略效果的重要途径。农民工返乡创业对扭转农村空心化局势,缓解乡村人才流失,助力乡村人才振兴有着关键作用。对此,本书将基于2018年中国劳动力动态调查报告(即CLDS2018)的数据,通过实证研究进一步探讨乡村振兴战略对新生代农民工返乡创业行为的影响。

具体而言,本部分利用2018年中国劳动力动态调查报告数据,结合乡村振兴战略20字方针,从产业兴旺、生态宜居、乡风文明、治理有效、生活富裕五个维度,构建度量乡村振兴发展水平的科学指标体系,分析乡村振兴发展程度对新生代农民工返乡创业行为的作用效果。

3.2.1 理论分析与研究假设

乡村振兴发展程度对新生代农民工返乡创业行为的影响包括产业兴旺、生态宜居、乡风文明、治理有效、生活富裕五个维度。

(1)产业兴旺对新生代农民工返乡创业行为的影响

乡村产业兴旺能为农民工返乡创业行为提供创业基础支撑。各种产业在不同产业链上的云集,易形成产业集聚效应。产业集聚不仅能拓展乡村就业途径,促进农民增收,同时能吸引有知识、有技能、有理想抱负的潜在创业者实施创业行为,激发乡村创业活力。另外,产业兴旺有利于推进乡村城镇化、工业化进程,使乡村具备良好的营商环境,在满足农村产业发展的同时,为创业活动提供丰富的物质资源,从而提高创业生产效率,节约成本,进一步吸引新生代农民工返乡创业。据此,本部分提出假设H1。

假设H1:产业兴旺对新生代农民工返乡创业行为有正向影响。

(2)生态宜居对新生代农民工返乡创业行为的影响

绿水青山就是金山银山,生态宜居是创业者实施创业活动的基本保障。生态宜居包含良好的生态环境以及乡村基础设施的建设与维护。良好的生态环境是乡村最大优势和宝贵财富,完善的基础设施是推动乡村宜居的内生力量。优良生态环境和完善基础设施的有机结合,为返乡创业者提供舒适的生活环境,提高他们的生活质量,同时也给创业活动的实施提供基础条件。据此,本部分提出假设 H2。

假设 H2:生态宜居对新生代农民工返乡创业行为有正向影响。

(3)乡风文明对新生代农民工返乡创业行为的影响

乡风文明是乡村建设的灵魂。乡风文明建设包括改进农村文化教育,提高农村医疗卫生条件,弘扬社会主义核心价值观,传承乡村优良习俗,开展移风易俗行动等。乡风文明建设极大丰富了村民的精神世界。随着物质条件水平的提升,人们不再满足于基本温饱,而是对生活质量提出了更高的要求。乡风文明建设在满足农民精神文化需求的同时,也能吸引漂泊在城市、对精神文明有追求的新生代农民工返乡创业。据此,本部分提出假设 H3。

假设 H3:乡风文明对新生代农民工返乡创业行为有正向影响。

(4)治理有效对新生代农民工返乡创业行为的影响

治理有效为创业活动提供稳定的秩序条件。乡村振兴离不开村民的参与,而有效的乡村治理,可以培养村民自我管理、自我教育、自我约束的意识,从而使村民自觉担当乡村公序良俗的维护者和倡导者,让乡村能够在村民的参与监督下,更好地发挥其主观能动性,为新生代农民工提供制度保障。与此同时,治理有效可以给乡村振兴吸引更多的人才,让乡村的面貌焕然一新,让更多的在城市积累一定人力资本和社会资本的新生代农民工返乡创业。据此,本部分提出假设 H4。

假设 H4:治理有效对新生代农民工返乡创业行为有正向影响。

(5)生活富裕对新生代农民工返乡创业行为的影响

生活富裕意味着收入水平较高,经济水平较为宽裕,有承担创业风险的能力,能为创业行为提供稳定的资金来源,减轻创业经济压力,减少实施创业行为的经济约束。据此,本部分提出假设 H5。

假设 H5:生活富裕对新生代农民工返乡创业行为有正向影响。

3.2.2 研究设计

(1)数据来源

本书使用 2018 年中国劳动力动态调查报告的数据,样本包括中国

29个省(市、自治区),调查对象为样本家庭的所有劳动力。调查内容包含教育、工作、迁移、社会参与、经济活动等众多研究议题,这是一项跨学科的大规模追踪研究调查。为研究乡村振兴战略对新生代农民工返乡创业行为的影响,笔者对样本数据作如下处理:样本数据仅保留外出务工超6个月、户口性质为农业户口、1980年及之后出生的新生代农民工样本;根据研究所需变量,将个体问卷、家庭问卷、村居问卷部分数据进行合并;剔除城市样本,保留农村样本;剔除关键变量严重缺失的样本数据。经过筛选,最终得到561个样本数据,各变量定义及赋值情况如表3-1所示。

表3-1 变量赋值表

变量类型	变量名称			变量定义及赋值
被解释变量	新生代农民工返乡创业			1980年及以后出生,外出务工超过6个月,已返乡,目前工作为雇主或自雇,以上各项均满足赋值为1,否则为0
解释变量	产业兴旺	产业效能	企业数量	目前本村行政区域内企业数量(不包括商店、超市)
		产业组织发育	是否有信用合作社	本村有信用合作社则赋值为1,没有为0
	生态宜居	村容村貌	村庄整洁程度	根据村庄容貌的整洁程度赋值,很乱赋值为1,很整洁赋值为10
		设施完善	是否有公交车站	本村目前有公交车站则赋值为1,没有为0
	乡风文明	文化教育	是否有幼儿园	本村行政区划范围内有幼儿园为1,没有为0
		邻里融洽	街坊邻居熟悉程度	非常不熟悉则赋值为1,不太熟悉为2,一般为3,比较熟悉为4,非常熟悉为5
	治理有效	自治水平	代表大会次数	调查上一年(2017)举行村民代表大会的次数
		社会治安	治安状况	本村的治安状况很好则赋值为5,较好为4,一般为3,不太好为2,很差为1

(续表)

变量类型	变量名称		变量定义及赋值
解释变量	生活富裕	物质生活富裕	是否有汽车	有汽车则赋值为1,没有为0
		精神生活富裕	幸福感指数	非常不幸福则赋值为1,不太幸福为2,一般幸福为3,较为幸福为4,非常幸福为5
控制变量	个体特征		性别	男性则赋值为1,女性为0
			婚姻状况	已婚(包含初婚、再婚和同居)则赋值为1,未婚(包含未婚、离异和丧偶)为0
			年龄	调查年份(2018)减去出生年份
			受教育程度	文盲则赋值为1;小学为2;初中为3;高中(含职高、技校以及中专)为4;大专及以上为5

(2) 变量选取

① 被解释变量

被解释变量为新生代农民工返乡创业行为决策。返乡创业行为决策是基于CLDS2018核心问题并经多次询问确认得出的,本书将经筛选后整理出的样本数据作以下划分:如果工作类型是雇主或自雇,则定义为"返乡创业行为",赋值为1;如果工作类型是雇员、务农或其他就业类型,则定义为"非返乡创业行为",赋值为0。

② 解释变量

解释变量为乡村振兴发展水平。基于此,本书从产业兴旺、生态宜居、乡风文明、治理有效、生活富裕五个维度对乡村振兴发展水平进行测量。

产业兴旺是乡村振兴发展的基石保障,本书从产业效能和产业组织发育情况对其进行考察。具体来说,企业是乡村产业发展的主要力量,因此,将本村行政区域内企业数量作为衡量产业兴旺水平的指标之一。信用合作社是农村现代金融服务体系的重要组成部分,对乡村的经济发展有举足轻重的作用,因此,将本村是否有信用合作社作为产业兴旺中组织发育程度的衡量指标。

生态宜居是提升乡村振兴发展水平的关键,本书从村庄的村容村貌和基础设施完善程度对其进行考察。具体而言,本书采用2018年中国劳动力动态调查报告的问卷访问员对被访问村庄整洁程度所给予的分值进行衡量,设施完善程度则由本村是否有公交车站进行衡量。

乡风文明是实现乡村振兴的思想保障,本书从文化教育发展水平以及邻里融洽程度对乡风文明层面进行考察。乡村振兴的乡风文明建设既包括农村文化教育的推动,也包含邻里和谐互助的乡村优良习俗,因此,将村庄是否有幼儿园作为文化教育推动情况的考察指标,将受访新生代农民工与街坊邻居熟悉程度作为邻里融洽程度的衡量指标。

治理有效是乡村振兴实施的核心,本书从村庄的自治水平和社会治安状况对乡村治理有效层面进行考察。具体而言,村庄自治水平由问卷调查上一年(2017)举行村民代表大会的次数衡量,社会治安则采用问卷受访者对村庄治安水平状况的评价进行衡量。

生活富裕是乡村振兴战略的奋斗目标,本书从物质生活富裕和精神生活富裕两个维度对生活富裕层面进行考核。具体而言,将受访家庭是否有汽车作为物质生活富裕的衡量标准,把受访新生代农民工的生活幸福感指数作为精神生活富裕衡量标准。

③ 控制变量

借鉴以往探讨农民工创业行为的研究成果,本部分以新生代农民工的个体特征作为研究的控制变量,具体包括新生代农民工的性别、年龄、婚姻状况以及受教育程度。

(3) 模型设定

探究乡村振兴对新生代农民工返乡创业行为的影响,被解释变量为是否实施返乡创业行为,实施返乡创业行为取值为1,否则为0,它属于二元选择变量,因此选择二元Logistic回归模型进行实证分析。模型如下:

$$\text{Logit}(p) = \ln\left(\frac{p}{1-p}\right) = \sum \beta_n X_n + \beta_0$$

式中，p 代表因变量为 1 的概率，$1-p$ 代表因变量为 0 的概率，X_n 表示 n 种影响因素，β_0 为常数项，β_n 为系数。此外，还利用 Logistic 转换方法，去除对取值区间的限制，使转换结果成为一个线性函数。

3.2.3 结果与分析

本书利用 SPSS25.0 等统计软件对筛选后的 561 个样本数据进行二元 Logistic 回归分析和检验，结果如表 3-2 所示。估计结果显示，模型（1）和模型（2）的 Hosmer-Lemeshow 拟合度检验 P 值分别为 0.101 和 0.500，大于 0.05，数据与回归模型拟合较好。

表 3-2 模型估计结果

变量	模型（1）				模型（2）			
	β 系数	标准误差	Wald 值	OR 值	β 系数	标准误差	Wald 值	OR 值
常数项	-8.939***	1.899	22.153	0.000	-9.172***	2.220	17.077	0.000
企业数量	0.016***	0.006	6.562	1.016	0.015**	0.006	5.425	1.015
是否有信用合作社	0.684**	0.334	4.188	1.982	0.732**	0.342	4.592	2.080
村庄整洁程度	0.102	0.112	0.826	1.108	0.096	0.113	0.731	1.101
是否有公交车站	0.294	0.312	0.889	1.342	0.319	0.324	0.973	1.376
街坊邻居熟悉程度	0.444**	0.177	6.297	1.559	0.394**	0.183	4.639	1.482
是否有幼儿园	0.480	0.380	1.592	1.616	0.397	0.384	1.068	1.487
代表大会次数	0.075***	0.028	7.217	1.078	0.078***	0.028	7.522	1.081
治安状况	0.290	0.317	0.837	1.336	0.231	0.318	0.530	1.260
是否有汽车	1.390***	0.312	19.912	4.016	1.298***	0.319	16.498	3.661
幸福感指数	0.254	0.178	2.033	1.289	0.248	0.181	1.870	1.282
性别					0.351	0.325	1.169	1.421
年龄					0.662	0.459	2.077	1.938
婚姻状况					0.004	0.037	0.011	1.004
学历					0.004	0.190	0.000	1.004

注：***、**、* 分别表示通过了 1%、5%、10% 水平的显著性检验。

模型（1）考量了乡村振兴五个维度对农民工返乡创业的净影响，模型（2）在乡村振兴五个维度基础之上控制了农民工个体特征因素。从模型（1）到模型（2）可以发现，乡村振兴水平各变量的影响系数和统计显著性基本一致，这说明其对被解释变量农民工返乡创业具有较强的解释力。

（1）产业兴旺的影响

本村行政区域内企业数量和本村是否有信用合作社正向影响新生

代农民工返乡创业,假设 H1 得到验证。由结果可知,企业数量这一变量在模型(1)中达到了 1% 的显著性水平,在模型(2)中也达到了 5% 的显著性水平。从边际效用值来看,每增加一个企业,新生代农民工返乡创业的可能性会提升约 1.02 倍。另外,本村是否有信用合作社变量在两个模型中均通过了 5% 的显著性检验。从边际效用值看,有信用合作社的乡村发生创业的概率约为无信用合作社的乡村发生创业的 2 倍。这与政府有效推进农业供给侧结构性改革有关。现代农业产业体系的合理构建,促进了农村第一、第二、第三产业的融合发展,吸引了外出务工人员返乡创业。

（2）生态宜居的影响

村庄整洁程度与村庄是否有公交车站均对新生代农民工返乡创业有影响,但均未通过显著性检验,假设 H2 不成立。究其原因,一方面可能是所选择的样本采访对象为新生代农民工,相较于老一代农民工,新生代农民工暂时不会面临退休情况,就养老所需的生态环境和基础设施没有过高的要求。另一方面,新生代农民工虽是农村户籍,但长期生活在城市,习惯了城市生活,对城市的认知较为深刻,有较强的市民化意向,在农村落户定居的意愿相对薄弱,因此生态环境和公共基础设施并不是驱动其进行创业决策的主要因素。

（3）乡风文明的影响

相较于本村是否有幼儿园而言,街坊邻居熟悉程度的影响更显著,假设 H3 得到部分验证。其原因可能是乡村民风淳朴,重视人情往来,社交活动频繁会丰富个人社会资本,因而与街坊邻居越熟悉,越能给创业活动带来便利。而本村是否有幼儿园这一变量没有通过显著性检验,其原因可能是新生代农民工普遍重视教育,乡村教育资源及质量整体不如城市,家长普遍会把子女送到镇上甚至市区上学,因此乡村是否有幼儿园并不是新生代农民工返乡创业的主要驱动因素。

（4）治理有效的影响

从自治水平角度而言,村民代表大会每增加一次,创业的可能性就会提高 1.08 倍。村庄经常组织村民代表大会意味着村民对村庄公共事务的参与度高,涉及乡村创业扶持项目的宣传也会相对透明化、彻底化。乡村自治水平高不仅有利于营造良性的市场环境,同时也会激发在外务工人员返乡创业的积极性。村庄治安状况没有通过显著性检验,可能是随着乡村振兴战略的深入实施,乡村治安问题得到有效改善,全国乡村治安状况普遍较好,新生代农民工对安全问题并不担忧。综上所述,假设 H4 得到部分验证。

(5)生活富裕的影响

家庭中是否有汽车与幸福感指数均对创业决策有正向影响。其中家庭中是否有汽车这一变量呈现 1% 显著性水平,表明物质生活越富裕,新生代农民工选择返乡创业的概率更大。相较于老一代农民工,新生代农民工年纪轻,务工年限短,所积累的物质财富相对有限,这在很大程度上限制了其创业的意愿。家庭条件优越、物质生活富裕的新生代农民工创业所需的经济限制较少,创业负担较轻,良好的物质保障让他们没有后顾之忧,因此物质生活越富裕,新生代农民工越倾向于返乡创业。幸福感指数尽管对创业行为有正向影响,但未通过显著性检验,究其原因,可能是随着精神世界的富足,外出务工者已满足于生活现状,不愿再打破常规。综上所述,假设 H5 得到部分验证。

基于 2018 年中国劳动力动态调查报告数据,运用二元 Logistic 回归模型方法分析乡村振兴对新生代农民工返乡创业行为的影响。研究表明:产业兴旺中村庄企业数量和是否有信用合作社均对新生代农民工返乡创业行为存在显著影响;生态宜居因素对新生代农民工返乡创业行为影响不显著;乡风文明中街坊邻居熟悉程度对新生代农民工返乡创业行为有正向影响,村庄中是否有幼儿园对其影响不显著;治理有效中村庄举办村民代表大会次数对新生代农民工返乡创业行为影响显著,村庄治安状况对其影响不显著;生活富裕中家庭是否有汽车对新生代农民工返乡创业行为影响显著,幸福感指数对其影响不显著。

综上所述,产业兴旺是驱动新生代农民工返乡创业行为最重要的因素,乡风文明、治理有效、生活富裕因素次之,而生态宜居因素作用较小。

3.2.4 政策性启示

(1) 优化农业农村经济结构,夯实产业基础

以农业供给侧结构性改革为主线,坚持农业高质量发展,打破农业农村经济产业广而不强,产品众而不优壁垒。根据市场需求,结合当地环境资源优势,改善农业产业结构、产品结构,吸引城市人才资源尤其是新生代农民工向农村流动,既要大力发展地方特色品牌,建设特色农产品优势区和重点农产品生产保护区,又要加快促进乡村新业态发展,加强企业间的互动联系,促进第一、第二、第三产业联合发展,延长产业链,将上中下游产业资源要素有效集聚再整合,衍生出新的产业模式(如教育农业、康养小镇、乡村旅游),为新生代农民工返乡提供更多可供选择的优质创业项目。

(2) 注重乡情引导,激发新生代农民工返乡创业热情

可以依托乡村振兴战略目标,加强乡风文明建设;借助乡情载体,让在外务工心系家乡的人员及时了解家乡的发展概况,激发返乡热情;以"舆情"为媒介,大力传播"返乡光荣"理念,提高返乡归属感、自豪感。此外,还可利用乡村"能人效应",积极宣传返乡人才创业成功事迹,搭建创业交流平台,通过线上直播、线下讲座方式定时邀请返乡精英为有创业意愿的返乡群体提供创业指导。

(3) 强化政府与村民自治互动,吸引有志村民返乡创业

推进村民参与乡村自治实践,增强政府与村民的自治互动,加强村民对村里大小事务的参与感,增强村民的权利意识。可以经常组织村民学习乡村利民政策和相关法律知识,让村民意识到参与乡村治理是每个村民的权利和义务。同时,定期举办座谈会,鼓励村民对村里事务发表意见,畅所欲言。制定惠民政策,提升村民收入水平,加大财政税收扶持力度,适当降低企业所得税税率,通过政策扶持帮助创业者拓宽营商渠道,降低营运成本,吸引有志村民返乡创业。

(4) 多措并举,提高村民收入水平

充分考虑个体差异性,区分高中低收入群体,根据特定群体的需求和特征状况精准实施帮扶措施;调动乡村党员干部的积极性,组织带领

身边党员群众投入提高村民收入和生活质量的伟大事业；强化村民自我提高、自我进步意识；鼓励企业在本地经商办厂，为当地村民创造更多的就业岗位，让村民工资性收入有所保障；引导有就业意愿的赋闲群体灵活就业，如依托互联网信息技术进行电商直播、微商带货；借助农村天然环境资源优势，开办民宿；加大财政扶持力度，增加政府对农村居民的转移支付，加大社会福利保险津贴、养老金、救济金以及各种补助费用的支付比率。

（5）优化金融体制生态环境，完善农村信用借贷体系

创业资金缺乏是制约新生代农民工返乡创业的关键因素。根据农村地貌、营商环境情况适当扩大金融服务覆盖区域，强化金融体制服务创新意识，健全农村信用借贷体系，完善贷款担保制度。一方面，相关银行可以根据创业项目特征设计相应的贷款产品，保证新生代农民工创业周期与借贷期限贴合，创业资金与贷款金额相匹配。另一方面，政府可以利用财政经费结余资金建立专项返乡创业扶持基金，对国家重点扶持的创业项目，加大创业补贴力度。

3.3 乡村振兴战略下新生代农民工返乡创业动力机制研究

改革开放后，市场化改革的推行促使农民工群体涌向大城市，他们成为早期发达城市经济发展的主要贡献者。与此同时，"三农"问题愈加凸显。中央决策层认为，全党工作的重中之重在于解决"三农"问题，乡村振兴战略应时而生。在乡村振兴战略背景下，农村地区蕴含着丰富的机遇，拥有广阔的发展前景，因此，返乡创业的新生代农民工开始出现。对国家而言，新生代农民工的返乡创业行为不仅能帮助社会带动就业、缓解就业压力，也能促进农村脱贫致富，为建设社会主义新农村和实施乡村振兴战略贡献力量。据《2022年农民工监测调查报告》统计，截至2022年，全国农民工回乡返乡创业的人数达到1 220万人，而全国农民工共计2.96亿人，返乡创业比例仅为4.12%。虽然政府部门不断在财政金融、职业培训等方面出台优惠政策，但选择返乡创业的农民工占比依然较少。因此，有必要探讨新生代农民工选择返乡创业背后的原因、

返乡创业存在的困境以及如何解决农民工面临的困难,以期更好地促进农民工返乡创业。

3.3.1 文献综述与理论基础

目前,学者运用推拉理论对返乡创业动力因素开展了广泛的研究。钟云华和刘姗(2019)提出,在控制个体特征和中间阻碍因素的前提下,当城市推力(就业压力大等)+农村拉力(生活成本低等)>城市拉力(工作体面程度高等)+农村推力(生活工作环境差等)时,人们会产生较强的返乡创业就业意愿。王慧珍(2021)认为,促使劳动力返乡创业的推力包括生存性所需和归属感降低,拉力包括社会资本的支持、自我实现的需要和乡土情结。姜姝(2021)提出,"双创"政策、乡村振兴战略和人们的乡愁乡情心理增强了乡村的拉力,再加上城市的推力作用,形成了"城归"的现象。在返乡创业动因的基础上,众多学者对构建返乡创业动力机制进行了深入的探讨。李彦娅和谢庆华(2019)通过纵向论述农民返乡创业的金融危机、产业升级和乡村振兴三个阶段,探讨农民工返乡创业的动因,从而构建农民工返乡创业的动力机制。王轶和熊文等(2020)从人力资本积累的主要途径、人力资本转化的主要媒介和劳动力返乡创业三部分构建了人力资本推动劳动力返乡创业的动力机制。王兴周(2021)认为,个人生命周期、经济景气周期、户籍和土地制度、历史文化传统等因素间的耦合机制促进了劳动力返乡。林奇清(2023)通过创业价值、创业环境、创业步伐和创业态度的分析建构内外合力、多方引导、全面支持的返乡创业动力机制。

依据前文的理论基础,推拉理论对新生代农民工返乡创业决策起着重要指导作用。由此,本书运用推拉理论,厘清乡村振兴战略下"乡村、政府、社会"三维联动机制的内在逻辑关系,从乡村振兴的拉力、社会与政府的推力以及农民工返乡创业的阻力等方面分析农民工返乡创业的动因及存在的阻碍,最后从新生代农民工返乡创业的动力机制方面提出对策建议。

3.3.2 乡村振兴战略下新生代农民工返乡创业动力因素分析

新生代农民工返乡创业意愿行为涉及政府、家乡、社会等多个主体的交互作用,尤其是家乡实行乡村振兴发展战略,对推动新生代农民工返乡创业具有重大的意义。在乡村的拉力、社会与政府的推力下促进新生代农民工返乡创业,它们相辅相成,共同影响,形成联动机制。

(1) 第一维度:政府推动机制

在乡村振兴战略下,国家各部门采取一系列措施以改善乡村创业的外部环境,这些措施成为农民工返乡创业的重要推动力。

第一,推进乡村产业融合发展。近年来,国家各部门联合采取行动推动乡村第一、第二、第三产业实现融合发展。一是实施产业融合项目。自2018年以来,农业农村部同财政部安排中央财政资金,累计支持各地建设农业产业强镇1 509个,现代农业产业园300个,优势特色产业集群180个,通过实施优化产业布局、提升基地水平、发展加工流通、培育经营主体、打造产业品牌等一系列措施,延长产业链条,推动农村经济三大产业融合发展。二是培育农业全产业链。2021年,农业农村部印发《关于加快农业全产业链培育发展的指导意见》,推动各地建设农业全产业链重点链31条、农业全产业链典型县63个,推动农业现代化和规模化发展,提高农民的收入水平,改善农民生活,促使更多农民工返乡创业。

第二,加强农民工返乡创业技能培训。自国务院出台《关于推行终身职业技能培训制度的意见》并指出要建立并推行终身职业培训制度以来,农业农村部深入实施农村创业带头人培育行动。根据《关于政协第十四届全国委员会第一次会议第02402号(农业水利类218号)提案的答复摘要》数据,截至2022年,该部门培训各类农村创业人员超1 150万人,并且向社会各界推介2 210家农村创业基地,通过为返乡创业者提供精准的培训,使其从返乡创业意愿转变为返乡创业实践,从而吸引更多的农民工返乡创业。

第三,加大农民工返乡创业财政补贴力度。2019年,财政部印发《关于做好2019年中央财政普惠金融发展专项资金管理工作的通知》,明确从2018年11月起,中央财政创业担保贷款贴息的个人创业担保贷款,最高贷款额度由10万元提高到15万元;贴息的小微企业创业担保贷款上限从200万元增加至300万元。此外,财政部还通过涉农贷款增量奖励、农村金融机构定向费用补贴等政策手段,调动金融机构支小支农积极性,弥补市场失灵,鼓励金融机构加大对普惠金融对象的信贷供给,保障小微企业和"三农"等普惠金融重点服务对象的基础金融服务可得性和适用性,提升乡村金融保险服务水平,加大对新型经营主体的支持力度,带动更多金融资源更好地支持农民工返乡创业。

第四,完善农民工返乡创业社会保障制度。当前,政府已采取行动来解决农民工在城市工作存在的合法权益保护不到位、社会保障不充分等问题,2022年,人力资源和社会保障部、国家发展改革委等有关部门印发《关于进一步支持农民工就业创业的实施意见》,从支持稳定农民工就业岗位、引导农民工有序外出务工、促进农民工就近就业创业、强化农民工就业服务保障和实施防止返贫就业攻坚行动等方面提出相关意见。各基层政府积极响应,具体措施包括在创业地为返乡创业者子女提供义务教育、对就业困难的返乡创业者提供社会保障补贴等。

政府在职业培训、财政补贴、社会保障等各个方面给予返乡创业人员政策支持,鼓励优秀农民工返乡创业,依靠农民工自身所长和对农村自然资源的熟知来发展农村经济,引领农村创业新潮,促进农村产业整体升级,助力乡村振兴。

(2)第二维度:乡村拉动机制

① 乡村发展

在乡村振兴战略背景下,政府的各项利好政策从"生态、产业、文化、人口、组织"五个方面指导推动乡村的发展,从而推动农民工返乡创业。同时,返乡创业的农民工又能反哺乡村。

生态方面,经过对乡村自然环境的改造,乡村振兴战略为乡村居民提供了日益改善的生态环境,乡村基础设施得到了完善,为发展乡村产业提供了支撑和保障,促进了乡村产业的发展,大幅改善了农村人口的生活条件,增强了农民工的留乡创业意愿。反过来,农民工返乡创业资金的投入既有利于企业的发展,又有助于推动乡村生态建设。

产业方面,乡村振兴战略促使国家的社会公共资源逐渐向农村倾斜,农村产业集群程度、交通便利程度等都得到提高,推动第一、第二、第三产业融合,为返乡农民工提供了有利的创业环境,农民工能够结合本地资源发展特殊服务业和旅游业,除了推动当地产业发展,还为具备知识、技能的返乡农民工提供了更多就业机会。同时,返乡创业农民工带来的资本和产业为推动乡村产业繁荣作出卓越贡献,两者之间形成良性循环。

文化方面,各基层政府对基层文化建设给予了大力扶持,积极促进农民工文化素养提升,在保障居民生活水平的同时,还能满足其精神需求,农村发展更具活力,为农民工返乡创业搭建了有利平台。反过来,在家乡具备良好行为规范的返乡创业农民工能起到模范带头作用,通过言传身教和教育培训等多种方式协助推进乡村文化建设。

人口方面,实现人民生活富裕是乡村振兴的主要目标。乡村振兴战略下乡村不断改善的生活环境和持续壮大的集体经济为农民群众实现生活富裕提供支持,乡村广阔的发展前景吸引外出务工的农民工返乡创业。同时,农民工返乡创建企业,可以有效整合农村闲置资源,为当地农民创造就业机会,从而增加农民收益,为实现农民生活富裕作出贡献。

组织方面,治理有效是主要内容。随着社会演变,旧的乡村治理体系已无法适应社会变革,而乡村振兴战略的实施,能促使当地村民发挥自主治理的能力,彰显农民主人翁精神,政府法治与农民自治的有机结合进一步提升了乡村治理水平,为乡村营造了良好的营商环境,不仅能推动农民工返乡创业,还能吸引外来资本投入。同时,大部分返乡创业者具有较高的职业素养和法治意识,不仅自身能遵守法律法规,而且能激励周围从业人员向善向上,从而推动乡村社会和谐有序发展。

② 乡土情结

乡村对农民工的拉动作用不仅在于其自身的发展,更在于农民工内心深处浓郁的乡土情结。过去的乡土情结是人们内心深处对家乡故土的强烈的怀念和依恋之情。相当数量进入城市务工的农民工十分注重"落叶归根",尽管他们长期在外工作,离乡多年,但对家乡的思念并未消失,乡村仍然保存着他们的房屋和土地,与家乡亲人的血缘亲情仍是他们与乡村之间无法割舍的纽带。新时代,乡土情结的内涵更加深刻全面。乡土情结不仅是一种心理状态和生活方式,更是一种生存智慧与发展追求。城市危机中的都市人渴望回归自然,追求家乡的美丽与富强,并希望自己能够为家乡的建设贡献力量。乡土情结已从"荣归故里"的期望转变为"建设家乡"的动力源泉,乡村振兴战略在这一刻与农民工的乡土情结实现了有机融合,在其相互作用下,农民工选择返乡创业具备更多的可能性。

(3) 第三维度:社会推动机制

社会对农民工返乡创业的推动作用主要体现为社会资源与关系网络。关系网络与社会资源对久居城市的农民工来说,有着提升其成长空间、实现其向市民化阶段转变的重要功能。关系网络是指农民工凭借自身努力,在工作交往过程中逐步形成的利益共同体。社会资源是指农民工在长期劳动过程中自觉或不自觉累积起来的多种无形发展因素。关系网络更多地体现为内在价值认同,社会资源则更多地体现在外在环境之中。对促进农民工返乡创业而言,不管是关系网络还是社会资源,都是他们得以返乡创业的重要依托。在农民工的关系网络里,拥有相同价值观念的人会基于共同的信仰、思想进入乡村社会并成为返乡创业所必需的人力资源。同时,农民工又不能脱离他们在城市社会长期累积所形成的种种社会资源。离开了这些社会资源,便不能为农民工返乡创业提供足够的要素支撑。社会资源和关系网络的相互作用激励着农民工返乡创业,农民工在城市发展过程中得到充分稳定的关系网络和丰富的社会资源时,才能得到充分的激励,才有底气返回广袤乡村"再次启程",踏上返乡创业之路。

除了社会资源和关系网络,不利于农民工发展的城市环境也是推动他们返乡的因素。一是城市中激烈的市场竞争和不断变换的社会需求。由于科学技术的飞速发展,社会对于高技能、高学历人才的需求日益增长。然而对农村劳动力而言,他们在城市市场上将面临更大的竞争压力。在这种情况下,一部分农民工选择利用在城市工作中积累的经验与技能返乡创业。二是低收入与城市高消费、高房价之间的不平衡关系。

农民工的报酬过低，他们的收入很难满足其家属在城里的支出，而且由于劳动力供给充裕，劳动力市场竞争激烈，农民工报酬增长极为缓慢，许多农民工无法承受城市高昂的生活成本和房价压力，再加上城市环境质量的下降，大大降低了农民工对于城市的期望，使农民工选择回流并利用已有资源到农村创业。三是城乡差距。城乡居民在养老、医疗和教育方面权益不平等的问题也是劳动力回流的推动因素。虽然国家在政策上对以上方面采取了优化措施，但农民工无法与城市居民享受同等权益的问题仍然存在。这种不平等性是一些农民工回到乡村创业的决策因素之一。

综上所述，在乡村振兴战略背景下，政府推动相关政策落地乡村，引导乡村发展，同时，政府和社会彼此衔接，形成有价值有效率的整体，乡村整体实力的提升使其对农民工的拉动力与社会对农民工的推动力之间形成协同共创的局面，最终促进新生代农民工返乡创业，助推乡村振兴的实现。

3.3.3 乡村振兴战略下新生代农民工返乡创业阻力因素分析

返乡创业新生代农民工属流动劳动力范畴，在劳动力流动动因研究中，推拉理论是经典理论。该理论将影响流入地与流出地之间的迁移因素划分为"推力""拉力"和中间障碍因素"阻力"。"推力"是指流出地推动劳动力离开的有利或不利因素，"拉力"是指流入地吸引人们进入的多种有利因素，"阻力"是指阻碍人们流动的力量。推拉理论的思想符合在乡村振兴战略下农村吸引新生代农民工、社会推动农民工返乡创业这一特征。因此，本书基于推拉理论，在上述已讨论推拉联动的作用下，结合我国新生代农民工返乡创业的实际情况，进一步分析其影响因素，具体如图3-3所示。

综上所述，在乡村振兴战略下，乡村对农民工返乡创业的拉力表现为生态宜居、产业兴旺、乡风文明、生活富裕、治理有效以及乡土情结六个维度，而社会对农民工返乡创业的推力则体现在社会资源、关系网络、市场竞争、收支失衡、环境质量、城乡差距等方面。这些都是促使新生代农民工返乡创业的动力因素，但在创业的发展过程中仍然存在急需解决的阻力因素。

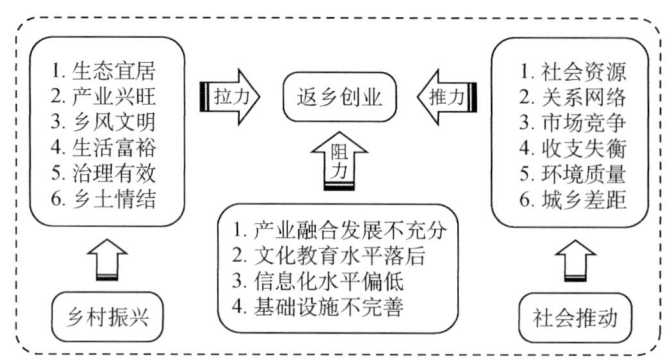

图 3-3　基于推拉理论新生代农民工返乡创业行为影响因素

（1）产业融合发展不充分

乡村产业融合主要以农业为依托来实现资源、技术、资本等要素的合理配置，进而促进第一、第二、第三产业的有机融合。目前，乡村产业融合发展呈现第二、第三产业发展相对滞后的特点，表现为农业内部结构失衡，第一、第二、第三产业融合的深度和水平不足等方面。与此同时，乡村产业发展还存在带动农民增收能力有限等问题，具体表现为农业产业链较短，产品转化能力不足；非农产业割裂，"农业+"模式还没有被广泛且有效地运用；乡村产业融合进程中注重经济功能的发挥，而生态和文化等重要功能的拓展还不充分。目前乡村产业融合发展中，农民增收、协调发展以及产业融合功能的开发与激活等方面存在短板，制约了乡村产业高质量发展，不利于创业企业的长远发展。

（2）文化教育水平落后

相较于老一代农民工，新生代农民工更关注家庭成员的发展需求，这意味着良好的教育必不可少。当前乡村教育面临以下问题：一是教育资源分配不均。由于城镇化的推进，第二、第三产业向城镇集聚，受薪资待遇与教育条件等因素影响，农村青年教师纷纷外流，教师队伍的老龄化现象严重，乡村教师的队伍结构不合理，城乡之间教育资源的差距越来越大。二是教师的信息技术运用水平较低。当前，信息化时代变革迅速，而信息技术素养处于停滞状态的教师群体占多数，造成许多教师无法适应当下教育模式的矛盾，表现如下：一方面，信息化设备运用层次较低。由于信息技术运用水平有限，一些教师对信息化设备的运用局限于简单的PPT课件展示与资料的堆砌，导致课程内容难以给学生留下深刻的印象；另一方面，教学资源处理能力较差。虽然多数教师懂得如何获取资源，但缺少对视频与影视资源信息的处理与归纳能力，无法最大化发挥资源优势，使课程的广度受到一定限制，从而影响了教学效果。除了上述问题，偏远地区薄弱的教学设施、乡村较为落后的教育理念都是阻碍农民工返乡创业的重要因素。

（3）信息化水平偏低

当前全球已经步入互联网时代，大部分物流、人流和信息流都是在互联网上完成的，但是乡村区域的信息化建设程度仍然滞后于现代产业化的发展水平。一方面，乡村信息化基础设施建设薄弱。由于农户经济收入相对较低，消费能力不强，信息化服务运营商从自身利益出发，不愿意对乡村信息化基础设施进行投资，互联网络在我国农村经济运行中的应用范围较小，农民获取信息仍然主要是通过传统媒体，而传统媒体都是简单地向农民传递信息，无法向他们提供交互式的咨询服务，使得农民工获取信息具有滞后性、不完全性的特点。另一方面，信息意识薄弱。农村信息化认知不够深刻，不少人没有充分认识到农村信息化建设的本质、意义和重要性或者存在错误理解，没有深入理解信息化建设内容，将信息化建设简单地理解成计算机的运行，这些片面的认知导致农村信息化建设无法取得应有成效。经济发展动向只有获得及时、灵活、有效的信息才能获得永久的战略主动地位，否则，一旦处于被动地位，利润就没有办法保障，也会打击农民工返乡创业的信心，不利于创业的继续推进。

（4）基础设施不完善

多数新生代农民工返乡创业会首选经济发展状况良好、交通相对发达、人口数量相对较大的乡镇。其原因是这些区域能够大大降低创业所需的人力成本，同时这些区域基础设施较为完善，对企业的发展较为有利。在国家政策的指导下，各地不断加强农村基础设施的建设，但实际上大部分农村配套服务设施仍然存在短板。农村的道路、电网仍然比较薄弱，这会增加企业的运营成本。道路建设是农村基础设施建设之本，尽管农村道路建设和改造已在多数区域完成,但是道路标准仍比城镇低,道路建设不足将造成产品销售不畅和成交周期拉长,对返乡创业企业回笼资金造成阻碍,变相弱化其市场竞争力。尽管乡村电网改造不断推进,然而在一些乡村地区,电力中断的情况仍然时有发生,这会给企业的日常运营带来阻碍,使农民工对返乡创业产生顾虑。

3.3.4 促进农民工返乡创业的对策建议

（1）产业赋能机制：推进农村产业充分融合

推动新生代农民工返乡创业需构建适合乡村市场需求与农民工返乡创业要求的产业结构新格局,而深入推动农村第一、第二、第三产业高效融合发展,是人多地少国家延伸农业产业链,实现产业赋能返乡创业企业发展的必经之路。因此,应从产业业态角度出发,遵循"延伸产业链,升级价值链,健全利益链"的理念,突破产业层次和价值利益链中的障碍,促进农村产业融合发展。一是要重视推进农业和农产品加工业融合,提升农产品加工转化率。二是要重视推进农业和第三产业的融合,增强农业价值创造及就业吸纳能力。三是要以农村三大产业融合为重点,大力发展社会化生态农业,这将成为乡村产业繁荣的重要途径。一方面,促进种植业与养殖业相结合,进一步融入工业、物流业、休闲旅游业和服务业等多元化业态,形成"农业+"的多业态发展局面。另一方面,重视农业多功能性开发利用,并结合当地资源环境条件,促进农业多功能发展,实现多元价值。

（2）教育保障机制：提升农村文化教育水平

加强农民工子女的教育保障,提升农村教育质量,确保农民工返乡创业无后顾之忧。一方面,加大乡村教育经费投入。各省份应根据自身的经济实力和教育需求,适当增加教育经费的投入,提高教育资源的配置水平,为学生提供更好的学习环境和基础设施。例如,对乡村教育实行优惠政策,提供学习补贴,翻新乡村学校教学楼、图书馆和宿舍楼等基础设施。另一方面,加强对乡村教师的培训和管理,以省为基础单位,构建线上线下的综合培训考核体系,以建设集学科知识、心理学知识、传统文化与民族知识,现代信息化教学技巧,阶段性考核,内部信息交流等功能为一体的信息化学习考核平台为主导,再辅以周期性的线下统一培训班,全面提升教师的专业素养。

(3)技术驱动机制:促进农村数字经济发展

加强农村信息化建设能够通过数字经济与传统产业的融合来实现技术驱动,推动农村产业多元化,促进农村产业结构升级以及返乡农民工多样化创业。一方面,政府部门需要加大数字乡村建设力度,从硬件与软件上完善乡村数字化基础建设,不断加强乡村5G等设施建设,以提升乡村互联网普及率并确保乡村网络信号畅通稳定;加快推进农村智慧水利、智能电网、智慧物流等传统基础设施数字化变革,助推农村产业升级,为数字经济的发展提供良好的技术环境,使返乡创业的农民工全面享受数字经济的红利。另一方面,政府应着力营造信息化环境,强化农民的信息意识,持续提升科技创新能力,提升农村创业的活跃度。利用数字技术改变农业生产方式,加大科技创新力度,整合资源,促进生产要素在产业间流动,提高农业整体生产效率,同时借助报纸、电视、新媒体等多种宣传渠道,营造良好的信息化创业氛围,为新生代农民工开阔眼界,提高农民工的返乡创业率。

(4)物质支撑机制:加强农村基础设施建设

要吸引新生代农民工返乡创业,地方政府应将地方经济发展状况与返乡创业的现实情况相结合,优化配套基础设施并加大政府在农村公共设施建设方面的投入,为农民工返乡创业提供物质支撑。一方面,建设"四好农村路"。地方政府要深入贯彻落实习近平总书记关于"四好农村路"建设的重要指示,在有条件的乡村率先实施通硬化路、客车等政策,在全国形成农村公路网络,沟通城乡,提升商品流通效率,降低企业经营成本,为农民工返乡创业提供良好条件。另一方面,加大对农村电网薄弱地区的电网建设改造力度。合理规划电源点布局,强化联络通道建设,逐步解决偏远地区农村电网与主网衔接薄弱的问题,通过分布式光伏及风电、储能、柴油发电机的合理配置,建设并改造可再生能源局域网,强化对频繁停电、低电压等突出问题的治理,有效满足农民工在夏季高温、春节等用电高峰期的电力需求。

4 国外移民创业对我国的启示

4.1 相关国家移民创业

与农民工返乡创业这一概念有所不同,国外更多的是使用移民创业这一概念。从全球来看,移民者多集中于经济发达地区,其中欧美、北美洲和环太平洋区域是移民者最多的地区。除个人的经济诉求,移民地的政策、经济发展的需要,也是一股无法忽视的力量。这些传统的移民国正面临着人口老龄化和劳动力短缺的问题。移民被视为地区经济发展与社会发展的重要动力。无论是发达国家还是发展中国家,移民与经济产出、劳动与就业之间的关系都日益密切。

创业作为一项经济活动,其背后所隐含的文化内涵与行为选择却不尽相同。移民创业并不一定是指移居到其原国籍之外的国家,并在那里工作和生活的一种社会现象,它也可以是指从城市转移到农村去创业,但不包括早期从殖民地国家迁徙过来的群体。移民创业是指移民在其移民地提供劳动的过程,要为移民地创造经济收益或者解决一定数量的当地群众就业问题。一般而言,移入地政府都会实施一系列移民政策,以吸引有良好商业背景、专业技能、专长和技艺的生意人在本地进行投资和创业。本部分通过深入研究国外发达国家移民创业资源与环境、经济发展水平及创业政策等,分析国外发达国家移民创业的主要特征,并结合我国国情,为我国新生代农民工返乡创业提供参考与借鉴。

4.1.1 美国的移民创业

美国是全球最大的经济体,它每年都会吸引大量的移民和游客,是一个以移民为主的国家。作为世界第一经济强国，美国创业条件得天独厚，吸引着大批移民创业者。同时，美国也是海外移民创业研究的首选目的地。美国政府大力支持移民创业，出台了一系列有力措施和政策，申请门槛较低，配套设施完善。

创业文化可以被定义为在一定经济和社会背景下，在某个区域内或群体中人们对待创业的观念意识、态度和行为方式的社会意识的集合体。创业文化不仅影响个人的创业意愿，也深刻地影响创业者、政府、社会群体的意识和行为，从而营造有利于创新创业的宏观环境。美国文化深受清教徒文化的影响，由此产生的个人主义、人人平等、追求财富、刻苦工作的价值观念，为美国创业文化的产生奠定了基础。

（1）社会资源与环境

环境可分为社会网络和政策环境。社会网络可以扩宽知识的边界，而这种知识可能直接形成机会。创业者的人际关系网是影响机遇认知的关键因素，并且基于大规模数据分析，我们可以发现，具有广泛人际关系网的创业者与单打独斗的创业者在机遇认知上存在明显不同。社会网络可为创业者提供有关市场、服务顾客的方法与途径等知识。在发展机遇的阶段，创业者可以通过人际关系网来获取有用的信息、好的忠告、商业保证、设备、土地和资金。

政策环境指的是政府为了激发创业者的创业热情或推动创业高质量发展而制定的税收政策、专业人才培养政策、创业制度、税收标准等相关政策或措施。政策环境在创业活动中对创业者有着极大的吸引力。良好的政策环境对创业氛围有明显的积极效果。在创业初期，创业者会面临创业资金和经验不足等困境，因此政府出台一系列帮扶的创业政策，可为创业者提供有效的帮助，从而激发创业者的创业兴趣，营造出积极向上的创业氛围。美国农村发展政策经历了从关注某一问题到关注多方面问题的演变过程。当前，美国农村政策侧重建立适宜居住的乡村聚落，培育市场联结、利益共存的乡村合作组织和蓬勃发展的乡村多元经济。美国试图在乡村资源与环境方面进行创新，以便吸引更多的移民创业者。

（2）农村经济发展水平

美国建立之初，是一个以农业为主的国家，农业是当时美国的经济支柱产业。随着耕地面积的不断扩大，美国从欧洲引进了更多的技术和装备，让交通变得更加便利。同时，工业也得到了快速发展，这使得美国乡村的城镇化速度加快，美国乡村的经济和社会发展都在世界上名列前茅。其原因如下：

一是规模经营。美国政府对大农场实行大量的补助政策，包括直接补贴与间接补贴，并通过反周期补贴来保证农场主的收益，不仅促进了农场的大规模发展，也有效激发了农民创业的积极性。农业机械化程度高、电气化程度覆盖广、种植园与农场生物和科技含量高，成为美国农业发展的基础。

二是乡村产业的多元化。通过利用科技促进产业链的延伸，美国农业从规模化经营逐步形成较为完善的农业产业体系，乡村产业日益多元化。美国利用多元化的产业体系为其居民提供更多的当地非农业工作与创业机会，并以大都会与乡村发展为导向，为其居民提供便利，使其居民能在周围区域进行创业；通过持续增加农民的工资和收入来留住农民，同时吸引更多的年轻人来创业，维持乡村的活力。

三是优越的居住环境。美国的乡村人口虽然少，但环境好，公共服务好，基础设施好，所以乡村的吸引力并不比城市差。

四是城市与农村的统筹协调。美国区域规划提倡"小城镇"与"大城市"，不仅注重营造宜居的生活环境，而且力求将公共设施尽量向中心聚集。这种布局方式使小城镇拥有与大都市一样高质量的住宅，同时也为美国乡村地区增添了独特的魅力。

五是保持生态与环境的协调与可持续发展。美国的农村具有良好的生态环境，采取良好的休耕和轮作制度，打下了较好的农村生态基础，同时也实现了资源的有效利用。

（3）政策的支持

政策的支持度具有明显的阶段性。根据美国的经验，为了解决美国农村发展中存在的问题，美国政府初期把重点放在农村的基础建设上，投入大量资金,致力于解决水、电和道路上的难题,以改善农业的基本条件。在中期,美国政府将重点放在缩小贫困差距和城乡发展上,在加大农业补贴力度的同时,还采取如引进新兴产业、提供技术援助等各种措施来增加农民的收入,从而缩小城乡之间的收入差距。到后期,美国政府将注意力转移到教育、就业和生态环境的保护上,并将重点放在促进乡村可持续发展上,这些举措在乡村可持续发展中发挥着积极的导向作用。

① 国家的财政政策

从美国乡村发展的全过程来看,美国乡村发展的逐步完善与其国家财政的有力支撑是分不开的,而且其财政投入总量也在持续增加。2017年,仅《美国农业法》中的"农村发展"计划,美国农村就获得了400亿美元的资金。美国政府通过"信用贷款＋政府保证"的方式,鼓励社会和市场力量参与到农村经济的多层次、多样化发展中来。首先,美国政府鼓励农民们互相合作。其次,美国政府设立了农业信贷组织,向农民提供直接贷款,为农民的生产发展提供资金。另外,美国对私营银行也进行农业信用担保。

② 农业出口政策

美国的农业是一个典型的外向型农业,尤其是在第二次世界大战结束后,其农产品产量大幅增加,对国际市场的依赖程度越来越高。为了促进出口,美国政府提出了促进出口的政策：首先,通过对农业出口商的出口补贴和国外赠与等手段来提高其在世界范围内的竞争力。其次,对进口国家进行多种形式的贷款、担保或物物交换等,开发国外市场,在此基础上,利用双边、多边的协商与协定,推动贸易伙伴国家降低关税与消除非关税壁垒,为美国农产品的出口打开通道。最后,美国通过使用进口限额和检疫制度等非关税壁垒对进口进行直接限制,以保护其国内的农产品。

③ 农业税政策

美国不仅没有专门针对农业征收的税种,而且为农业投资制定了很多税收优惠政策,其中包括:延迟纳税,如可以将一些还没有销售或者已经销售但没有收到现金的产品推迟到下一年缴纳税款;扣减应税所得额,如农民购置机器设备、生产场地和饲养超过一年的家畜的费用,可以从当年的收益中全部扣除;免除税收,如对农用不动产销售所得实行60%的税收减免,只需要缴纳40%的税收。此外,相较于非农业资产,农业资产在税收上享有更多的优惠。

美国建立了较为完善的农业相关法律法规体系,如促进农业发展的农业法案等一系列法律政策,较好地确保了农民创业者的主体地位。

4.1.2 澳大利亚的移民创业

澳大利亚作为世界上最大的畜牧业发达国家之一,拥有着广袤无垠的土地和众多高质量的牧场。澳大利亚广袤无垠的土地上有着丰富的农牧资源,它是研究新作物、新食品、新农业和新食品科技的绝佳试验地。多样的土壤、地域气候和季节性气候,为澳大利亚的农场公司提供了充足的时间,用以研发和实验各种作物,并解决各种农事。澳大利亚的气候和生态系统多种多样,营商环境稳定,而且与亚洲有着紧密的联系,因此,它正充分发挥自身的优势,发展成为一个农业和食品科技革新的中心。作为创业移民的热门地区,澳大利亚每年接纳移民的社会能力有目共睹;作为世界农业强国,澳大利亚创业条件得天独厚,吸引着大批国外企业来澳大利亚投资发展。

(1) 社会资源与环境

澳大利亚政府非常重视乡村社区的改造与振兴,以乡村为本,上下互动,并以社区自我服务为中心,积极培养社区能人,有效建设社区文化,建立了乡村社会的良好治理与秩序平衡的模式。这种治理逻辑意味着,要实现乡村振兴,既要有政府的外部导向,也要有社会组织的侧向协同,更要有以新乡贤为代表的强国内在动力。从经济、社会的角度来看,澳大利亚新农村建设也遇到了许多问题。尤其是20世纪80年代中期以后,很多乡镇丧失了澳大利亚政府对各个领域的支持。在农村社会发展过程中,由于各种困难,澳大利亚政府一开始并没有制定出一套统一的政策和规划。20世纪90年代后期,澳大利亚政府才意识到这一点并采取了相应措施,如减税,调整人均收入,为一些自然保护计划提供资金奖励,并加大新科技投入。各地政府更是试图采取特别行动、双轨制乡村发展战略等措施来解决乡村发展的瓶颈问题,然而,上述政策均存在着将农村和农场混淆的共同误区。但随着农业在现代乡村发展中的作用日益弱化,人们越来越意识到澳大利亚乡村复兴的使命不应局限于对农业的改进,而应从经济、社会和文化三个层面全面考虑乡村社会的可持续发展。

澳大利亚农村有着悠久的历史,自力、勤勉、坚韧等传统文化在当地形成了一种普遍的社区文化。而在这种自力文化的影响下,以自助为中心的社区建设也逐渐成为当地政府应对农村社会弊端的一种行之有效的方法。从某种意义上说,澳大利亚乡村社区在区域发展上的成功,并不只是单纯依靠某种农业开发技术,更是其自身文化身份的塑造形成的"自我意识、创业精神和集体自豪感"的社区精神。有学者提出,一个坚强而团结的社群,要求社群成员认可"认同"与"宿命"的共同特性,愿意为全人类的福祉而齐心协力,这才是澳大利亚乡村复兴的实质与关键。

(2)农村经济发展水平

澳大利亚农村地广人稀,每个地区的气候环境及资源的不同使得其形成了各具特色的生产经营方式,可以因地制宜大力发展适合自己的农产品。在发展现代化农业的同时,当地积极利用科技创新,提高生产效率,大力推进现代科学技术及智能产品在农业领域的应用;对农场进行精细化、专业化的管理,让农产品的生产、加工、销售更加集中,劳动效率大大提高。此外,当地还积极利用互联网平台,向相关领域的农业专家进行技术方面的咨询,接受他们提供的技术指导,并且在农业生产中积极利用卫星监测系统及遥感技术等高精尖技术来实时观测农作物的生长情况,实现了农业生产的现代化和信息化。

(3)政策的支持

澳大利亚对农牧业生产与收入实行了很多税收优惠政策。在批发销售税方面,对农牧业初级生产的投入免征批发销售税,用于农牧业生产辅助活动的商品给予免税等。在个人所得税方面,允许资本开支的扣除,旱灾投资可享受减免税,非正常收入可在一定期限内分摊计税,农业生产的亏损可以无限期地向前结转,直到亏损被弥补。这一系列政策措施,可以有效地调动地方乡村社会的资源与人才,同时也可以通过政府扶持计划,为乡村社会的发展提供内在动力。昆士兰州政府(2010)强调:"虽然政府对农村地区的发展给予了支持和鼓励,但是最主要的是社区领导人。"乡村社区建设要有一种不管有没有当地政府的大力支持,都要把乡村复兴的工作做好的心态。因为仅仅依赖当地政府的扶持和补助,不仅没有效率,缺乏企业家精神,而且没有持续的竞争能力。这一新的自由派政策主张更多地强调个人责任、管理效率、援助弱化。当地政府在农村发展中更多的是作为推动者,为社区能人提供必要的动力和技能,包括适当的资源、信息和培训等,促进乡村社区的发展。

4.1.3 荷兰的移民创业

荷兰地域狭小,地势低洼,气候潮湿,光照不足,却是全球公认的现代农业发展最好的国家之一。荷兰每年的农产品出口总额遥遥领先,2021年,荷兰出口总额已经超过1 000亿欧元。同时,荷兰把农业与农村开发相结合,既重视农村的基础设施,又重视生态环境的改善,从而实现农村经济的可持续发展。科技创新、建立农业合作组织、培养高质量的农业专业技术人员,都是荷兰农业与农村发展的主要动力。

(1) 社会资源与环境

科技创新为各行各业的发展提供强有力的支持。在面对资源短缺所造成的问题时,荷兰十分重视农业科技的研究与开发,并在整个农业生产与农产品营销的过程中,将科学技术的发展放在更加重要的地位,着重提高农业科技的创新水平。荷兰政府对农业研究给予了充分的资金支持,并依托大学、研究机构和农业实验站,开发新技术和新产品,以支持农业的发展。

农业合作组织在农业经济发展中起到带头作用。相较于个人,农业合作组织在信息的获取、市场的竞争和合同的签订上有着明显的优势。通过各种形式的合作,可以把零散的农户组织在一起,从而降低市场交易成本,提高市场议价能力和竞争力,缓解小生产和大市场之间的矛盾。而农业合作组织的形成,又使得生产和经营的专业化得以实现。各种形式的合作组织,如荷兰农业合作社,把不同的农场主组织起来,使他们有更强的组织性,更迅速地进入市场,从而使生产和营销更加专业化,增强了市场竞争能力,这也是荷兰实现农业现代化的先导。

(2)农村经济发展水平

近年来,荷兰以高效率的产业链为依托,积极推动科技与产业的革新,形成了一批以农产品为核心的产业群。而荷兰乡村第一、第二、第三产业深度融合后所产生的具有代表性的产业集群是"食品谷"和"绿港"。"食品谷"是一个集国际知名食品企业及研发中心于一体的工业聚集区,是欧洲农业及食品营养学领域最重要的科研中心。"绿港"是一个以荷兰政府为主导、覆盖整个园林产业的综合型园区,园区内不仅有园林企业,还有相关科研院所,构成了一条从培育到营销的全产业链。"绿港"以其高效率的园林产业链,为荷兰园林产业提供了良好的国际竞争环境。

(3)政策的支持

第二次世界大战后,荷兰对农业生产采取了不同的措施,在此基础上对其进行了积极的干预,并对其实施了保护主义。自荷兰实行欧共体的农业政策以来,欧盟的政策也随着欧洲农业的发展而变化:由单一的农业向强调农业的多元化发展转变,并重视环境保护、食物安全、生物多样性等。欧盟农业政策对荷兰现代农业的发展具有重要意义。荷兰在实施《消费者保护法案》期间收到了大量的农业补助。除了欧盟补助,荷兰政府还在农业上进行了大量补助。为支持农村发展,促进农业知识体系的创新等,荷兰政府提供了5亿欧元的补助,并且为农业教育拨出了7.8亿欧元。荷兰政府与欧盟始终坚持对农业实行长期补贴,并能适时地根据现实条件进行调整,这为荷兰实现现代农业的发展提供了有力的保障和坚实的后盾。

4.2 国外移民创业的主要特征

随着全球一体化进程的加快,区域间的经济、文化交往越来越多,人口的流动也越来越频繁,全球的移民总量也越来越大。研究发现,国外移民创业多数是向发达国家地区进行移民。移民创业是一个动态行为,具有复杂性,是在多种因素驱动下形成的。移民创业的前提是先要有这个意愿,然后再付诸行动,最后再看产生的绩效。

4.2.1 移民创业的模式和绩效研究

移民创业主要有互动模式和混合嵌入模式。互动模式强调移民创业的成功取决于移民群体之间的互动性。在国外,移民创业本身就面临着很多困难,如语言不通、文化差异大、市场准入的限制条件多等,这就需要移民群体抓住机遇,充分利用当地政府的移民创业政策,建立强大的移民社区网络,共同解决移民创业过程中面临的问题。混合嵌入模式认为,移入地的社会、经济、政治环境等都将影响移民创业行为的实施,移民创业行为的实施要考虑多种因素的影响。

目前,有关移民创业企业绩效的研究较少,一般认为移民创业企业绩效相对较低,且缺乏可持续性。研究发现,以下原因可以解释这种情况:首先,移民创业者主要进入一些传统行业,这些行业的进入壁垒和利润都较低,但竞争激烈,缺乏可持续成长性;其次,移民创业企业主要是为移民社区服务,市场规模较小;最后,移民创业者主要依靠其在移民群体内部的关系网络来筹集其创业所需的资源,如资金、劳动力等,但无法通过这种关系网络来筹集企业持续成长所需的资源。针对亚裔移民创业者的实验研究表明,高社区参与型移民创业企业的绩效低于低社区参与型移民创业企业的绩效,而且,前者的目标满意度和正现金流都低于后者。这说明,过度关注本民族移民市场有可能会对移民创业企业的绩效产生不利的影响。

4.2.2 移民创业的特征

移民创业多数在发达国家产生,这是因为移民创业地的社会资源丰富,拥有良好的自然环境条件,物产资源丰富;惠农政策多,扶持力度大,资金专款专用;配备相关技术人员进行创业指导,定期引入一些先进技术和设备,提高农业生产率和农产品质量;在农产品的加工、包装、运输等各个环节,均采用技术创新,使得存储和运输过程中的损耗大大降低;建立完善创业体系,实行优惠的税收政策。多数移民创业地环境优美,气候宜人,宜居宜业,经济发展水平较高,基础设施完善,有相对完整的产业链;建立了农业教育体系,注重相关领域专业人才的培养。当地政府也出台了一系列针对移民创业的优惠政策,提高了创业的积极性和有效性,促进了移民创业的发展。

4.3 国外移民创业的启示

基于国外移民创业特征分析,结合中国背景的新生代农民工返乡创业研究将有助于拓展现有创业研究视角,丰富该领域的研究内容。一方面,我们应该借鉴西方现有的移民创业研究成果,探讨我国的新生代农民工返乡创业问题;另一方面,由于我国新生代农民工返乡创业活动和制度安排不同于西方国家,我们应该着力发展适合我国国情的新生代农民工返乡创业理论。

4.3.1 加强农村基础设施建设

在推动农业农村发展的过程中,基础设施建设是一个重要的抓手。从长期来看,它有利于提高农业综合生产能力,推动农业农村高质量发展。我国要加速将农村的基础设施、公共服务等方面的短板补齐,加快水利设施的建设和改造升级、农田水利设施建设,推动现代农业设施和农产品仓储保鲜冷链物流设施等项目的建设,强化高标准农田建设,稳步推进"四好农村路"建设,实施规模化供水工程等。建设和改善基础设施,直接关系到农业农村的长期发展,它不仅有助于形成投资拉动经济增长的局面,还可以培植农业农村的发展优势,为乡村振兴奠定坚实的基础。只有农村的基础设施得到完善,才可以吸引更多的有志之士返乡创业,让他们在实现自身价值的同时,促进我国乡村振兴的发展。

4.3.2 推动农村产业融合发展

引导农村产业融合主体充分挖掘农产品、加工品和休闲旅游产品中蕴含的文脉、工艺、文物、故事、精神等价值,推动品牌发展;采用先建后补、贷款贴息、设立产业引导基金、折股量化到农户等方式,重点支持新型经营主体发展加工流通、休闲旅游和电子商务等新产业新业态,并对融合主体进行培育;推动信息进村入户试点工作,推进农业电子商务发展,加快农业物联网技术应用示范等技术渗透融合;将资源要素、人气人脉、利润税收等都留在乡村,引导资源、要素、技术、市场需求等在乡村进行整合、优化重组;将农业发展从单纯依靠土地、劳力和投入等传统要素转变为依靠资金、技术、人才、信息、设施、装备、生态、企业、企业家等多种新型要素,协同发力;通过园区聚集,实现政策集成、要素集中、产业集群、经营集约,更好地推动农村产业深度融合。

4.3.3 加强创业教育与培训,以提升创业能力

新生代农民工对自己的创业意愿有不同的认识,对其进行创业教育与培训,有助于提升其创业意愿。对于那些有创业意愿的新生代农民工,特别开设电子商务、特色农产品开发等适合其返乡创业的相关培训课程,同时还应定时举办各种创业企业的营销管理提升班,以满足不同时期不同类型的创业者的需要。

4.3.4 落实相关政策,完善创业扶持体系

一是要推进农业税收体系的改革,落实"三个代表"重要思想,为农民减负,为社会安定,为农村经济发展作出贡献。农业税收体系的改革是一项系统的工程,新时期我们必须通过改革完善现行农业税收中存在的不足之处,适当对农业生产经营给予一定的税收优惠,以减轻农民的税收负担。二是加强征税工作的管理,出台征税标准,培育具有良好专业素质的征税人才队伍,实现智能化征税。三是进行金融信用政策的调整。政府要通过投资和补贴等多种途径,从各个方面加大对农业发展的投资力度,以促进当地农业的迅速发展。此外,还要针对农业生产的方式进行适当的政策调整,彻底解决我国农产品生长周期长和储存时间短,以及相关技术人才缺乏、创新力度不够等困扰我国农产品自产自销及出口的问题,激发新生代农民工返乡投资的热情。

通过对国外移民创业及我国新生代农民工创业的分析,我们可以看出,创业动机和环境因素对创业模式的选择均产生了影响。创业动机是新生代农民工进行创业的驱动力,而生存环境及其变化则迫使或激发新生代农民工的创业行为。作为创业者,新生代农民工要树立正确的择业观,了解自己想要什么,自己适合什么,切勿盲目跟风,要学会通过各种方式和渠道获取创业资源,利用自身学习基础及相关经验提高创业成功

率。此外,也不能忽视社会大环境对创业的影响,充足的社会资源以及良好的创业氛围是创业的有效保障。创业行为是主动追求梦想,因而敏锐地感知创业机会、谋划独特的商业创意以及创造性地整合资源是创业的重要保证。同时,更高的人力资本与社会资本既能激励新一代农民工积极寻找商机,又能为新一代农民工提供重要的创业资源。农村基础设施的完善也是新一代农民工返乡创业的重要影响因素。传统的农业生产工具及方式已经无法满足当前市场发展的需求,要通过技术创新,推动农业向智能化、精细化、绿色化发展,推动农业转型升级。新生代农民工返乡创业也离不开相关政策的支持,政策优惠是推动乡村振兴、促进人才回流的重要手段之一。当地政府可根据自身情况,因地制宜地出台相关优惠政策,鼓励更多有志青年返乡创业,促进当地经济发展。

5 新生代农民工返乡创业意愿与行为的联动和转化机制研究

5.1 新生代农民工返乡创业行为特征研究

在党的二十大上,乡村振兴战略被提升到一个新的高度,依旧被视为"三农"工作的核心任务。随着社会发展的转型和经济的发展,农民工就业逐步从"闯出去"转变为"走回来"。在乡村振兴战略背景下,返乡创业成为农民工尤其是新生代农民工的就业选择之一。新生代农民工返乡创业为农村经济的发展带来了众多发展资源,对于统筹城乡发展战略、推动农村区域产业升级发展、加快乡村城市化建设有着重要的意义。虽然返乡创业的新生代农民工数量在不断增加,但其创业成功率并不高。已有研究表明,创业活动最终能否开展,取决于新生代农民工个人特质、创业意愿、国家政策的扶持程度等。因此,对新生代农民工返乡创业行为特性进行分析,深入了解新生代农民工返乡创业的相关需求,为其返乡创业提供精准的支持和保障,对促进新生代农民工返乡创业具有重要意义。

5.1.1 文献回顾

创业意愿及特征是个体发生创业行为的基础。近年来,学者们基于创业者个体特征、家庭特征、社会网络等微观层面因素和地区经济环境、政策环境等宏观层面因素对农民工返乡创业意愿行为影响因素展开了大量研究。

微观层面因素上,石智雷等(2010)通过1 019位返乡农民工及其家庭的调查数据发现,文化程度较高、生产积极性较强以及交际能力活跃的青壮年农民工返乡后自主创业的意愿更强;孔祥利和陈新旺(2018)研究发现,年龄和教育水平对农民工创业的影响呈倒U形分布;王亚欣等(2020)以QB村返乡农民工旅游创业为例,证明外出务工月收入、学历等因素对返乡农民工旅游创业意愿有明显影响;陈国生、肖瑜君等(2022)研究发现,农民工出生年代、受教育程度对返乡农民工创业选择具有显著影响;张梁梁和李世强(2022)认为,邻里关系对返乡农民工创业具有正向调节效应,邻里间的支持作用、同群作用以及示范作用均是调节效应的有效渠道;丁俊华和耿明斋(2023)研究发现,农户的年龄结构、文化水平以及创业年限对创业绩效具有显著的正向影响。宏观层面因素上,朱红根和康兰媛(2013)认为,农村地区良好的金融环境能增强农民信贷的可获性,减少资金约束,从而激发农民的创业意愿;政策支持能减少农民创业的交易成本,降低创业风险,从而提升他们的创业意愿;郑蕊(2023)发现,农民工返乡创业后,其稳定的关系网络和丰富的社会资源对其在乡村社会开展多样化、规模化、现代化的生产经营具有累加性、带动性的激励效应,能够在更大范围和更大程度上促使更多的村集体成员参与到乡村振兴的自觉行动中来;李俊蓉和林荣日(2023)的研究结果表明,返乡创业试点政策推动乡村振兴效应明显。

学者们的研究为继续探究新生代农民工返乡创业行为奠定了一定的理论基础,但目前关于新生代农民工返乡创业行为相关的研究资料仍不够充足,尤其是对新生代农民工返乡创业行为特征的调查研究相对较少。学者们更多的是对上一代农民工进行研究,而与之相比,新生代农民工在个人特征、创业选择等方面已有所不同。新生代农民工的返乡创业受众多因素的影响,研究新生代农民工返乡创业行为特征对于帮助当地政府针对返乡创业的新生代农民工制定相关创业优惠政策,提高返乡农民工创业成功率,具有重要的现实意义。江西省是农业大省,激励农民工返乡创业成为政府重要的抓手。2022年江西省人民政府办公厅发布了《关于促进农民工就业创业10条措施的通知》,进一步加大了对返乡创业农民工的支持力度,因此,本书通过对江西省各个地市具有代表性乡镇的返乡创业新生代农民工进行调查,从个人特征、创业选择、政策环境等方面分析其返乡创业行为特征,为后续研究奠定基础。

5.1.2 数据调研

为了更加切合实际地了解新生代农民工返乡创业行为特征及其成长现状,课题组成员与社会实践小组采用实地走访与线上相结合的问卷调查方式,调查范围包括南昌、九江、赣州、吉安等11个地级市所辖的乡镇(村),发放问卷采取随机抽样原则。调查的对象为新生代农民工返乡创业者,其中包括已经在家乡创业或已有计划创业的创业者。课题组于2022年1月至2022年3月对江西省返乡的新生代农民工创业情况进行调查。调查的主要内容为个人基本情况、返乡创业前就业情况、返乡创业意愿以及返乡创业者现状四个方面,具体问卷调查表见附录。本次调查问卷共计发放350份,其中回收问卷330份,样本回收率达94.3%,剔除数据不全以及有意愿创业但没有实际创业行为的问卷,有效问卷255份,有效率为72.9%。表5-1为具体的样本数据分布情况。

表5-1 江西省样本数量及地区分布

调查地区	样本数量(个)	占总样本百分比
南昌市	29	11.4%
九江市	30	11.8%
上饶市	22	8.6%
抚州市	20	7.8%
宜春市	19	7.5%
吉安市	23	9.0%
赣州市	23	9.0%
景德镇市	26	10.3%
萍乡市	22	8.6%
新余市	20	7.8%
鹰潭市	21	8.2%
总计	255	100%

5.1.3 新生代农民工返乡创业行为现状调查

（1）新生代农民工返乡创业行为的个体特征

为了对新生代农民工返乡创业情况有更好的了解,课题组首先对新生代农民工的个体特征进行了调查,具体从调查对象的性别、年龄、婚姻状况、文化程度及工作技能、社会资源与经济资源等方面进行划分。

① 新生代农民工的基本情况

在性别方面,如图 5-1 所示,返乡创业的新生代农民工中男性人数为 135 人,约占 53%,女性人数为 120 人,约占 47%,两者数据相差不大。通过对比可以看出,在新生代返乡创业农民工中,创业者性别比例相差不大,且女性创业者的人数也在不断增加。

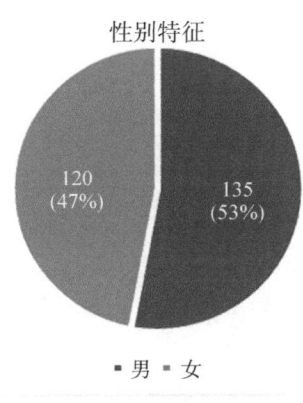

图 5-1 性别特征

在年龄方面,如图 5-2 所示,返乡创业新生代农民工中 18~25 岁的有 78 名,占 30.6%;26~30 岁的有 41 名,占 16.1%;31~35 岁的有 52 名,占 20.4%;36~42 岁的有 56 名,占 21.9%;42 岁以上的有 28 人,占 11.0%。其中创业的群体主要集中在 18~25 岁及 31~42 岁,占比高达 73%。通过对 255 份调查报告数据分析,新生代农民工返乡创业在年龄分布上呈现年轻化。

在婚姻状况方面,如图 5-3 所示,从返乡创业的新生代农民工婚姻状况来看,未婚与已婚的占比几乎持平,这说明新生代农民工返乡创业受到婚姻状况的影响微乎其微。

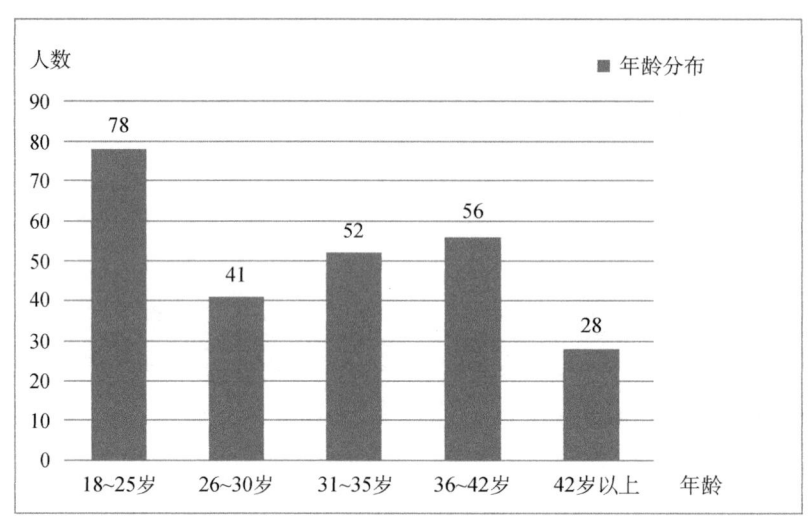

图 5-2 年龄特征

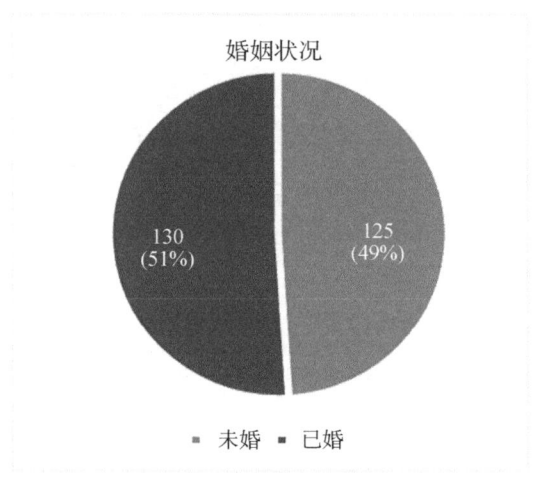

图 5-3 婚姻状况

② 新生代农民工文化程度及工作技能

在文化程度方面,如图 5-4 所示,在返乡创业的新生代农民工受教育情况方面,小学及以下的人有 29 名,占 11.4%;初中学历有 48 名,占 18.8%;中专及高中学历的人数有 47 名,占 18.4%;专科学历 53 名,占 20.8%;本科及以上学历共有 78 名,占 30.6%。由此可以看出,返乡创业新生代农民工的学历较高,知识水平在逐渐提高,新生代农民工不断提高的文化程度为其返乡创业打下了坚实基础。

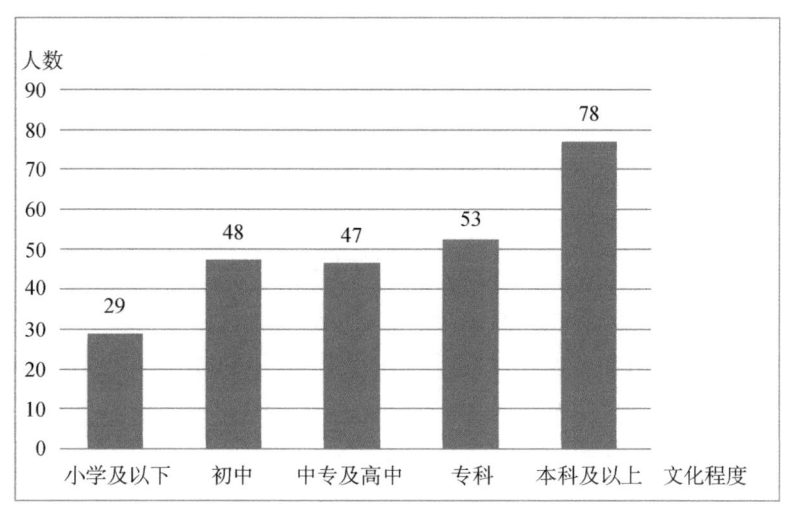

图 5-4 文化程度情况

在工作技能方面,如图 5-5 所示,新生代农民工所拥有的工作技能也有所不同,其中无等级的有 116 名,占 46%;初级的有 85 名,占 33%;中级的有 39 名,占 15%;高级的有 15 名,占 6%。随着新生代农民工学历的提升和眼界的开阔,其个人综合素质不断提高,大部分新生代农民工在外出务工期间积累了一定的工作经验,学习了相关的个人专业技

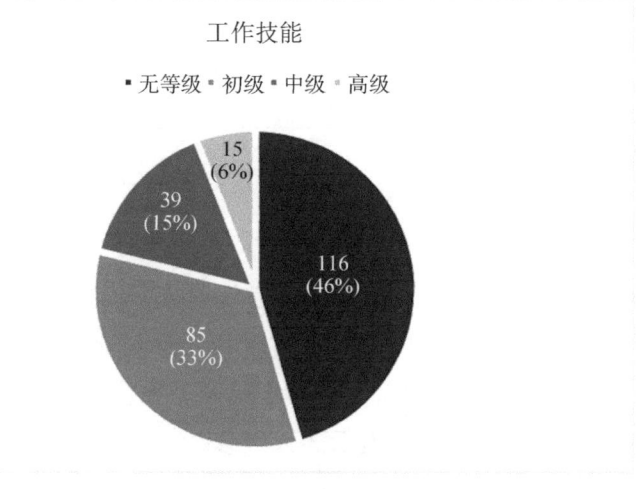

图 5-5 工作技能

能。能够获得较高的工作技能,代表新生代农民工的工作能力不断提升,说明新生代农民工的学习能力不断提高。从调研数据看,获得高级技能人数虽然较少,但在一定程度上也说明新生代农民工逐渐在高级专业技能领域有了更多的了解和学习。

③ 新生代农民工的社会资源与经济资源

社会网络与物质收入能够反映个人所掌握的社会资源和经济资源,促进个人和企业发展。新生代农民工的家庭年收入、经常联系朋友的数量和年均礼金支出,能够表明其拥有的社会网络与物质收入的状况。

在社会网络方面,表5-2说明,新生代农民工能够进行日常联系的朋友数量较少,大部分的新生代农民工能联系到的朋友数量在6人以下,只有37.3%的新生代农民工联系的朋友在7个以上,其中联系朋友数量介于4~6个的新生代农民工占比最大。联系朋友的多少展现了个人交际能力,也体现了新生代农民工在社会网络中值得建立长期稳定关系的朋友资源数量的多少。通过对新生代农民工联系朋友数量的分析,可以看出,新生代农民工的社会网络范围较小,社会资本有限。

表5-2 联系的朋友数量分析

联系的朋友数量	人数	占比
3个及以下	48	18.8%
4~6个	112	43.9%
7~15个	61	23.9%
15个以上	34	13.4%

由表5-3可以看出,新生代农民工家庭年均礼金支出的主要集中在1 001~3 000元及1 000元以下,分别占30.6%和26.3%。礼金支出表明了个人与亲戚、朋友的交际往来,在一定程度上可以反映新生代农民工在社会关系资源中维系关系的人数多少,由此可以发现新生代农民工社会网络范围较小。

表 5-3　家庭年均礼金支出分析

年均礼金支出	人数	占比
1 000 元以下	67	26.3%
1 001~3 000 元	78	30.6%
3 001~5 000 元	48	18.8%
5 001~10 000 元	39	15.3%
10 000 元以上	23	9.0%

在物质收入方面,如表 5-4 所示,将新生代农民工的家庭年收入分为 3 万元以下、3 万~5 万元、5 万~8 万元、8 万~15 万元、15 万元及以上,分别占 16.9%、21.5%、24.7%、20.4%、16.5%。通过数据分析可以得出,大部分新生代农民工的年收入水平较低,这在一定程度上说明了新生代农民工拥有的物质资本较少。

表 5-4　家庭年收入分析

家庭年收入	人数	占比
3 万元以下	43	16.9%
3 万~5 万元	55	21.5%
5 万~8 万元	63	24.7%
8 万~15 万元	52	20.4%
15 万元及以上	42	16.5%

(2) 新生代农民工返乡创业选择特征分析

① 创业行业

乡村振兴战略的实施背景下,各地出台了很多相关鼓励政策,在很大程度上对新生代农民工返乡创业起到了促进作用。随着经济的发展,农村创新创业的形式更加多样化,新生代农民工返乡创业也拥有了更多的选择,农村经济发展迎来了更多的契机。

如图 5-6 所示,统计调查数据显示,大多数新生代农民工选择了零售业和住宿餐饮业,分别占比 27.1% 和 18.8%,很大一部分原因是近年江西省根据区域特色和农业资源,将休闲农业和乡村旅游相结合,创建休闲农业旅游精品园区、乡村民宿、温泉疗养基地等,打造乡村旅游精品线路,推动了零售业和住宿餐饮业的快速发展。根据问卷调查的结果发现,新生代农民工选择零售业和餐饮服务业的主要原因是相较于其他行业,零售业和餐饮服务业经营面积广、行业门槛低、投入资本少。另外,其行业发展风险小、技术含量要求较低等因素对新生代农民工选择返乡创业具有一定的影响。新生代农民工的创业行业包括农林牧渔、制造加工等多个行业,由此可以看出,新生代农民工的返乡创业行业已经呈现多样化特征。

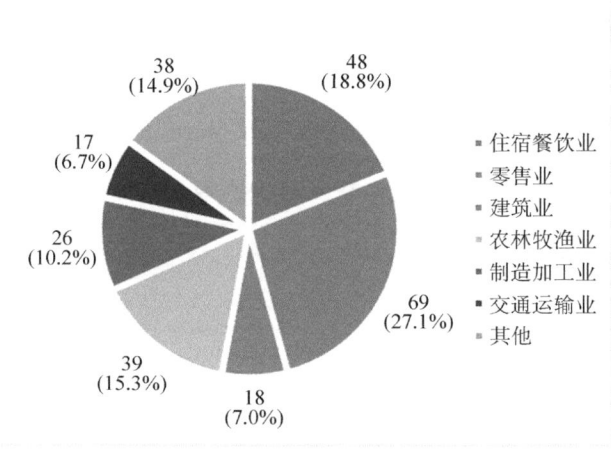

图 5-6　创业行业分析

② 创业规模

研究发现,新生代农民工在返乡创业时所创办的企业规模普遍较小,拥有的职工数量也相对较少,大多数为中小型企业。如表 5-5 所示,其中,5 人以下规模的有 103 家企业,占 44.3%;规模为 6～10 人的有 80 家企业,占 31.4%;规模为 11～20 人的占 14.9%;规模为 21～50 人的占 8.2%;50 人以上的占 1.2%。由此可以得出:在新生代农民工创业中,大部分都是小规模创业,访谈中发现主要是以家庭为单位进行创业活动。

表 5-5 创业规模

规模	数量	占比
5 人及以下	113	44.3%
6~10 人	80	31.4%
11~20 人	38	14.9%
21~50 人	21	8.2%
50 人以上	3	1.2%

③ 创业年限

如表 5-6 所示,创业年限在 2 年以下的有 152 家,占比 59.6%;2~5 年的有 64 家,占 25.1%;5~10 年的占 12.9%;10 年以上的占 2.4%。表 5-6 显示,大多数新生代农民工返乡创业年限在 5 年以下,2 年以下的企业占比高达 59.6%,这说明乡村振兴战略政策的实施起到了一定的积极作用,同时也表明新生代农民工返乡创办的企业大多处于发展的初期。

表 5-6 创业年限

年限	数量	占比
2 年以下	152	59.6%
2~5 年	64	25.1%
5~10 年	33	12.9%
10 年以上	6	2.4%

此外,在创业机会的来源上,首先,调查对象认为,亲戚朋友的介绍与互联网媒介具有重要的影响,而且两者作用相当。其次,当地特色产业与外地务工经验的积累同样具有重要影响。从这里可以看出,与老一代农民工不同,互联网对新生代农民工创业发挥着较大的作用。同时,乡村振兴战略对返乡创业的拉动作用也逐渐显现。最后,他们认为,在外面打工过程中积累的创业资源如资金、社会网络、市场信息、管理经验等对创业几乎具有同样的影响。当然,资金与技术仍然是制约新生代农民工返乡创业的两个重要因素,具有这两方面条件的农民工会优先选择

创业。

(3) 新生代农民工政策满意度分析

在乡村振兴战略背景下,新生代农民工对政策的满意度在很大程度上能够反映政府相关工作开展的成效。近年来,乡村振兴战略的实施,促进了乡镇建设发展,逐步加强了通信、交通等硬件设施的建设,为新生代农民工提供了良好的返乡创业环境。

如表5-7所示,对政策持非常满意和比较满意态度的共有78人,占30.6%,而54.9%的新生代农民工对政策是持基本满意的态度。通过分析问卷数据,目前仍有部分新生代农民工对政策整体满意度不高,约15%的新生代农民工对政策不满意或非常不满意,这一情况说明可能在某些方面他们并没有享受到政策的支持,或是对新政策的内容以及可行性并不了解,也有可能是政策精准性不强。因此,在乡村振兴背景下,相关政策对新生代农民工返乡创业的帮助和支持还有较大的提升空间。

表5-7 政策满意度

政策满意度	数量	占比
非常满意	18	7.1%
比较满意	60	23.5%
基本满意	140	54.9%
不满意	25	9.8%
非常不满意	12	4.7%

5.1.4 新生代农民工返乡创业的优势

通过调查发现,新生代农民工返乡创业的优势明显。与老一代农民工相比,新生代农民工文化程度不断提高,尤其是大专及以上学历农民工人数不断增加,专业技能更高,拥有更显著的自主性和独立性。同时,在选择创业的农民工中,女性越来越多,女性创业者的占比有所增长,这一现象在新生代农民工中表现突出。新生代农民工在选择创业时,对家庭、子女等方面较为重视,强调自身的发展需求。另外,有越来越多的新生代农民工选择在制造业、批发和零售业、居民服务修理和其他服务业等众多行业进行创业,新生代农民工对创业行业的选择更加多样化,他们在选择时拥有更强的判断力。在政策支持的背景下,他们不仅能够选择适合自己的行业,也能合理控制自身创业规模。

新生代农民工具有较强的自我认知意识,在自我评价创业优势时,他们认为具有较强的学习能力,积累了一定的资金与社会网络关系,拥有管理经验等都是影响创业成功的因素,其中管理经验与能力是最重要因素,个人特征与社会关系具有重要的作用。可见,新生代农民工学习能力更强,对创业的认知更全面。

5.1.5 新生代农民工返乡创业面临的困境

在乡村振兴战略背景下,关注新生代农民工的返乡创业特征,对他们在创业过程中所关心的问题进行分析并针对性地提出解决措施,有利于更好地提高创业成功率,推动地区经济发展。对此,依据上述已有的调查结果以及实地走访,发现新生代农民工创业重点面临以下困境。

(1) 乡村基础设施落后,农民工创业环境不佳

调查中发现,新生代农民工认为回家乡创业最大的优势是家乡基础设施等环境得到改善。根据马斯洛需求层次理论分析,新生代农民工的返乡创业行为其实也是一种满足自我需求的过程,只有满足最基本的物质需求后,才会去追求更高层次的其他需求。当前,随着人民生活水平的提高和思想素质的变化,相比老一代农民工,新生代农民工越来越重视生活水平、家乡的环境等基本需求条件。近年来,乡村地区逐渐加强基础设施建设,道路、水电等生活条件与社区环境等与之前相比有了明显改善,但部分地区乡村基础设施仍然比较落后,甚至存在环境污染、教育资源短缺、医疗卫生条件差等问题,严重影响着新生代农民工的返乡创业热情。久居城市的新生代农民工出于对家庭生活、子女未来教育等因素的考虑,在基础设施落后得不到解决的情况下,很难选择回到家乡进行创业。

(2) 乡村融资困难,农民工创业资金不足

在乡村振兴背景下,新生代农民工对返乡创业的热情大大增加,并且相较于普通农民工,新生代农民工文化水平有了一定提升,也掌握一定的工作技能。但调研发现,新生代农民工在返乡创业时,大部分选择

零售业和住宿餐饮业,进行小规模经营,只有极少部分人选择其他行业或是发展成为大规模企业。究其原因,资金问题仍然是导致该现象的主要因素之一,即使新生代农民工在返乡前积累了部分资金,但由于创业所需流动资金较大,后续需求资金需要不断地投入,新生代农民工很难有足够的资金维持持续创业,所以大部分人前期只能选择小规模企业创业。同时,对小规模创业的新生代农民工而言,因创业经营规模小,信用水平低,缺乏可抵押和担保的资产,创业者很难申请信用贷款。而乡村融资平台稀缺、办理贷款程序复杂等,在一定程度上也导致新生代农民工后续融资困难。因此,即使是有着强烈创业意愿和动机的新生代农民工,他们在真正实施创业时也会受到众多因素限制。

(3) 创业政策实行精准度不高,农民工创业行为受限

创业扶持政策是返乡创业的第一推动力,随着国家一系列返乡创业惠农政策的出台,地方政府也制定了相应的配套扶持政策,以促进新生代农民工返乡创业。调查对象认为,金融贷款、税费减免、咨询与指导服务、场地优惠和财政补贴等扶持政策对返乡创业的影响都比较大,但根据问卷满意度调查来看,大部分人是基本满意,主要是因为相关政策实行的精准度不高,后续政策实施的连续性不强。首先,部分政策的扶持范围定性宽泛,没有结合地区特点、产业特点、农产品周期长等特点考虑农民工的创业需求,难以精准确切地解决问题。其次,由于部分乡村基础通信设施比较落后,信息获取渠道少,农民工难以获取相关创业信息,导致扶持政策宣传不到位,优惠政策难以落实,不能充分调动新生代农民工的返乡创业热情。最后,大部分乡村地区缺乏专业的农民工返乡创业咨询平台,不能为农民工提供政策解读、专业指导、风险评估等帮助,致使新生代农民工难以及时有效地解决创业过程中遇到的棘手问题。

(4) 职业技能培训体系不全,农民工创业能力不强

技能是创业的基础。随着我国教育事业的快速发展,国民文化素质不断提升,拥有大专及以上文化程度的新生代农民工所占比重不断增加,整体的文化水平不断提升。但文化水平的提高并不代表职业技能的充分掌握,大部分农民工仍存在创业技能缺乏、经验不足等问题。近年

来,各级地方政府结合当地实际情况对返乡创业新生代农民工进行了相关培训,在取得一定成效的同时,也存在着一些短板。一是培训经费缺乏持续保障,投入的经费主要靠政府财政进行补贴,资金来源受限;二是培训内容难以切合实际,缺乏实用性,培训内容更新不及时,不能满足新生代农民工创业需要,部分理论性太强的培训内容也存在一定的理解难度,导致创业者参加培训的积极性不高;三是相关培训仅停留在理论学习和实践观摩层面,没有将理论基础与实际实践相结合,培训完成后无法为农民工后续出现的问题进行合理解答,没有提供相关跟踪帮助服务,难以及时有效地解决新生代农民工创业出现的问题。

5.1.6 促进新生代农民工返乡创业行为的对策建议

结合新生代农民工返乡创业的行为特征及面临的相关问题,政府应该抓住乡村振兴的发展机遇,利用现有条件,结合各地实际情况,从创业实质出发,因地制宜做好以下几方面工作。

(1) 完善乡村基础设施,优化农民工创业环境

地方政府应结合实际情况,以农村基础设施及其环境质量为重点,有针对性地治理和改造滞后的农村基础设施和配套设施,加大力度改善农村水电、道路、通信等基础设施。例如,修复未铺设路面的道路,扩建电信设施,提高农村地区网络和电视信号覆盖率,发展农村物流,降低新生代农民工返乡创业成本。在条件较好的地区选择性地建立新生代农民工返乡创业管理委员会,加强对创业者的管理和帮扶,促进乡村、城镇等地区经济融合发展,减轻新生代农民工返乡创业的压力,提高其创业成功率。

(2) 拓宽创业融资渠道,保障农民工创业资金

在国家财政资金投入的基础上,设置农村创业帮扶基金,加大返乡创业扶持资金的投入力度,以满足资金短缺的新生代农民工创业的迫切需求。加强农村金融机构建设,支持和鼓励其他金融机构、小额贷款企业及其他金融服务机构服务创业企业,构建民间金融服务网络并不断扩大,同时推出适合农村创业的小额贷款产品,满足新生代农民工返乡创业的前期融资需求及后期流动资金需求,确保农业银行和农村合作银行

更好地服务于返乡创业的农民工。针对农民工创业初期缺乏启动资金和创业资源、缺乏可靠抵押物、急需资金的问题,当地政府可以在加强与金融机构合作,放宽抵押条件,增加贷款额度,简化贷款手续,降低贷款利率,提高金融服务质量的同时为创业者提供第三方担保和贴息,提高新生代农民工的创业贷款成功率,减轻贷款压力。

(3)健全政策体系,提高农民工创业政策的精准度

首先,政府应增强市场调研意识,多途径深入基层调研,多渠道听取意见,全面掌握新生代农民工返乡创业的行业特点,根据所属创业行业要求和市场特点,了解创业过程中面临的困境,切合实际地解决新生代农民工返乡创业中的各种问题,促进创业企业发展。其次,创业扶持措施要落实到位,政策的制定要有高度的精准性和针对性,加强促进和支持农民工返乡创业措施的宣传,通过微信、微博、短视频等新生代农民工较熟知的各媒体平台进行多渠道宣传。同时,针对需求采用集中培训、下乡宣讲等方式,积极宣传农民工创业流程、国家鼓励政策和税收优惠政策等,提高信息知晓率和政策执行力,确保优惠措施真正发挥作用,激发新生代农民工创业的积极性。最后,完善政府服务体系,在各乡(镇)建立农民工返乡创业服务中心,提供创业指导及政策咨询,为农民工创业提供坚实的后盾。

(4)健全技能培训体系,增强农民工创业能力

首先,扩大创业培训资金来源,建立政府主导、全社会企业及农民工共同参与的筹资机制。政府在财政预算中设立培训专项资金,逐年提高投入比例,加强监管,制定优惠政策以引导和鼓励农村企业、事业单位和农民工参与培训融资,为培训提供设施、教材、师资和产品,形成全社会共同参与创业教育的局面。其次,增强培训内容的实用性,定期调查新生代农民工培训需求,结合其相关文化程度、创业需求、技能特点、创业能力等个性化因素,通过差异化培训,科学定制培训内容,提升农民工创业技能和创业能力。最后,可以组建一支由行业专家、教师、农民工优秀创业者等人组成的专家团队,对新生代创业农民工进行一对一帮扶,帮助处于创业前期的农民工制订合理的创业计划,并根据农民工自身能力

和创业市场前景,提供政策、资金、技术等后续服务,有效降低创业风险,增加创业收益,提高创业成功率。

总之,新生代农民工返乡创业任重道远,一方面,新生代农民工仍要不断提升创业技能,积极参加各项培训,了解创业政策,推进创新创业;另一方面,地方政府需要继续因地制宜地推进乡村振兴,为新生代农民工返乡创业提供更多的机会和条件。

5.2 乡村振兴战略下新生代农民工返乡创业的意愿影响因素研究

本部分以江西省为例,运用二元 Logistic 回归模型进行实证研究,分析乡村振兴战略下新生代农民工返乡创业意愿影响因素。基于上述对江西省返乡创业的新生代农民工展开的问卷调查,本部分从个体特征、社会资源、创业能力与政府政策四个维度分析新生代农民工返乡创业意愿及影响因素,以点带面,以期进一步提升新生代农民工返乡创业意愿水平,为政府更精准地制定扶持政策、优化创业环境提供依据。

5.2.1 文献回顾

近年来,学者们在新生代农民工返乡创业意愿的研究多数包括个人家庭、政策支持和地区经济环境等方面。仇玉娟(2018)采用 AHP 分析法,从环境支持、个体因素、其他因素三个层次分析了江苏省一些地区的新生代返乡创业农民工的影响因素。研究表明,家人支持、资金支持和自我效能感是重要的影响因素。彭莹莹和邱耀敏(2019)在调查京津冀的新生代农民工返乡创业中发现,大龄、户籍、无小孩等家庭因素以及个人学习能力、管理能力和创业培训对新生代农民工返乡创业有正向影响,创业服务对其有负向影响。由此可以看出,创业与地域有关。史苏(2020)发现,新生代农民工对生活的美好向往和对家乡的情怀对其返乡创业有内在影响,乡村振兴战略则是返乡创业的外在动力。贾冀南和梁晓丹等(2021)将河北省的返乡农民工作为分析对象,从个体、经济环境、政策、基础设施、创业融资环境、创业培训六个维度对其展开研究。王兴周和庞嘉楠等(2022)在对新生代农民工个案的访谈中发现,传统的家庭责任伦理对新生代农民工返乡创业有驱动作用,成为影响返乡创业的重要源动力,家庭驱动使返乡创业发展更具韧性,在返乡创业者积累社会资本和事业发展中提供了更多新机会。周娟和万琳(2023)在研究新生代农民工返乡创业对其农业转型的影响中认为,乡村振兴政策的推进以及农业代际更替的到来推动年轻的返乡农民成为农业经营的主体。

综上所述,个体特征、社会资源、创业能力以及政策环境都是影响新生代农民工返乡创业意愿的重要因素。为了进一步探讨与验证在乡村振兴背景下影响新生代农民工返乡创业意愿的因素,本书利用课题组对江西省返乡的新生代农民工创业特征的问卷调查数据,运用实证分析方法进行检验,并基于此提出相关对策,以期推进江西省新生代农民工返乡创业的进程。

5.2.2 研究设计

(1) 数据来源

研究所用数据源于2022年1月至2022年3月课题组与社会实践小组对江西省返乡的新生代农民工创业行为特征的问卷调查,具体见附录1。本次调查问卷共计发放350份,其中回收问卷330份,样本回收率达94.3%,剔除数据不全的问卷,有效问卷311份,有效率为88.9%。与5.1选取的数据不同的是,只要有返乡创业意愿都属于有效问卷。调研地区包含江西省的11个地级市,问卷通过线上线下的方式发放。表5-8是本部分内容具体的样本数据分布情况。

表5-8 江西省样本数量及地区分布

调查地区	样本数量(人)	占总样本百分比
南昌市	35	11.3%
九江市	32	10.3%
上饶市	25	8.0%
抚州市	28	9.0%
宜春市	27	8.7%
吉安市	27	8.7%
赣州市	32	10.3%

(续表)

调查地区	样本数量(人)	占总样本百分比
景德镇市	29	9.3%
萍乡市	27	8.7%
新余市	24	7.7%
鹰潭市	25	8.0%
总计	311	100%

（2）样本情况

在311个数据样本中,明确表示有返乡创业意愿的有227人,占总样本量的72.99%,另外84人则表示并无返乡创业的意愿,占总样本量的27.01%。由此可以看出,江西省新生代农民工返乡创业的意愿相对较强。此外,从性别比例来看,男性有164人,占52.73%;女性有147人,占47.27%。从年龄区间分布来看,18～25岁的农民工约占34.08%;26～30岁的农民工数量较少,约占14.79%;31～35岁的农民工稍高,约占18.65%;36～42岁的农民工约占20.90%;42岁以上的农民工数量最少,约占11.58%。从文化程度来看,大部分被调查的新生代农民工有大专和本科及以上的文化水平,累计占比达56.59%。从婚姻状况来看,被调查对象中已婚、未婚人数相差甚微,约各占一半。此次调查样本的基本情况详情如表5-9所示。

表5-9 调查样本的基本情况

变量名称	变量含义	百分比
性别	男	52.73%
	女	47.27%
文化程度	小学及以下	10.61%
	初中	16.08%
	中专及高中	16.72%
	大专	14.15%
	本科及以上	42.44%
婚姻状况	已婚	50.16%
	未婚	49.84%

（续表）

变量名称	变量含义	百分比
年龄	18～25岁	34.08%
	26～30岁	14.79%
	31～35岁	18.65%
	36～42岁	20.90%
	42岁以上	11.58%
外出务工月收入	2 500元以下	11.58%
	2 501～4 500元	23.47%
	4 501～6 500元	34.73%
	6 501～8 500元	13.18%
	8 500元以上	17.04%
外出务工总时间	6个月以下	19.29%
	6个月至2年	26.05%
	2～4年	17.36%
	4～6年	10.29%
	6年以上	27.01%
职业技能水平	无	41.16%
	初级	30.55%
	中级	19.29%
	高级	9.00%
当前子女数量	0个	47.59%
	1个	16.72%
	2个	28.62%
	3个及以上	7.07%

（3）变量设计及说明

将"江西省新生代农民工返乡创业意愿"设为因变量Y，不愿意取值为0，愿意取值为1。依据前期理论基础以及调研数据，个体特征、社会资源、创业能力以及政策环境是影响新生代农民工返乡创业意愿的重要因素。对此，本部分把"个体特征""社会资源""创业能力""政府政策"4个一级指标设为自变量。个体特征包括"性别""年龄""文化程度""婚姻状况""职业技能水平""外出务工月均收入""外出务工总时间""当前子女数量""是否创办过企业"和"创业风险偏好"10个二级指标。社会资源中对返乡创业影响最重要的是社会网络、周边创业氛围与创业初始资金,社会网络中影响较大的是家人与朋友的支持。对此,本部分以"家人对您返乡创业态度"和"常联系的朋友数量"来测度社会网络,因此社会资源包括"常联系的朋友数量""家庭支持""周边的创业氛围"和"返乡创业的初始投资资金"4个二级指标。创业能力体现在创业培训,创业培训有利于提高创业管理的技能,因此以"政府创业培训次数"为二级指标。政策环境以"政策满意程度"来度量。本部分总共设立16个自变量的二级指标。具体自变量说明如表5-10所示。

表5-10 自变量基本情况

变量组	变量名	变量说明
个体特征	性别 $x1$	性别为男取值为0;女取值为1
	年龄 $x2$	18~25岁取值为1;25~30岁取值为2;30~35岁取值为3;35~42岁取值为4;42岁及以上取值为5
	学历 $x3$	小学及以下取值为1;初中取值为2;中专及高中取值为3;大专取值为4;本科及以上取值为5
	婚姻状况 $x4$	未婚取值为0;已婚取值为1
	职业技能水平 $x5$	无职业技能取值为1;初级取值为2;中级取值为3;高级取值为4
	外出务工月均收入 $x6$	2 500元以下取值为1;2 501~4 500元取值为2;4 501~6 500元取值为3;6 501~8 500元取值为4;8 500元以上取值为5
	外出务工总时间 $x7$	6个月以下取值为1;6个月至2年取值为2;2~4年取值为3;4~6年取值为4;6年及以上取值为5
	当前子女数量 $x8$	当前子女数量为0则取值为1;1个取值为2;2个取值为3;3个及以上取值为4
	是否创办过企业 $x9$	没有创办过企业取值为0;创办过企业则取值为1
	创业风险偏好 $x10$	激进型取值为1;中间型取值为2;稳定性取值为3

(续表)

变量组	变量名	变量说明
社会资源	常联系的朋友数量 $x11$	3个及以下取值为1；4~6个取值为2；7~15个取值为3；15个以上取值为4
	家庭支持 $x12$	完全不同意取值为1；较不同意取值为2；不确定取值为3；较同意取值为4；完全同意取值为5
	周边的创业氛围 $x13$	周边的创业氛围很差取值为1；较差取值为2；一般取值为3；良好取值为4；很好取值为5
	返乡创业的初始投资资金 $x14$	返乡创业的初始投资资金在10万元以下取值为1；11万~50万元取值为2；51万~100万元取值为3；101万~500万元取值为4；500万元以上取值为5
创业能力	政府创业培训次数 $x15$	政府创业培训次数非常少取值为1；不太多取值为2；一般取值为3；比较多取值为4；非常多取值为5
政府政策	政策满意程度 $x16$	对创业政策非常不满意取值为1；不太满意取值为2；一般满意取值为3；比较满意取值为4；非常满意取值为5

5.2.3 江西省新生代农民工返乡创业意愿实证检验

(1) 信度和效度分析

为了确保实证分析结果能够真实可靠地反映江西省新生代农民工返乡创业意愿的情况，本书对问卷数据进行信度和效度分析，如表5-11和表5-12所示。分析结果表明，α的信度系数的临界值为0.707，大于0.7的临界值水平，说明此次调查问卷的测量结果比较稳定，具备基础的可信度。KMO值为0.771，大于0.7，显著性为0，说明问卷调查的数据效度较好。

表5-11 信度分析

Cronbach's α 系数	项数
0.707	13

表5-12 KMO和巴特利特检验

KMO和巴特利特检验		
KMO取样适切性量数		0.771
Bartlett特球形度检验	近似卡方	1 781.890
	df	120
	sig.	0.000

（2）Logistic 回归分析

① 模型建立

为了检验选取的变量对新生代农民工返乡创业意愿的影响程度，本书选取二元 Logistic 回归模型进行实证分析，将新生代农民工返乡创业意愿作为解释变量，用 Y 代表，$Y=1$ 表示"愿意"，$Y=0$ 表示"不愿意"。模型的公式为：$Y = \dfrac{e^{\theta^T x}}{1 + e^{\theta^T x}}$，其中，$x \in R^n$ 是自变量，$\theta \in R^n$ 是参数，为权值向量，且 $\theta^T x = \sum\limits_{i=1}^{n} \theta_i x_i$，$i = 1, 2, \cdots, n$。

② 模型拟合

本书对样本数据进行二元 Logistic 回归分析，结果表明，-2Likelihood 值为 80.674，Cox & Snell R^2 值为 0.596，Nagelker R^2 值为 0.866，模型总体拟合度较好。模型拟合结果如表 5-13 所示。

表 5-13 模型拟合结果

变量	系数	显著性	Exp(B)
性别 $x1$	2.156	0.005	8.632
职业技能水平 $x5$	1.137	0.017	3.116
创业风险偏好 $x10$	−1.737	0.005	0.176
常联系的朋友数量 $x11$	1.531	0.007	4.624
家人支持 $x12$	1.230	0.022	3.420
周边的创业氛围 $x13$	1.960	0.000	7.101
返乡创业的初始投资资金 $x14$	−1.986	0.000	0.137
政府创业培训次数 $x15$	1.375	0.000	3.955
政策满意程度 $x16$	1.039	0.042	2.827
常量	−12.822	0.000	0.000

从表 5-13 来看，"性别""职业技能水平""创业风险偏好""常联系的朋友数量""家人支持""周边的创业氛围""返乡创业的初始投资资金"

"政策满意程度""政府创业培训次数"9个自变量相对应的显著性水平均小于0.05,说明这9个因素会对江西省新生代农民工返乡创业意愿产生一定的影响,剩余7个变量则没有产生显著影响。江西省新生代农民工返乡创业意愿的二元Logistic回归模型如下:

$$Y = \frac{e^{\theta^T x}}{1+e^{\theta^T x}}$$

$$\theta^T x = -12.822 + 2.156x1 + 1.137x5 - 1.737x10 + 1.531x11 + 1.230x12 + 1.960x13 - 1.986x14 + 1.375x15 + 1.039x16$$

③ 模型检验

模型检验能够说明模型具有较好的拟合度,结果如表5-14所示。"不愿意返乡创业"预测百分比为86.9%,"愿意返乡创业"的预测百分比为96.0%,整体预测百分比为93.6%,相对较高。此外,本书采用Hosmer-Lemeshow检验进行了拟合优度检验,由表5-15可知,p值为0.830,大于显著性水平0.05。因此,可以说江西省新生代农民工返乡创业意愿的二元Logistic回归模型具有较好的拟合效果。

表5-14 模型预测结果

观察值 预测值	Y = 0	Y = 1	正确百分比
Y = 0	73	11	86.9%
Y = 1	9	218	96.0%
整体百分比			93.6%

表5-15 Hosmer-Lemeshow检验

卡方	自由度	p值
4.289	8	0.830

④ Logistic回归结果分析

在个体特征层面,其一,女性的创业意愿较男性更强烈。其可能原因如下:首先,女性一直都是家庭消费的主导者,在这种情况下,女性更加了解市场的需求,女性创业者的创业行业选择十分广泛,如服装、化妆品等这些女性爱好的领域及儿童、娱乐休闲等行业,创业领域更灵活;其次,随着互联网经济时代的崛起,女性的消费力与市场影响力不断加大,越来越多的女性加入互联网,电商的发展带来了女性独立创业的机会,也降低了女性的创业成本。其二,职业技能水平越高,新生代农民工返乡创业的意愿越强。究其原因,可能是新生代农民工掌握了更多的技能。相较于职业技能水平低的农民工,新生代农民工的职业选择机会更多,承担失业风险的可能性更小,创业能力更强。其三,创业风险偏好越稳定的新生代农民工返乡创业的意愿更强。原因可能是,风险偏好稳定性的农民工对风险的评估都更理性,并且出于对家庭及自身发展的考虑,更愿意回乡发展。

在社会资源层面,其一,家庭的支持力度越大,新生代农民工选择创业的意愿也越强。首先,家人对他们的支持,可以为他们提供资金、人脉以及更多的创业信息,有利于他们抓住创业先机;其次,家庭除了为他们提供资源的支持,还从精神上极大鼓舞他们创业的信心,增强其返乡创业的决心。其二,常联系的朋友越多,返乡创业的意愿越强。社交能力是创业成功的必要条件之一,身边经常联系的朋友越多,说明他们拥有的资源也越多,一方面能提升他们共同创业的可能性,另一方面在创业过程中,如果自身遇到困难,朋友也能提供更多的资源。其三,周边的创业氛围越好,返乡创业的意愿越强。一方面,周边浓厚的创业氛围能够激发农民工的创业热情;另一方面,身边的人返乡创业成功,可以为农民工创业起到示范作用,也能为他们指明创业方向。第四,初始创业的资金越多,返乡创业的意愿越强。具备一定的资金是创业的前提条件,资金越多越容易有投资倾向,越懂得利用手上的资金,进而促进返乡创业意愿的提升。

在创业能力层面,参加政府创业培训次数越多,返乡创业的意愿越强。新生代农民工通过创业培训,一方面提升了创业技能,另一方面对创业有更深的了解,能够更准确地发现并抓住市场机会。

在政府政策层面,政策满意程度越好,新生代农民工返乡创业的意愿越强。政府的政策能够为农民工提供良好的创业环境,激发他们的创业热情。

5.2.4 提升江西省新生代农民工返乡创业意愿的策略

(1) 搭建创业平台

为支持新生代农民工返乡创业,政府应加大扶持力度,为他们的创业活动提供保障。一是政府搭建创业平台,拓宽城乡创业渠道,实施城乡成功创业领头人培育行动,将创业扶持政策落实到底,建设一批返乡创业园、创业孵化基地,推进创业服务"一站式"办理。二是政府应搭建关于创业大赛的平台,重点扶持为女性开设的比赛项目。江西省作为女性创业意愿较强的省份,应该重点关注女性创业,平台的搭建不仅能够展示女性的"双创"成果、激发女性"双创"活力,还能提升参赛项目的市场竞争力。

(2) 优化融资环境

首先,利用互联网拓宽"两个渠道"。开通贷款审批快捷渠道,致力于实现创贷服务"最后一公里"。通过网络线上方式完成创业项目的确认、贷款申请、贷款人征信调查等流程;开通续贷对接渠道,减少创业个人出现资金链断裂的风险,实现能续快续,应贷尽贷。其次,优化"两项服务"。一是给予一次性创业资金补贴,对符合条件的回乡创业农民工给予定额的补贴,具体数额应根据当地经济发展水平而定。二是重点帮扶发展农村经济,政府对不同行业的创业项目有针对性地给予财政支持。

(3) 注重创业技能培训

第一,政府要根据当地的经济发展水平,有针对性地开设培训班,为有创业想法的人士提供创业咨询、创业指导等服务。政府还可以与当地发展较好的企业沟通合作,把企业当作培训基地,定期为回乡创业人士开展培训。第二,培训项目应结合各地产业特色及回乡创业者的特点,扩大当地主流特色产业规模,提升创业者的创业能力。第三,定期邀请相关领域的专家学者与新生代农民工进行交流,帮助其了解市场经济动向、国家优惠政策、企业管理经验等。

（4）营造良好的创业氛围

第一，政府应加强对创新创业的宣传，通过线上加线下等多种渠道，如利用好 QQ 频道、微信公众号、政府热线等载体，激起社会的创业浪潮。第二，政府应鼓励地区创业文化的发展，支持返乡创业者形成自己的社交圈，从而获得更多的创业资源和机会。第三，政府应作为牵头者，创建创业信息交流平台，帮助返乡农民工通过信息交流的平台找到创业的相关信息，实现行业间信息的共享，让他们在竞争中互利共赢，营造良好的创业氛围。

5.2.5 结论

研究发现，性别、创业风险偏好、家庭支持、返乡创业的初始投资资金、乡村振兴政策满意程度、参加政府创业培训活动的次数、职业技能水平、常联系的朋友大约多少个、周边的创业氛围 9 个变量对新生代农民工返乡创业意愿具有正向影响，婚姻状况、年龄、学历、外出务工月均收入、外出务工总时间、是否创办过企业、创业风险 7 个变量的影响并不显著。根据上述结论，本书提出了提升政府服务质量、改善融资环境、注重创业技能培训、营造良好创业氛围，希望能促进江西省新生代农民工返乡创业，为乡村振兴战略的发展提供可参考的建议。

5.3 乡村振兴战略下新生代农民工返乡创业行为的影响因素研究

党的十九大报告提出乡村振兴战略，引导广大农民工群体主动创业，实现农民工创业就业渠道的进一步拓宽。近年来，新生代农民工在农民工群体中逐渐成为创业骨干。相较于老一代农民工，新生代农民工具有更高的文化素养，能够紧跟时代的脚步，他们对创业的认知层次更高，更具备返乡创业的可能性。他们在城市务工期间逐渐积累了创业资金、信息、技术、人力资源等方面的优势，并将这些优势与家乡的地理环境、创业扶持政策相结合，成为自身创业成功的保障。新生代农民工返乡创业行为受多种因素影响，探究其影响因素是精准提升新生代农民工返乡创业质量的重要前提。本书运用中国劳动力动态调查的样本数据,深入挖掘新生代农民工的创业行为影响因素。

5.3.1 文献综述

结合前面的文献可知,学者们对于农民工返乡创业行为的影响因素研究,可以分为微观和宏观两个层面。在微观层面上,影响因素主要包括人力资本、经济资本、社会资本和心理资本四个方面。具体来看,在人力资本方面,学者们研究发现,外出务工经历、技能水平、受教育程度对农民工返乡创业行为具有显著影响。也有学者提出,新生代返乡农民工应根据机会与资源禀赋差异提升相应的创业能力,从而成功实现返乡创业。从经济资本来看,家庭年收入、收入满意度显著影响农民工返乡创业。从社会资本来看,社会网络对农民工创业具有显著影响。也有学者认为,有外出务工经历的农民工的社会网络更为广泛,其更能突破创业融资和信息方面的壁垒。从心理资本来看,乐观和希望正向影响新生代农民工的创业动机。返乡创业的内在动因是对美好生活的追寻、对家乡的眷恋。

在宏观层面,已有文献对基础设施、地理环境、创业政策、创业氛围等因素对农民工创业行为的影响进行了研究。具体来看,首先,经济越发达的地区,产业发展程度越高,就代表有更多的创业机会,对吸引农民回乡创业的帮助也越大。其次,农村地区良好的创业文化及创业榜样氛围影响农民的创业决策。再次,农村地区的基础设施建设和政策推动对吸引外出务工劳动力返乡具有重要作用。最后,刘新民等(2022)研究发现,良好的务工城市双创环境可以最大限度地促进农民工返乡创业。

由于农民工个人禀赋的特殊性,不同学者对农民工返乡创业行为界定也有不同看法。刘迎君(2017)将农民工返乡创业活动定义为外出至县域,或是中小城市务工、经商超半年的农民,因被解雇、经商失败等因素在政策鼓励下返乡开办企业,或围绕农业进行规模经营与开发等性质的生产活动。汪昕宇等(2018)研究发现,农民工返乡创业行为是指农民工将在外出工作后积累的社会资源投入开办中小企业或其他投资。由此,本书依据前文已界定的定义,新生代农民工返乡创业行为是指新生代农民工去经济发达地区或者外地务工半年以上,积累了一定的经验、资本后回到户籍所在地,利用各种资源,结合当前的市场经济,为了实现经济利益,提供产品或者服务的一系列行为。

总体来看,学者们对农民工的创业行为及其影响因素做了大量研究,普遍认为微观和宏观因素都对农民工返乡创业行为有积极影响,但在研究的深度和广度上仍有较大拓展空间:一是现有文献大多侧重农民工返乡创业意愿,以新生代农民工为主体的创业行为研究则比较缺乏;二是相关研究仅仅是针对其中部分方面进行研究,缺乏系统性和整体性;三是在样本的选取上,相关研究较多采用相对集中地域的样本来分析,对样本分布空间的地域特色及文化影响的干扰考虑较少。为此,本部分基于中国劳动力动态调查的样本数据,从人力资本、经济资本、社会资本、心理资本和创业环境5个维度,探讨了影响新生代农民工返乡创业的主要因素。

5.3.2 理论分析与假说

(1) 经济资本对新生代农民工返乡创业行为的影响

新生代农民工的返乡创业行为及其质量都受到经济资本这一基本门槛的约束。已有研究表明,经济因素是正向影响农民工创业的核心因素(朱红根和康兰媛,2013)。从理论上来说,创业者如果有更多的经济资本,那么他更有可能成功创业。罗明忠等(2016)认为,充裕的经济资本能够使创业者打破创业所需的资金壁垒,解决创业所需的资金问题,同时还能使创业者通过融资获得更多的资金,从而达到更高水平、更大规模的创业目标。然而,新生代农民工难以从正规的金融机构中获取创业资金,家庭经济资本和私人借贷是他们进行创业活动的主要资金来源。因此,家庭经济状况是影响新生代农民工实施创业行为的重要影响因素。由此,本部分提出假设H1。

假设H1:经济资本对新生代农民工返乡创业行为有正向影响。

(2) 人力资本对新生代农民工返乡创业行为的影响

人力资本被认为是个体所拥有的具有经济价值的各种知识、技能、体力等存量的总和,以上存量的差异导致了人力资本对经济的生产性发挥不同的作用(舒尔茨,1990)。段锦云等(2012)认为,工作经验、技能和较长年限都对农民工创业意向有积极影响。一方面,在工作中所获得的工作经验能够帮助新生代农民工规避风险,作出正确的创业选择。另一方面,随着新生代农民工文化程度和技术水平的提高,其整体能力也在不断提高,其较高的创业理念和对新技术的掌握能够驱动其创业行为的产生。可见,新生代农民工人力资本水平越高,越能更好地抓住创业机会。由此,本部分提出假设 H2。

假设 H2:人力资本对新生代农民工返乡创业行为有正向影响。

(3) 社会资本对新生代农民工返乡创业行为的影响

张顺等和程诚(2012)从社会资本影响行动者经济收益的角度出发,对其作用机制进行了研究,并提出其作用机制主要包括机会、充分信息、信任以及人情机制。一方面,社会资本为创业者提供了市场机遇;另一方面,它还提供了信息和资源支持,帮助他们更好地把握市场机遇(胡晓娣,2009)。所以,与普通返乡农民工相比,拥有丰富社会资本的返乡农民工通常更容易得到更多的创业支持(马忠国,2009)。而新生代农民工受到手机、网络等影响,他们的社会网络覆盖面比老一辈农民工更广、朋友更多、异质性也更高(王国猛等,2011),这意味着新生代农民工获取信息、资金、技术等资源的数量与质量越高,速度越快,更可能实施高质量的创业行为。由此,本部分提出假设 H3。

假设 H3:社会资本对新生代农民工返乡创业行为有正向影响。

(4) 心理资本对新生代农民工返乡创业行为的影响

Luthans 等(2008)认为,心理资本主要有自我效能、乐观、希望等,是个体在成长过程中所表现出来的积极精神状态。国内外学者关注的热点还有创业自我效能感与风险感知,这也是影响创业行为的重要因素。张秀娥等(2015)、段锦云等(2015)研究发现,对新生代农民工来说,提高其创业的自我效能感对其创业意向有较大的促进作用。心理资本更丰厚的创业者发现并识别创业机会的能力更高,创业的可能性也更高。由此,本部分提出假设 H4。

假设 H4：心理资本对新生代农民工返乡创业行为有正向影响。

（5）创业环境对新生代农民工返乡创业行为的影响

在众多宏观因素的作用下，本书将重点关注地理环境和国家政策对新生代农民工返乡创业的影响。推动新生代农民工创业，关键是要有健全的创业支持政策，这样才能激发他们创业的内在动力，进而形成城乡创业氛围，因此，政策制度对区域创业有重要影响（周毕芬，2015）。此外，我国独特的自然地理条件形成了东优西劣的创业环境（高顺成，2013）。优越的地理位置和丰富的自然资源，为新生代农民工的创业创造了良好的条件。由此，本部分提出假设 H5。

假设 H5：外部环境对新生代农民工返乡创业行为有正向影响。

在现有文献基础上，本书构建了对新生代农民工返乡创业行为产生影响的内在机制模型，如图 5-7 所示。不管是经济资本、人力资本、社会资本和心理资本等微观层面，还是宏观层面，如地理环境和政府政策等，都在不同程度上对新生代农民工返乡创业起到了促进作用。

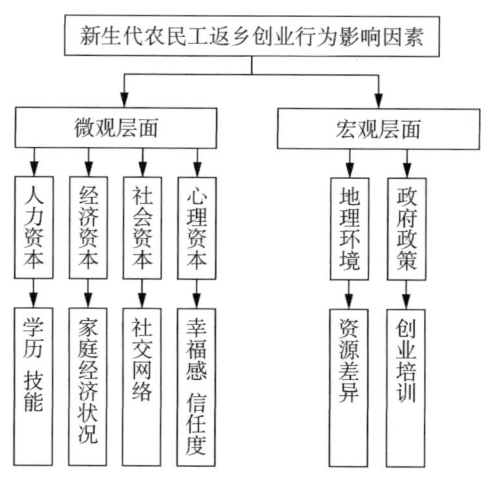

图 5-7 新生代农民工返乡创业行为的影响因素

5.3.3 研究设计

（1）数据来源

中国劳动力动态调查，简称 CLDS，是由中山大学社会调查中心开展的,以中国 29 个省份(不含海南、西藏和港澳台)为对象,对中国劳动力的现状和变迁进行的全面而深入的调研。出于研究所需,本书对样本数据作如下处理:样本数据仅保留外出务工超 6 个月、户口性质为农业户口、1980 年及之后出生的新生代农民工样本;将个体问卷、村居问卷部分数据进行合并;剔除关键变量严重缺失的样本数据。经过筛选后,本书最终得到 593 个样本数据。

(2)变量选取

① 被解释变量

此次调查问卷将农村劳动力的工作状态分为雇员、雇主、自雇和务农四类。本书参考谢勇和杨倩(2020)的做法,若工作类型为自雇或雇主,则定义为"返乡创业行为",赋值为 1;若工作类型为雇员、务农,则定义为"非返乡创业行为",赋值为 0。新生代农民工有无创业行为作为一项二分类变量,是此次研究中的被解释变量。

② 解释变量

解释变量包括受访者的经济资本、社会资本、人力资本、心理资本以及创业环境。其中,经济资本以受访者对家庭经济状况的满意程度这一指标来衡量,社会资本以兄弟姐妹数、可以得到帮助的朋友数来衡量,人力资本以最高学历、是否获得职业技能证书来衡量,心理资本以主观幸福感、陌生人可信度来衡量,创业环境以是否接受过政府提供的职业技能培训和地理环境来衡量。在此基础上,还纳入了性别、年龄、婚姻状况、健康状况、有无养老保险等一系列控制变量,以获得更为准确的结论。上述变量定义及赋值如表 5-16 所示。

表 5-16 变量定义

变量类型	变量名称		变量定义及赋值
被解释变量	新生代农民工有无创业行为		有创业行为则赋值为 1,无为 0
解释变量	人力资本	最高学历	小学及以下则赋值为 1,初中为 2,中专及高中为 3,大专为 4,本科及以上为 5
		有无专业技术资格证书	有专业技术资格证书则赋值为 1,无为 0

(续表)

变量类型	变量名称		变量定义及赋值
解释变量	经济资本	经济满意度	非常不满意则赋值为1,不太满意为2,一般为3,比较满意为4,非常满意为5
	社会资本	可以得到帮助的朋友数	3个及以下为1,4—6个为2,7—15个为3,15个以上为4
		兄弟姐妹数	受访者的兄弟姐妹个数
	心理资本	生活幸福感	非常不幸福则赋值为1,不太幸福为2,一般幸福为3,较为幸福为4,非常幸福为5
		陌生人可信度	非常不信任则赋值为1,不太信任为2,一般信任为3,较为信任为4,非常信任为5
	创业环境	是否接受过政府提供的职业技能培训	有接受过政府提供的职业技能培训则赋值为1,无为0
		地理环境	东部则赋值为1,中部为2,西部为3
控制变量	个体特征	性别	男性则赋值为1,女性为2
		婚姻状况	已婚则赋值为1(包含初婚、再婚和同居),未婚为0(包含未婚、离异和丧偶)
	社会保障	年龄	调查年份(2018)减去出生年份
		健康程度	非常健康则赋值为1,比较健康为2,一般康为3,比较不健康为4,非常不健康为5
		有无养老保险	有养老保险则赋值为1,没有为0

(3)模型设定

探究乡村振兴对新生代农民工返乡创业行为影响,被解释变量为是否进行返乡创业行为,返乡创业行为取值为1,否则为0,它属于二元选择变量,因此选择二元Logistic回归模型进行实证分析。模型如下:

$$\text{Logit}(p) = \ln\left(\frac{p}{1-p}\right) = \sum \beta_n X_n + \beta_0$$

式中,p代表因变量为1的概率,$1-p$代表因变量为0的概率,X_n表示n种资源禀赋,β_0为常数项,β_n为系数。此外,还利用Logistic转换方法,去除对取值区间的限制,使转换结果成为一个线性函数。

5.3.4 结果与分析

本书利用SPSS26.0等统计软件对筛选后的593个样本数据进行二

元 Logistic 回归分析和检验,结果如表 5-17 所示。估计结果显示,模型的 Hosmer-Lemeshow 拟合度检验 P 值为 0.189,大于 0.05,数据与回归模型拟合较好。

表 5-17　二元 Logistic 回归估计结果

变量	β 系数	Wald 值	OR 值
最高学历	1.643***	7.445	5.171
经济满意度	2.473**	4.105	11.864
可以得到帮助的朋友数	0.952***	6.985	2.591
生活幸福感	-2.434**	4.415	0.088
陌生人可信度	-0.912**	4.052	0.402
地理环境	0.805**	4.010	2.236
婚姻状况	1.063**	5.448	2.895

注:***、**、*分别表示通过了1%、5%、10%水平的显著性检验。

从经济资本来看,受访者的经济满意度影响新生代农民工返乡创业行为,假设 H1 得到验证。新生代农民工的经济满意度越高,其发生创业行为的概率就越大,对自己经济状况非常满意的新生代农民工的创业行为发生概率是对经济状况非常不满意的 11.9 倍,这说明新生代农民工的经济资本在其创业过程中具有举足轻重的作用。

从人力资本来看,相较于有无专业技术资格证书,最高学历的影响更显著,假设 H2 得到部分验证。最高学历为中专及高中的新生代农民工的创业概率是小学及以下的 5 倍。对此可能的解释是,随着新生代农民工的受教育水平的提高,他们更容易学习经营管理和技术,也更容易开展创业。而学历为大专或本科及以上不显著的原因可能是高文化水平会让新生代农民工更倾向于追求高收入或是高稳定性的职业,而不愿意参与高风险的创业活动。

从社会资本角度来讲,可以得到帮助的朋友数与新生代农民工有无创业行为呈正相关关系。研究表明,新生代农民工社会资本越多,社会网络越完善,其产生创业行为的可能性就越大。这可能是因为能提供帮助的朋友数越多,越有利于新生代农民工筹集资金或是获取资源,进而获得更好的创业支持。而兄弟姐妹数不显著的原因可能是兄弟姐妹拥有的资源和所处的环境跟受访者近似,或是自身经济状况不是特别好,不能提供有用的帮助。综上所述,假设 H3 得到部分验证。

从心理资本的角度来说,幸福感和信任度对新生代农民工返乡创业行为的实施有消极影响,可能是因为生活幸福感高的受访者已满足当前的生活状况,不会再选择风险大的创业行为。此外,创业是一项商业活动,在创业的过程中,会有许多利益冲突。创业是一个人主观意愿的反映,对别人越信任,他们的商业利益就越得不到有效保护,这就使创业变得越艰难。因此,虽然心理资本通过显著性检验,但作用方向与预期不一致,假设 H4 不成立。

从创业环境来说,地理环境与创业行为呈正相关关系,家乡在东部地区的新生代农民工的创业概率是家乡在西部地区新生代农民工的 2.2 倍,这很可能是因为我国特殊的自然环境使我国东部地区发达而中西部地区相对落后,资源的匮乏限制了中西部农民工返乡创业行为的实施。而是否接受过政府提供的职业技能培训影响不显著,这可能是因为,新生代农民工接受的职业培训主要是关于他们所从事的行业的工作,没有涉及其他管理和技术等方面的内容,因此对他们选择创业没有太大的帮助,或是由于政府培训没能真正提供农民工创业所需要的帮助,因此假设 H5 部分成立。

5.3.5 结论与启示

(1) 结论

新生代农民工返乡创业的意义重大,他们可以将先进的科学意识带到乡村,从而推动乡村的发展。基于中国劳动力动态调查数据,本书运用二元 Logistic 回归分析了新生代农民工返乡创业行为实施的影响因素。研究发现,在微观层面中,最高学历、经济满意度、可以得到帮助的朋友数、生活幸福感和陌生人可信度对新生代农民工返乡创业行为选择有显著影响。在宏观层面中,地理环境对新生代农民工返乡创业有显著影响。一方面,返乡新生代农民工的最高学历、经济满意度和能得到帮助的朋友数是促使其创业的重要因素;另一方面,新生代农民工的幸福感和信任度等心理资本对其创业有消极的抑制作用,幸福感和对他人的信任程度越高,创业可能性越低。

(2)启示

研究结果对推动新生代农民工返乡创业政策的制定、提升其返乡创业质量有如下启示。

第一,加强社会网络建设,提升社会资本质量。新生代农民工信息来源渠道少,网络异质性较弱,可以构建项目融资、工友互助等交流平台,来拓展他们的社会网络,进而对他们的创业动机和行为产生影响。除此之外,考虑到有些社会资本并不会对创业成长绩效产生影响,甚至还会产生负面影响的事实,新生代农民工不能仅满足于增加社会资本的数量,而应将重点放在提高社会资本的质量上,尽可能地获得更多的创业成长的有利资源。

第二,注重创业培训,培养复合型人才。尽管整体上新生代农民工在文化程度和学历方面比老一辈农村劳动者要高一些,且接受新事物和新思想的能力更强,但由于缺乏系统的培训和进一步深造,在技术水平和管理能力上仍然相对较低。具体可从以下方面进行改进:首先,有必要把更多的资源投入农村教育,并以基础和高等教育普及为主,同时兼顾创业教育、职业教育等。各级政府和有关部门要想提高新生代农民工的创业成功率,可以积极完善其返乡创业的培训体系,持续提升他们的机会识别能力、学习管理能力以及创新能力。此外,为了带动更多的剩余劳动力就业,营造良好的创业氛围,还应该鼓励具有较高文化程度的新生代返乡农民工积极地参加到创业活动中。其次,各地政府虽然已经对农民工进行了相关创业培训,但是仍然存在一些问题,如培训内容缺乏针对性、农民工缺乏参与意识等。所以,政府应满足不同群体实际需求,以促使其成功创业为目标开展创业技能培训。

第三,构建以政府为引领、金融机构为依托的普惠性金融支农体系。目前社会企业对新生代农民返乡创业项目期望不高,不会主动将资金投入农村创业项目,银行信贷机构对于创业资金的优惠力度也不够。针对新生代农民工缺乏创业资金支持的现状,政府要拓宽融资渠道,号召地方金融机构和企业加入支持和辅助农民工创业的浪潮。一方面,可以通过创建专项返乡创业扶持基金的形式,设立风险基金,新生代农民工在创业陷入瓶颈期或资金周转失灵等情况下可申请使用专项资金,降低创业风险所造成的经济损失,增强创业者的自信心。另一方面,由政府主导,建立一个适合新生代农民工返乡创业的招商引资机制。此外,建立对保险、民间借贷组织等第三方机构的诱导机制,促进其为返乡创业农民工提供担保,减少金融机构借款隐忧,以此激发新生代农民工的创业热情。金融机构是乡村创业融资的关键一环,应优化金融产品内部结构,发掘贴合本地特色的土地承包经营权、林权、水域使用权等为标的的抵押贷款产品,还可依据创业类型、所处阶段、以往收支状况等对其提供差异化产品供给,保护初创期创业项目的成长和发育。

第四,优化创业环境,营造积极创业的氛围。当前乡村创业环境供给相对滞后,未来我国乡村振兴战略可从以下几个方面着手优化:其一,制定差异化、个性化创业扶持政策。政府应综合分析农民工创业项目的性质、类型、发展阶段、产业特点等并进行精准化施策。对于近年来发展迅速的生态农业、非遗传承、电商物流等特色创业项目,可对其提供专项资助,同时根据不同区域特点,引导农民工进行有效甄别,选择最适宜的创业项目;建立高效、简便的行政事务处理流程,方便返乡创业者能及时获取并享受优惠政策。其二,优化创业环境并提高创业效率。政府应不断完善农村的基础设施,对农村的创业资源进行整合,利用建立产业园区的方式来实现资源的重组。这样不仅降低了基础设施建设的成本,还能有效解决农民工创业用地的问题。其三,通过报纸、广播等多种媒体,对新生代农民工创业典型进行宣传,充分发挥他们的示范带头效应。以文明乡风建设为抓手,呼吁号召返乡创业群体培养自强自立的创业精神,将"创业致富,拉动区域经济,造福人民"的理念深植村民心中,为返乡创业主体营造开放包容、民众支持的创业氛围。

5.4 新生代农民工返乡创业从意愿到行为的转化机制研究——基于资源获取的中介和创业环境的调节作用

随着越来越多的农民工在城市完成对资金、技术和社会资本的积累,返乡创业现象也愈发普遍,受到中国政府和学界的广泛关注。2020年国家发展改革委印发了《关于推动返乡入乡创业高质量发展的意见》,指出当前返乡创业呈现蓬勃发展态势,但仍然存在一些突出的问题和矛盾,提出要进一步完善体制机制,推动返乡创业高质量发展。全球创业观察(GEM)的调查显示,中国创业公司关闭率较高,超出国际平均水平。新时代应推动实现高质量返乡创业,近年来,国家陆续出台了若干政策文件引导和支持农民工高质量返乡创业,以助力乡村振兴。2022年中央一号文件提出,推进返乡入乡创业园建设,落实各项扶持政策;2023年中央一号文件提出,实施乡村振兴人才支持计划,允许符合一定条件的返乡回乡下乡就业创业人员在原籍地或就业创业地落户。作为农民工返乡创业的主体,新生代农民工返乡前有一定的创业经验与物质基础储备,其资源禀赋有助于创业者应用现代化管理理念,改革农村传统的经济运行模式以及生产经营方式,破解"三农"发展的人力资本局限性,从而提升乡村创业质量。因此,如何引导新生代农民工返乡创业是一个值得研究的议题。

5.4.1 文献综述

意愿是生命体对事物的主观态度和想法,是一种主观性思维,而行为是生命体在某种情境下所作出的反应的总和。创业意愿会驱动个人在某种情境下作出创业反应,体现了潜在创业者对创业决策的积极态度,是创业行为的必要条件。因此,有学者指出,创业意愿是创业行为最可靠的预测指标(Van Gelderen等,2018),以期通过探究创业意愿的形成来预测创业行为的实现路径。Martin(2013)、于博(2023)等以大学生为研究主体,探索创业意愿的影响因素;伍如昕等(2018)、朱艳军等(2020)等以新生代农民工为研究主体,探索返乡创业意愿的影响因素。但创业意愿并不是创业行为的充分条件,创业行为是在各种主客观影响因素下所开展的外部活动,在创业意愿向创业行为转化的过程中还受到其他因素的影响。于是,一些学者突破"以创业意愿为核心"的观点,转而探索创业意愿与创业行为之间的转化机理。该转化过程中的影响因素可分为个人因素和情境因素,在个人因素方面,失败恐惧、状态导向

(执着、犹豫和暂时)等弱化创业意愿与创业行为之间的关系(孔凡柱和赵莉,2017;宋国学,2022);而个人特质、行动导向(脱离、主动和持续)、创业能力(风险承担能力、资源整合能力和机会识别能力)等在创业意愿向创业行为转化过程中具有强化或中介作用。在情境因素方面,Bogatyreva等(2019)基于国家文化视角,探究特定国家的文化规范和价值观如何影响意图与行为的关系。王季等(2020)提出,在学术创业意愿向学术创业行为转化的过程中会受到外部情境因素和组织情境因素两大情境因素的影响,具体包括政府政策、组织制度和中介支持机构等。汪昕宇等(2020)基于创业情境视角,系统分析了在商业、社会和制度等不同创业情境下农民工返乡创业意愿向返乡创业行为转化的过程。

综上所述,创业意愿和创业行为关系研究的有关文献大多以农民工或大学生为研究对象。其中,创业意愿向创业行为的转化因素主要包括:一是个体因素,如个人能力、特质、失败恐惧和自我控制等。二是情境因素,如创业资源、社会支持、可承担损失、文化环境和制度环境等。但是以新生代农民工为研究对象,分析其返乡创业意愿向返乡创业行为转化的机制研究却较少,相较于老一代农民工,新生代农民工文化教育程度更高,外出经历更丰富,知识面和资源面更广,更具有创业优势。基于计划行为理论和Shook等理论模型,创业意向要转化为创业行为,机会识别起着中介作用,而在机会的识别过程中,创业资源的获取是关键。因此,本书以新生代农民工为研究对象,基于资源获取的中介作用和创业环境的调节作用,探索返乡创业意愿与返乡创业行为之间的转化机制,以期从创业前期提高创业质量,为实现高质量返乡创业、促进乡村全面振兴提供决策参考。

5.4.2 研究假设

(1) 新生代农民工返乡创业意愿与返乡创业行为

Bird(1988)最早提出创业意愿一词,认为创业意愿是创业者对一个商业概念的关注、经验和行动的心理状态,并且随后的创业过程,如组织形成、发展、成长和变革都是基于这些意愿的。学者们对创业行为的界定主要分为广义和狭义两类。广义的创业行为表示一系列与创业活动有关的决策,如涉及不同创业类型、商业计划和创立企业等决策(何良兴等,2022);狭义的创业行为则仅表示为创立新企业的个体行为(张淑梅等,2021)。农民工返乡创业是一种独具中国特色的人口迁移现象,国内学者尝试对这一现象作出界定。黄建新(2008)认为,农民工返乡创业是农民工在通过外出经商或打工半年以上而拥有了一定的资金、信息储备和技术能力后,了解到家乡的社会与经济环境而返乡创立企业。蔡炉明(2023)则认为,农民工返乡创业是指返乡农民工利用在城镇地区就业所积累的资金、技术、经验等要素,凭借相应的平台与载体在农村地区进行自主创业活动的过程。综上所述,本书中新生代农民工返乡创业意愿定义为新生代农民工对于返乡创业的关注、经验和行动的心理状态;依据已界定的定义,新生代农民工返乡创业行为是指新生代农民工利用外出打工半年以上的就业经历所积累的资金、技术、经验等要素,凭借相应的资金资源、关系资源和政策资源,在了解家乡的创业环境后返乡创办新企业或者自我经营的行为。

计划行为理论认为,行为意图是任何行为显现前的必要过程,而且个体对某种行为的意愿越强烈,就越有可能实施该行为。基于这一理论,当新生代农民工具有强烈的返乡创业意愿时,他们将更有可能作出返乡创业决策。通过对20位农民工的访谈分析,叶敬忠(2004)发现"想做",即创业意愿,是驱动农民创业的主要因素。祝振兵等(2022)和Meng等(2023)等则将AMO模型运用到创业领域,认为创业意愿是AMO模型中的动机(M)因素,其强弱会影响创业行为的执行力。创业意愿作为创业行为的驱动力,是创业行为最直接的影响因素,新生代农民工的返乡创业意愿将驱动其采取返乡创业行动。综上所述,本部分提出假设H1。

假设H1:新生代农民工返乡创业意愿对返乡创业行为具有正向影响。

(2)资源获取的中介作用

资源是影响新生代农民工返乡创业的关键因素之一(李练军等,2021)。在学术界,资源获取测量主要是从资源获取方法、资源可获得性和资源获取结果三方面来测量。本书参照多数学者的做法,在资源获取中侧重研究的是资源的可获得性(戚迪明和刘玉侠,2018;颉茂华等,2021),即新生代农民工对外部资源的获取。本书认为,初始创立的企业重点考虑资金资源获取、关系资源获取和政策资源获取。资金资源是指个人所能获得的启动资金,企业初建需要巨大的资金需求,影响着新生代农民工返乡创业计划的落实。关系资源是指个人所拥有的关系网络,在我国人们比较注重情感,关系资源为创业者提供创业机会和决策帮助等。政策资源重点是指国家政府关于新生代农民工返乡创业的政策支持和培训活动。

一是新生代农民工返乡创业意愿对资源获取的影响。与以往企业家的创业条件相比,新时代背景下获取资源的渠道更多,新生代农民工在创业行为实施前,强烈的创业意愿会驱使其通过多种途径去获取资源。许艳丽等(2018)提出,具有创业意图的新时代女大学生会以多元化路径去获取社交资源并以此资源促进创业团队的形成。有学者则认为,具有创业意愿的高素质农民能更迅速地获取多方资源,以完成创业活动(祝振兵,2022)。吴庆松等(2023)发现,创业者在实施创业行动之前,会去搜寻和整合所需的创业资源,并识别、获取、配置和利用整合后的创业资源。这意味着拥有返乡创业意愿的新生代农民工会积极地获取所需资源,而且意愿越强烈,对外部资源环境的关注度越高,获取资源的积极性也越高。因此,返乡创业意愿能够促使潜在的新生代农民工创业者去获取有利的创业资源来完成创业。于是,本部分提出假设 H2、假设 H2a、假设 H2b 和假设 H2c。

假设 H2:新生代农民工返乡创业意愿对资源获取具有正向影响。

假设 H2a:新生代农民工返乡创业意愿对资金资源获取具有正向影响。

假设 H2b:新生代农民工返乡创业意愿对关系资源获取具有正向影响。

假设 H2c:新生代农民工返乡创业意愿对政策资源获取具有正向影响。

二是资源获取对新生代农民工创业行为的影响。资源基础理论认为,企业是各种资源的集合体。Wickham等(1997)针对创业过程模型提出四个关键性要素,即创业者、机会、资源和组织,创业的过程就是创业者发掘市场机会,组织获取相关关键资源,不断实现各种要素动态协调和匹配。在创业初期,资源获取和整合能力对创业者至关重要。李志东(2023)认为,启动资金不足是创业所面临的主要障碍之一。董静等(2019)则认为,农民工创业决策很大程度上依赖于关系网络或者自身资源。而Xuan Wei和Honggen Zhu等(2020)提出,发展中国家的返乡创业者更容易受到信贷、政策和信息等资源的约束,因此在发展中国家,政府资源的可获得性能较大促进返乡创业行为。随着政府对返乡创业投入的不断加大,政策资源一定程度上影响着新生代农民工的返乡创业行为。因此,资金资源、关系资源和政策资源的可获得性能够促使潜在新生代农民工创业者实现创业行为。于是,本部分提出假设H3、假设H3a、假设H3b和假设H3c。

假设H3:资源获取对新生代农民工返乡创业行为具有正向影响。

假设H3a:资金资源获取对新生代农民工返乡创业行为具有正向影响。

假设H3b:关系资源获取对新生代农民工返乡创业行为具有正向影响。

假设H3c:政策资源获取对新生代农民工返乡创业行为具有正向影响。

综上所述,拥有返乡创业意愿的新生代农民工会积极地获取所需的资金、关系和政策等资源,并且这些资源的可获得性会促使新生代农民工返乡创业行为的发生。因此,本部分提出假设H4、假设H4a、假设H4b和假设H4c。

假设H4:资源获取在返乡创业意愿与返乡创业行为之间起中介作用。

假设H4a:资金资源获取在返乡创业意愿与返乡创业行为之间起中介作用。

假设 H4b:关系资源获取在返乡创业意愿与返乡创业行为之间起中介作用。

假设 H4c:政策资源获取在返乡创业意愿与返乡创业行为之间起中介作用。

（3）创业环境的调节作用

Albert Bandure(1985)在《思想和行为的社会基础》一书中提出三元交互理论,认为环境、个人和行为三者之间互相影响。环境是返乡创业过程中的一个重要影响因素。关于创业环境量化,少数学者从创业氛围、创业信息、基础设施等微观层面探索创业环境对新生代农民工返乡创业的影响(张立新等,2019;方鸣等,2021)。良好的创业氛围认知,可以鼓舞具有返乡创业意愿的新生代农民工勇于创业;观察和学习创业榜样,可以不断提升创业知识水平与创业技能;家庭成员的支持,可以提高资源的获取程度,有助于成功返乡创业。本书借鉴张立新等(2019)的做法,从创业氛围这一维度,选取氛围认知程度、创业背景、家人支持程度三个项目测量微观层面创业环境。

Shirokova 等(2016)根据全球大学生创业精神调查数据,对大学生创业意愿和行为的差异性进行探究,结果表明:创业意愿显著正向影响创业行为,但是这种关联会受到一系列环境因素的强化或削弱,如企业家的家庭创业背景（强化）和高校创业环境（强化）。张秀娥等(2018)将环境不确定性作为调节变量引入模型,提出环境不确定性的增加会导致具有创业意愿的个体对未来预期的可控性降低,从而作出创业行为决策的可能性也会降低。因此,环境和个体共同作用于行为,运用到返乡创业领域就是具有返乡创业意愿的新生代农民工个体会在良好的创业环境的作用下影响返乡创业行为。综上所述,本部分提出假设 H5。

假设 H5:创业环境正向调节新生代农民工返乡创业意愿与返乡创业行为的关系。

（4）研究模型

综上所述,本书引入资源获取和创业环境,构建新生代农民工从返乡创业意愿到创业行为的转化机制模型,如图 5-8 所示。

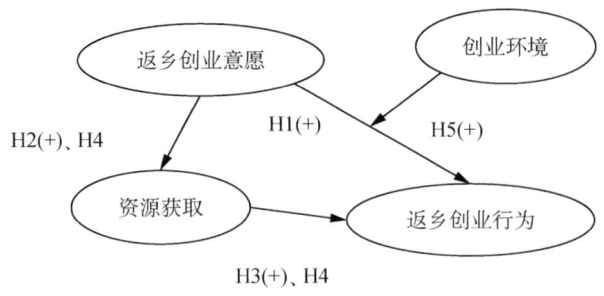

图 5-8 转化机制模型

5.4.3 研究设计

（1）数据来源

本部分数据来源于 2022 年 1—3 月课题组在江西省开展的关于"江西省新生代农民工返乡创业行为特征"调查问卷，问卷调查表见附录 1，调查对象主要是已经在家乡创业或已有计划创业的新生代农民工，调查内容主要涉及个人基本情况、返乡创业前就业情况、返乡创业意愿、返乡创业者现状等方面。考虑到调查便利和调研成本，以及在返乡农民工创业情况中江西省具有较强代表性，故而对江西省 11 个地级市及市所属乡镇，以线上和线下相结合形式随机共发放了 350 份问卷，其中收回问卷 330 份，样本收回率达 94.3%。由于研究对象为新生代农民工，故对问卷数据作如下处理：仅保留 1980 年及以后出生的、外出务工超过 6 个月且户籍性质为农业户口的农民工样本；处理关键变量数据严重缺失及填写不合理的样本，最终得到 181 份有效问卷。在 181 份样本中，从性别上看，男性有 96 人，占样本总数的 53%；女性有 85 人，占样本总数的 47%。从学历上看，大部分调查者的学历水平较高，大专和本科及以上的样本累计数占样本总数的 49.7%。从婚姻状况来看，未婚占比与已婚占比分别为 45.9% 和 54.1%，两者相差不大。从年龄上看，18～25 岁的新生代农民工占样本总数的 26%，而 26～30 岁的群体约占 16.6%，相对较少；31～35 岁和 36～42 岁的群体分别占 27.1% 和 30.3%。

（2）变量界定

解释变量 EW——返乡创业意愿，本书参照李海波（2021）等的研究,直接使用单一指标进行测度。但"是否有创业意愿"这一确定性答案与本部分不太贴合,于是选用"返乡创业意愿程度"这一问项,并采用Likert5分法,"1=非常弱""5=非常强",对解释变量进行测量。

被解释变量 EB——返乡创业行为,本部分参照大部分学者们的做法,直接使用确定性的答案"是"或"否",问项为"新生代农民工是否返乡创办过企业"。

中介变量 RA——资源获取,本部分通过资金资源获取(FRA)、关系资源获取(RRA)和政策资源获取(PRA)三个维度进行测量。

调节变量 EE——创业环境,具体包含氛围认知程度($EE1$)、创业背景($EE2$)、家人支持程度($EE3$)。

关于控制变量的选取,本书参照王杰(2022)等的研究,包括个体层面和家庭层面,具体为婚姻状况($IL1$)、年龄($IL2$)、家庭人口数量($FL1$)和当前子女数量($FL2$)等。表5-18给出题项的定义及描述性统计结果。

表5-18 描述性统计结果

编号	题项简写	均值	标准差	峰度	偏度	最小值	最大值
$EW1$	您的返乡创业意愿程度	2.884	0.890	0.135	-0.439	1	5
$EB1$	您是否返乡创业	0.127	0.334	3.134	2.258	0	1
$FRA1$	返乡创业初始投资额	1.724	0.857	2.734	1.476	1	5
$FRA2$	外出务工月均收入	3.110	1.095	-0.599	0.318	1	5
$FRA3$	家庭年收入	3.099	1.300	-1.023	-0.156	1	5
$RRA1$	年均礼金支出	2.492	1.218	-0.749	0.476	1	5
$RRA2$	常联系朋友个数	2.442	0.909	-0.745	0.174	1	4
$RRA3$	参加社团活动次数	1.928	1.033	0.409	0.971	1	5
$PRA1$	政策支持满意度	3.199	0.957	0.375	-0.255	1	5
$PRA2$	参加政府创业培训次数	2.320	1.063	-0.178	0.423	1	5
$EE1$	周边创业氛围认知	2.834	1.008	-0.256	-0.121	1	5
$EE2$	亲朋好友是否有人创业	0.597	0.492	-1.863	-0.397	0	1

(续表)

编号	题项简写	均值	标准差	峰度	偏度	最小值	最大值
EE3	家人对您返乡创业的态度	3.133	0.963	0.046	-0.269	1	5
IL1	婚姻状况	0.541	0.500	-1.994	-0.168	0	1
IL2	年龄	2.619	1.171	-1.435	-0.206	1	4
FL1	家庭人口数量	4.856	1.419	0.596	0.434	1	9
FL2	当前子女数量	2.552	1.024	-1.058	-0.332	1	4

5.4.4 实证分析

（1）信度和效度分析

返乡创业意愿和返乡创业行为只有一个题项，且与变量高度相关，于是此处不做信效度分析。笔者运用 SPSS27.0 和 AMOS28.0 对资源获取和创业环境的数据进行信度和效度分析，结果如表 5-19 所示。资源获取和创业环境的 Cronbach's α 系数都大于 0.7，表明两者的测量量表信度皆较高，内部一致性良好。C.R. 值均大于 0.7，收敛效度还行；AVE 平方根值大于相关系数值，量表基本具有良好的判别效度。关于变量，本书借鉴现有相关学者的做法进行测量，具有一定的内容效度。总体来说，本书问卷数据有一定的信度和效度。

表 5-19 信度和效度结果

变量	RA	EE
RA	0.533	
EE	0.462***	0.663
Cronbach's α	0.755	0.700
C.R.	0.756	0.701

（2）共线性检验

表 5-20 为运用 SPSS27.0 对各变量进行共线性检验的结果。结果显示，自变量、调节变量、中介变量和控制变量的 VIF 值皆小于 5。各变量之间不存在严重的共线性问题。

表 5-20　共线性检验结果

变量	EW	IL1	IL2	FL1	FL2	RA	EE
容差	0.727	0.485	0.491	0.839	0.779	0.809	0.714
VIF	1.375	2.060	2.037	1.191	1.284	1.236	1.400

(3) 正态性检验

表 5-21 为运用 SPSS27.0 并选择柯尔莫戈洛夫-斯米诺夫检验和夏皮洛-威尔克检验所得出的正态性检验统计结果。如表 5-21 所示,所有变量统计显著性皆小于 0.05,均不严格服从绝对正态分布。但是由于样本不足等原因,实际数据的统计检验结果即便总体服从正态分布,也可能会显示非正态。Kline(1998)认为,样本数据基本服从正态分布的偏度和峰度绝对值分别为小于 3 和 10,此时样本数据符合研究数据的基本要求。于是进而采用描述法,通过描述数据偏度和峰度系数分析变量的正态性。如表 5-20 所示,样本数据的标准差都介于 0.3~1.3,偏度和峰度分别小于 3 和 10,表明数据的离散程度较小同时符合研究分析的前提。

表 5-21　正态性检验统计结果

检验方法	检验指标	EW	EB	RA	FRA	RRA	PRA	EE
柯尔莫戈洛夫-斯米诺夫检验	检验统计	0.298	0.521	0.077	0.136	0.122	0.123	0.124
	显著性	0.000	0.000	0.010	0.000	0.000	0.000	0.000
夏皮洛-威尔克检验	检验统计	0.858	0.391	0.984	0.967	0.963	0.969	0.969
	显著性	0.000	0.000	0.038	0.000	0.000	0.000	0.000

(4) 相关性分析

本书为定序型数据,于是选择 Spearman 相关系数分析变量之间的相关性,结果如表 5-22 所示。返乡创业意愿与返乡创业行为、返乡创业意愿与资源获取及其各维度、资源获取及其各维度与返乡创业行为都分别具有显著的正相关关系($p<0.01$),表明返乡创业意愿可能会正向影响创业行为,具有返乡创业意愿可能会促进资源获取,而资源获取能力可能会促进返乡创业行为的发生。虽然相关性分析结果只能初步说明

变量间可能存在的相关关系,并不足以证明假设,但也为本书的假设验证奠定了基础。

表 5-22 Spearman 相关性分析

变量	EW	RA	EB	EE	PRA	RRA	FRA
EW	1						
RA	0.302***	1					
EB	0.251***	0.280***	1				
EE	0.445***	0.327***	0.166**	1			
PRA	0.323***	0.732***	0.163**	0.393***	1		
RRA	0.273***	0.779***	0.241***	0.276***	0.390***	1	
FRA	0.173**	0.794***	0.215***	0.116	0.347***	0.484***	1

注:***、**、*分别表示1%、5%、10%水平上显著。

(5) 假设检验

① 主效应检验

因变量返乡创业行为为二分变量,观测值之间相互独立,且变量不存在严重的共线性问题,于是以二元 Logistic 回归进行检验,回归分析结果如表 5-23 所示。模型 1 和模型 2 结果显示,加入返乡创业意愿后 $-2LL$ 降低 9.783,$Cox \& Snell\ R^2$ 增加 0.052,$Nagelke\ R^2$ 增加 0.097,表明加入返乡创业意愿后模型的解释效果提升。模型 2 中 Omnibus 检验表明该 Logistic 模型有统计学意义($p=0.038$),可正确分类 86.7% 的个案。其系数检验结果说明返乡创业意愿对返乡创业行为的影响具有统计学意义($p=0.004$),证明新生代农民工返乡创业意愿显著正向影响返乡创业行为($\beta=0.924$),假设 H1 成立。模型 3 至模型 6 是在模型 1 的基础上,分别将资源获取、资金资源获取、关系资源获取和政策资源获取作为自变量加入模型 1 中,结果表明,资源获取($\beta=1.437$,$p<0.01$)、资金资源获取($\beta=0.850$,$p<0.01$)、关系资源获取($\beta=0.996$,$p<0.01$)和政策资源获取($\beta=0.872$,$p<0.01$)与返乡创业行为呈正相关关系,证明资源获取及其各维度对新生代农民工返乡创业行为具有显著正向影响,因此假设 H3、假设 H3a、假设 H3b、假设 H3c 成立。

表 5-23　回归分析结果

变量	模型 1	模型 2	模型 3	模型 4	模型 5	模型 6
截距	-0.787	-3.9***	-5.091***	-3.618***	-3.378***	-3.604***
EW		0.924***				
RA			1.437***			
PRA				0.850***		
RRA					0.996***	
FRA						0.872***
控制变量	控制	控制	控制	控制	控制	控制
-2LL	135.830	126.047	120.412	127.049	124.520	126.412
Cox & Snell R^2	0.011	0.063	0.092	0.058	0.071	0.061
Nagelke R^2	0.021	0.118	0.172	0.109	0.133	0.115

注：***、**、* 分别表示 1%、5%、10% 水平上显著。

② 中介作用检验

对于中介效应的检验，本书借鉴 Baron 等（1986）的研究，采用四步骤检验方法，考察资源获取及其各维度在返乡创业意愿和返乡创业行为之间是否具有中介效应。第一步：检验返乡创业意愿对返乡创业行为是否有显著影响；第二步：考察返乡创业意愿对资源获取及其各维度是否有显著影响；第三步：检验资源获取及其各维度对返乡创业行为是否有显著影响；第四步：继续检验返乡创业意愿、资源获取及其各维度对返乡创业行为是否有显著影响。如果继续检验的结果显示，返乡创业意愿对返乡创业行为的作用减弱或不再显著且中介变量影响显著，则资源获取及其维度中介效应成立。从上文主效应检验可知，第一步、第三步已被验证。于是对第二步进行验证，结果如表 5-24 所示（篇幅有限，表中未展示控制变量对中介变量的回归结果），模型 7 至模型 10 中 ΔR^2 和 ΔF 值表明增加了返乡创业意愿后模型的解释效果有所提升且具有统计学意义；变量系数检验结果表明，新生代农民工返乡创业意愿对资源获取及其各维度有显著正向影响（$\beta_7 = 0.242^{***}$，$\beta_8 = 0.165^{**}$，$\beta_9 = 0.248^{***}$，$\beta_{10} = 0.321^{***}$）。假设 H2、假设 H2a、假设 H2b 和假设 H2c 成立，第二步被验证。

表 5-24 回归分析结果(因变量:资源获取及其各维度)

变量	资源获取 模型7	资金资源获取 模型8	关系资源获取 模型9	政策资源获取 模型10
截距	2.046***	2.579***	1.588***	1.939***
EW	0.242***	0.165**	0.248***	0.321***
控制变量	控制	控制	控制	控制
ΔR^2	0.113	0.031	0.083	0.120
ΔF	23.287***	5.962**	16.158***	24.958***

注:***、**、*分别表示1%、5%、10%水平上显著。

在前三步骤都被验证的前提下,进行第四步,如表 5-25 所示,模型 11、模型 12、模型 13 和模型 14 分别在模型 2 的基础上,将资源获取、资金资源获取、关系资源获取和政策资源获取作为自变量加入模型 2。模型结果显示,资源获取($\beta=1.194,p=0.004$)、资金资源获取($\beta=0.758,p=0.017$)、关系资源获取($\beta=0.753,p=0.022$)和政策资源获取($\beta=0.625,p=0.042$)对返乡创业行为具有显著正向影响,返乡创业意愿仍显著正向影响返乡创业行为,但回归系数从 0.924 分别降至 0.557、0.773、0.617、0.705,影响效果明显减弱,表明资源获取、资金资源获取、关系资源获取、政策资源获取在返乡创业意愿与返乡创业行为之间起部分中介作用,假设 H4、假设 H4a、假设 H4b、假设 H4c 成立。

表 5-25 中介效应分析(因变量:返乡创业行为)

变量	模型2	模型11	模型12	模型13	模型14
截距	-3.9***	-6.242***	-5.881***	-4.845***	-5.172***
EW	0.924***	0.557*	0.773**	0.617*	0.705**
RA		1.194***			
PRA			0.758**		
RRA				0.753**	
FRA					0.625**
控制变量	控制	控制	控制	控制	控制
-2LL	126.047	117.185	120.029	120.522	121.738

(续表)

变量	模型 2	模型 11	模型 12	模型 13	模型 14
$Cox \& Snell\ R^2$	0.063	0.108	0.094	0.091	0.085
$Nagelke\ R^2$	0.118	0.202	0.176	0.171	0.160

注：***、**、*分别表示1%、5%、10%水平上显著。

③ 调节作用检验

表5-26展示了调节作用的检验结果。模型15是以创业环境和返乡创业意愿为自变量、返乡创业行为为因变量进行的二元Logistic回归。回归结果表明，新生代农民工返乡创业意愿仍显著正向影响创业行为，但创业环境对其返乡创业行为的影响不显著。模型16在模型15的基础上，将返乡创业意愿和创业环境的乘积项加入自变量进行二元Logistic回归，模型中的Omnibus检验表明，该Logistic模型具有统计学意义（$p=0.021$）。与模型15相比，增加乘积项后$-2LL$降低3.507，$Cox \& Snell\ R^2$增加0.018，$Nagelke\ R^2$增加0.034，表明加入乘积项后模型的解释力度加强。此外，乘积项的回归系数显著（$\beta=0.686$，$p=0.052$），说明创业环境在新生代农民工返乡创业意愿与返乡创业行为之间具有调节作用，假设H5成立。

表 5-26 调节作用分析（因变量：返乡创业行为）

变量	模型 15		模型 16	
	β	P	β	P
截距	-4.446	0.004	-3.882	0.007
EW	0.752	0.034	0.692	0.057
EE	0.474	0.275	0.255	0.587
EW * EE			0.686	0.052
控制变量	控制		控制	
$-2LL$	124.834		121.327	
$Cox \& Snell\ R^2$	0.069		0.087	
$Nagelke\ R^2$	0.130		0.164	
Omnibus 检验	0.043		0.021	

5.4.5 结论与建议

（1）结论

本书以计划行为理论、资源基础理论和三元交互理论等为理论基础，通过问卷调查法收集了新生代农民工返乡创业的数据，对新生代农民工返乡创业意愿何以转化为返乡创业行为进行探讨。研究发现，新生代农民工返乡创业意愿显著正向影响返乡创业行为，资源获取及其各维度在新生代农民工返乡创业意愿与返乡创业行为之间起中介作用，创业环境正向调节新生代农民工返乡创业意愿与返乡创业行为的关系。本部分的理论贡献表现为：第一，丰富了以新生代农民工为主体的返乡创业意愿和创业行为转化机制研究；第二，引入资源获取在创业意愿与创业行为之间关系模型，从资源角度解释了新生代农民工返乡创业意愿和创业行为之间的内在联系；第三，从微观层面测度创业环境并分析其在新生代农民工返乡创业意愿和创业行为之间的作用。

虽然本部分有一定的理论意义与现实意义，但也存在不足之处。第一，受调查数据的限制，无法通过多年观测值对潜在农民创业者的返乡创业行为作更长期的考察；第二，在控制变量方面，除了考虑婚姻状况、年龄、家庭人口数量和当前子女数量等因素，还存在其他对返乡创业意愿和返乡创业行为有影响的因素需要考虑；第三，只探讨了资源获取和创业环境对返乡创业意愿和创业行为关系的影响，但实际转化过程中受到的影响因素更多。

依据第 1 章，创业行为选择影响因素分为个人、决策和环境三个方面，具体包括创业者特征、创业者意愿、机会识别、创业资源、创业环境等维度。本章已经论证了驱动创业意愿向创业行为转化过程资源获取的中介作用，第 6 章将进一步探讨其余变量之间的内在逻辑关系，从而探究新生代农民工返乡创业行为选择机理。

（2）建议

根据研究结果，本书提出以下建议，以供新生代农民工返乡创业者及有关部门参考。

第一，畅通返乡创业诉求表达渠道，关注有返乡创业意愿的新生代农民工。政府部门应建立健全返乡创业诉求表达的应对机制,切实回应新生代农民工返乡创业者的诉求,促进具有返乡创业意愿的新生代农民工开展创业行为。当前,新生代农民工的诉求表达方式与传统方式不同,受新媒体等影响,他们更偏向于通过电脑和手机等新媒介。因此,相关政府部门应运用现代化信息技术,拓宽返乡创业诉求表达通道,如开发App、小程序等诉求平台,方便新生代农民工就地就近表达返乡创业诉求和获取解决方案。政府部门则可以通过平台及时发现返乡创业中普遍性、倾向性、趋势性的问题,有针对性地提出解决方案。同时,相关管理部门还可以在政府设立的相关平台上链接返乡创业企业或成功企业的网站,方便新生代农民工创业者查找相关信息、解决实际问题,从而提高创业质量。

第二,丰富返乡创业资源获取路径,充分发挥资源获取的中介效应。从创业者层面来说,新生代农民工应通过亲缘、地缘、平台等不断拓宽社会关系网络,如主动参加社区活动、政府部门活动等,扩充社会关系资源,并将其运用于返乡创业行为中。同时,新生代农民工要与时俱进,融入智能时代,学会利用互联网平台获取各类资源,提升信息获取能力。从政府层面来说,首先,地方政府机构可以为新生代农民工返乡创业项目设立专项基金,对示范作用突出的、具有发展前景的、效益显著的返乡创业项目给予资金支持。其次,金融机构可以推出新农村金融产品,对新生代农民工给予融资支持,适当放宽贷款额度、还款时间,降低新申请银行贷款的融资担保费率或免收担保费等。最后,基层政府组织应完善返乡创业教育培训体系和政策宣传制度,提高新生代农民工创业能力和政策资源的获取能力。

第三,创新返乡创业宣传工作手段,充分发挥创业氛围的调节作用。首先,县级政府部门可创建"新生代农民工返乡创业"的宣传专栏,引起大众对新生代农民工返乡创业的广泛关注;积极引导大众对"新生代农民工返乡创业"这一话题进行讨论,从舆论导向上崇尚新生代农民工返乡创业。其次,乡镇政府部门可以组织返乡创业交流会,邀请当地成功的返乡创业者介绍创业事迹、分享成功经验。通过交流会燃起新生代农民工的返乡创业激情,发挥榜样效应,激励更多的潜在返乡创业者敢于创业、乐于创业。最后,村委会可以让文化专管员们改编当地成功返乡创业事迹,以节目或故事集等悦目娱心的形式展现给当地村民,激发当地村民的荣誉感,鼓舞具有返乡创业意愿的新生代农民工实施返乡创业行为,从社会宣传上激励新生代农民工返乡创业。

6 新生代农民工个人特质对返乡创业行为的影响

6.1 理论基础与文献综述

6.1.1 相关理论基础

（1）三元交互理论

三元交互理论是社会认知理论的核心部分。三元交互理论是Bandura(1986)在著作《思想和行为的社会基础》中提出的,他认为,人的心理活动是由个体认知、环境和行为三者共同作用的,三者之间相互协调依赖,并且个体认知、环境和行为相互影响的程度是不确定的,三者成为主导性因素的可能性是任意的,永远保持平衡的动态,具体如图6-1所示。该理论认为,人的行为是多种影响因素作用的产物,包括人的因素、外部因素、家庭因素等,其中这三者之间的交互关系有三方面表现:一是个体认知和行为之间的关系。个体行为会受到意愿、态度等认知因素的影响,反过来最终行为会能动影响认知和改变认知体系。在实际的创业活动中,新生代农民工自身特质对态度的影响,会影响返乡创业行为。同时,个体在准备创业过程中的行为会影响自身对创业的意愿、态度。二是行为与环境的关系。个体的行为同时受到自身条件和环境条件的制约,需要调整自身与环境的关系,以此来满足个

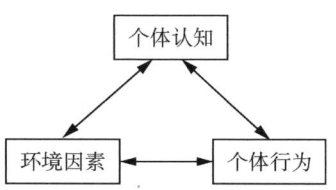

图6-1 三元交互理论模型

资料来源:根据Bandura(1986)绘制。

体行为需求。在实际创业活动中,创业行为会受到外部环境因素和个体条件的双重影响。三是环境和认知之间的关系。社会环境会影响个体认知与行为发生,而认知所形成的行为倾向会促使环境发生改变。在创业活动中,好的政策环境会激发个体的创业倾向,甚至对他人创业认知行为产生影响,而在提高创业认知之后,反过来帮助个体去运用好政策,从而降低创业难度。该理论在创业领域已经被广泛认可,Bird(1988)将该理论应用于创业意向与创业行为的影响研究。

因此,本书在个体、行为、环境多重视角下,以新生代返乡农民工为研究对象,从个体内部因素和外部环境角度,建立影响返乡创业行为的研究模型,运用结构方程模型、多元回归模型等研究方法,寻找影响路径,为提高新生代农民工返乡创业比例和政府颁布政策提供理论依据。

(2)人格特质理论

Gordon W. Allport是首位被众多学者认可的研究人格的心理学家,他对特质的概念进行研究,形成了一套自有的特质理论。Allport人格特质理论认为,个体人格特质可以预测其行为,并且强调特质是对人格的一种描述。特质可以分为共同特质和个人特质,其中共同特质是多数群体基本都具有的相同特质,而个人特质是仅个体拥有的某些特质,包括首要特质、中心特质和次要特质。首要特质以典型和概括为主要特征,它可以判断个体的基本个性,对个体行为产生重要影响。中心特质的重要性不及首要特质,但是它能体现个体的独特性。而次要特质的发挥具有限制性,需要在一定情境条件下才能体现。Allport指出,三种不同的特质共同构成了个人特质。

此外,相关理论还包括计划行为理论,见第2章基础理论部分。计划行为理论在提出之后,应用于创业行为、购买行为等其他领域,同时基本通过了验证,对意愿和行为都有良好的解释力度。因此,将计划行为理论运用于新生代农民工返乡创业中,行为态度、主观规范和感知行为控制在一定程度上都会对他们的创业意愿产生重要影响。新生代农民工对返乡创业的态度越消极,那么他们的创业意愿就会越低;对开展创业行为的主观规范性越负向,创业意愿就越低;当新生代农民工对感知创业成功行为的控制力越弱,则返乡创业行为意愿就越差。总而言之,三者之间是相辅相成的关系。

6.1.2 文献综述

(1) 个人特质

① 个人特质内涵

个人特质来源于人格特质,20世纪70年代开始被引入创业领域作为一个单独的研究变量。一般来说,对新生代农民工研究较多的是年龄、性别等人口学变量特质,而从心理学和其他角度研究较少。国内外学者对个人特质的定义看法不一,主要包括以下两种主流观点:一是从心理学特征视角来研究创业者个人特质,如创业者在活动中所展现的心理行为特征,其中最具有代表性的是美国著名心理学家McClelland的研究。McClelland认为,个人特质是个体难以测量的特性,相对比较稳定,并且后天难以形成,却影响人的表现。他提出的成就动机理论所涉及的成就需要,是一种在创业活动中通过不断努力实现自我价值的特质。Robertson等(1991)认为,个人特质是人格的基础,是一种以个人心理特征为基础的稳定性格特征,也是一种品质论,即性格心理品质方面的综合,对创业行为持续化有重要意义。二是从组织行为学视角(创业者行为规律)来看,创业者特质是一种对创业行为和创业活动有重要影响的能力,更倾向于受到后天努力、学习、环境所影响而形成的特征,包括创业团队、创业经验、社会资本、家庭背景等。创业者个人特质是一种促进创业活动的素质特征和能力。赵观兵等(2010)认为,创业者特质是一种支配创业行为的能力,有利于创业者的决策。基于奥尔波特理论,闫华飞和胡蓓(2011)指出,创业者个人特质是一种以人格为基础的、能够支配创业者活动和行为的能力。综上所述,本书从心理学角度研究新生代农民工个人特质内涵,包括多个维度的内容,如动机、态度、信念等,它是遗传和环境共同作用的结果,是影响返乡创业行为的一种相对稳定的心理特征。

② 个人特质测量维度

学者们在界定个人特质概念时从多个维度进行描述,并且所划分的维度各有不同,具体如表6-1所示。Rosique-Blasco 等(2018)认为,创业者特质包含创新性、冒险性、主动性三个维度。根据 Munir 等(2019)的研究,个人特质可以划分为三类:承担风险能力、内部控制源、主动性。Ndofirepi(2020)认为,创业者特质应该从风险承担、内控特质和成就需要三个维度考虑,以探究其对创业教育与创业目标关系之间的影响。国内学者对创业者的特质有着不同的看法,郭天蔚等(2014)提出从神经质、外向性、开放性、宜人性、责任感五个方面衡量农民工的个人特质,以更好地理解和指导创业者的行为。根据仲伟仡和芦春荣(2014)的研究,创业者的个性特质可以分为内控特质、成就需要、不确定容忍度和警觉性等。田毕飞和张斌斌(2014)在研究中,运用多元和二元 Logit 回归,利用264份有效调查样本,从模糊容忍度、创新能力、风险承受、内控制源、成就需求和自我效能感等方面对个人特质进行深入探究,并且比较了国内创业者与美国创业者的异同点。宋时磊和史宇轩(2016)以广东省农民工为研究对象,从外倾性、宜人性、尽责性、神经质、开放性五个维度测量人格特质。

表6-1 创业者个人特质维度

作者	具体维度划分
Rosique-Blasco 等(2018)	创新性、冒险性、主动性
Munir 等(2019)	承担风险能力、内部控制源、主动性
Ndofirepi(2020)	风险承担、内控特质、成就需要
郭天蔚等(2014)	神经质、外向性、开放性、宜人性、责任感
仲伟仡和芦春荣(2014)	内控特质、成就需要、不确定容忍度、警觉性等
田毕飞和张斌斌(2014)	模糊容忍度、创新能力、风险承受、内控制源、成就需求、自我效能感等
宋时磊和史宇轩(2016)	外倾性、宜人性、尽责性、神经质、开放性

资料来源:根据相关文献整理。

由表6-1可知,学者们对创业者个人特质维度的划分有所不同,但是一些学者划分个人特质的维度过于细致,涉及影响创业行为的多种个体因素,因而难以聚焦于某一特定的问题研究。此外,还有一些学者研究聚焦于单一维度或两个维度，导致研究内容缺乏关键信息。

综上所述，可以发现学者们多从风险承担性、内控特质、成就需要、创新性、模糊容忍度等维度展开个人特质的研究。结合本书研究对象的特点，与老一代农民工相比，新生代农民工在设定职业目标时更考虑成就价值感、更敢于面对风险、更自信，因此参考众多权威期刊，本书选择认可度较高的三个维度，对新生代农民工返乡创业行为展开系统研究，这三个维度包括成就需要、内控特质和风险承担。

③ 个人特质相关研究

在已有相关研究中，学者们主要从创业者个人特质的前因变量和结果变量进行区分。

一是创业者个人特质的前因变量。已有的对个人特质影响因素的研究多集中在内部因素和外部因素上。内部因素涉及个体的年龄、婚恋情况、教育、性别等，而外部因素则涉及政府、社会、学校和家庭等多个层面。根据闫华飞和胡蓓（2011）的研究，创业者的创新精神、风险偏好、成就需求以及内部控制源等五个方面都受到产业集群工作环境条件、服务与政策环境、市场环境、资源环境、文化环境和创业氛围等方面的重要影响。陈文娟（2015）认为，成就事业、风险承担、生存需求等个人特质会受到周边创业成功人士和创业教育因素的影响。

二是个人特质的结果变量。从结果变量来看，通过对学者关于特质相关的文献资料进行梳理总结，发现学者们对于创业者特质与创业领域研究较多的变量集中于创业意愿、返乡创业行为、创业倾向、创业绩效等。

Reissová等（2020）以三个国家的经济学专业学生为研究对象，使用分类树法研究发现个人特质尤其是接受风险的能力对创业意愿有重要影响。王季和李倩（2017）通过对大学生的调研，研究发现创业者特质和创业意愿呈正相关关系。钱永红（2007）通过研究创业者个人特质与创业意向的关系，得出结论：个人的成就需求越高，创业意愿越高；个人承担风险性越强，那么其创业意愿越强；个人的自控能力越强，其创业意愿越强，反之亦然。王亚欣等（2020）基于交互决定论，构建返乡农民工创业意愿的影响因素模型，发现作为因素之一的个人特征对返乡创业意愿有显著的影响。

Van Ness 和 Seifert(2016)认为,个人特征包括尽责性、情绪稳定性、工作中心性、自力更生等对创业倾向有正相关影响。根据高静等(2014)的研究,青年大学生群体的创新偏好深受诸多要素的限制,其中创业者特质是最重要的。因此,高校应该努力培养他们的创业特质,为他们提供良好的校内创业环境,引导他们正确认识创新创业,并促使他们将创业计划转化为创业的实际行动。侯飞(2014)从创业动机角度出发,基于创业认知理论,发现创业者特质与创业倾向显著正相关,且能通过创业动机和创业自我效能感这两条中介路径实现。

Shane 和 Nicolaou(2013)指出,个人特质对创业绩效有实质性影响,包括经验开放性、宜人性和外向性,其中经验开放性是提高绩效的最好选择。喻登科等(2017)以 2013—2015 年的 257 家上市公司为样本,研究个人特质对创业绩效的影响机制,证实特质是企业竞争优势的重要源泉,应重视培育特质,以提高绩效。因此,个人特质是影响企业创业成功的关键因素,不同特质的企业家会采用不同的资源整合策略,提高新创企业绩效,需要通过培育企业家的特质来提高企业绩效。

Cai(2021)采用最小二乘结构方程模型,探讨黑暗人格对返乡创业行为的影响,结果显示,个人特质对返乡创业行为有显著的正向影响。胡俊波(2014)通过 Logit 模型论证影响返乡创业行为的因素,其中个人特质对返乡创业行为有显著影响。吴小立(2016)在回顾已有研究成果时发现个体特质与农民创业行为的关系,研究表明,农民的创业特质会直接影响他们的创业行为。丁俊华和耿明斋(2023)以乡村振兴为背景,研究农民工返乡创业的影响因素,发现农民工个人特征对农民工返乡创业质量有重要影响。

综上所述,目前一般个人特质研究较多,本书以新生代农民工为主体,结合其群体特征和个人特质,从成就需要、风险承担和内控特质这三个维度去进行探讨其对返乡创业行为的影响。

(2)创业意愿

① 创业意愿内涵

意愿这个词来源于心理学,它能够通过动机因素去预测个体把行为计划转化为现实的努力。后来创业意愿被应用于创业领域，也成为备受关注的主题。从创建新企业角度，Bird（1998）指出，创业意愿是个人思维和行动作用于创业行为的一种心理状态，在这种状态下，创业者会将关注点转移在特定的目标上，即建立新企业或者创造新的企业价值，通过目标推动创业者去实践一系列创业活动，为新企业或者新价值设定创业方向。吴凌菲（2008）认为，创业意愿是一种过程，这个过程包括三方面：一是有创业环境、采取的行动和创业者本身三要素。二是创业意愿的强烈程度。三是要素之间相互作用。简丹丹等（2010）认为，创业意愿是创业过程中的中间环节，是一种在对潜在创业者的自身因素和外在因素的评估中形成的一种主观心理，是创业行为前期的心理过程。总结上述不同学者的观点，创业意愿来源于心理学的行为意愿，我们可以从心理学角度将返乡创业意愿定义为：创业意愿是一种有意识的心理状态，也是促进个体形成返乡创业行为的过程。

② 创业意愿的测量维度

对创业意愿的测量，学者们有不同的观点，有单维度和多维度两种测度方式。部分国外学者采用单维度测量，如 Wilson 等（2007）采用"是否对创业感兴趣"单题项和李克特五点量表来衡量创业意愿，他们根据选项结果，按照意愿程度将其划分为"想创业"与"不想创业"两类进行分析。但是，单维度单题项过于简单，信度和效度不准确，后续又有学者运用单维度多题项。Thompson（2009）通过增加 6 个题项去测量创业意愿，采用李克特六点量表去测量"在未来创办企业""积累资金去建立企业""在学习创业知识花费很多时间""没有打算创业""只看与非创业相关书籍"等问题。Linan 和 Chen（2009）以计划行为理论为基础，采用多个国家样本，开发了具有 6 个题项的创业意愿问卷（entrepreneurial intention questionnaire，简称 EIQ），题项有"我有坚定的想法去创建一个新公司"等。国内单维度创业意愿研究有：张思阳等（2020）用"我时常有返乡创业意愿""返乡开办事业是我一直考虑的事情""返乡创业对我非常重要"等 3 个题项测量返乡创业意愿。王辉和朱健（2021）用"您的返乡创业意愿强度"来测量返乡创业意愿。李海波和毛现桩（2021）用题项"是否有返乡创业的意愿",通过赋值为 1 和 0 来进行分类。

另外,还有一些学者从多维度去测量创业意愿。例如,Ajzen(1991)把创业意愿划分为三个维度,包括感知行为控制、主观规范、行为态度。Mateja Drnovsek 和 Truls Erikson(2005)将创业意愿定义为态度、社会规范、自我效能、目标水平维度四个方面。具体测量维度如表 6-2 所示。

表 6-2　国外创业意愿维度划分

研究者	维度
Ajzen(1991)	感知行为控制、主观规范、行为态度
Mateja Drnovsek 和 Truls Erikson(2005)	态度、社会规范、自我效能、目标水平
Lumpkin(1996)	自主、革新、风险、积极、竞争进取
Krueger(2000)	察觉到的希求性、察觉到的可行性、突发因素

资料来源:根据相关文献整理。

国内众多学者也对创业意愿做了多维度测量。范巍和王重鸣(2006)用李克特量表衡量创业意图,量表具有良好的信度。他们认为,可以从希求性和可行性两个方面来考量创业意愿。希求性包括自我尊重、成就导向、创新导向,可行性则取决于责任意识和个人控制。刘海鹰(2010)则以西方成熟问卷为基础,采用李克特 5 分制填答创业意向问卷,从创业倾向、创业准备、责任创业、财富创业、困难感知等维度对大学生的创业意愿进行粗略的测量。薛永基和翟详(2012)基于福建、江西四县的样本数据,把创业意愿划分为创业可能性和创业倾向,研究其对新生代农民工返乡创业意向的影响。具体测量维度如表 6-3 所示。

表 6-3　国内学者创业意愿的维度划分

研究者	维度
刘海鹰(2010)	创业倾向、创业准备、责任创业、财富创业、困难感知
范巍和王重鸣(2006)	创业希求性和创业可行性
薛永基和翟详(2012)	创业可能性和创业倾向

资料来源:由相关文献整理。

综合国内外研究学者的相关创业意愿测量方法,发现创业意愿不能仅仅从"是否创业"题项去衡量,应该更加侧重创业意愿的程度考量。综上所述,单一维度多题项的李克特量表使用较为广泛。参考权威期刊,结合新生代农民工这个特殊对象,本书采用 Liñán 和 Chen(2009)、张思阳等(2020)开发的量表来测量新生代农民工返乡创业意愿。

③ 创业意愿的影响因素相关研究

国内外学者对创业意愿影响因素的研究主要集中在以下两个方面:

一方面是内部因素。第一,个体因素。Krasniqi 等(2019)以返乡出国务工人员为研究对象,探讨年龄、性别、教育、移民时间、家庭规模等个体背景因素对创业意愿的影响。张若瑾等(2017)根据四川省的调查数据,以性别、学历、务农时间、土地面积等为主要因素,探讨其对农民工返乡创业意愿的影响。此外,王辉和朱健(2021)通过问卷调查进一步证实,人力资本对农民工返乡创业意愿产生显著的正向影响,进一步丰富了我国农民工返乡创业意向的理论研究。第二,认知视角。相关研究主要基于计划行为理论展开。Ajzen(1991)发现,具有需要、价值观、信念等相关认知要素且始终坚信自己能在未来创建新企业,而且会提前按照计划去实施创业活动的农民工创业意愿更强,因此得出认知要素能显著影响创业意愿。熊智伟和王征兵(2012)基于计划行为理论,分析创业态度风险感知等心理特征对农民工返乡创业意愿的影响。

另一方面是外部环境。环境因素对创业意愿具有重要的影响。Boyd(1994)从宏观环境角度进行分析,证实经济、政治、文化等宏观环境对创业意愿会产生影响。英国伦敦和美国百森两大商学院发起成立的研究项目 GEM 指出,创业环境对创业意愿产生显著影响,其中,创业环境由政府政策、金融支持等9个维度组成。以创业氛围为例,很多学者发现,对于个体身边的亲戚朋友是否有创业经验,个体的创业意愿未受直接影响,而创业氛围的影响程度高于学历,不同学历的人创业意愿并没有显著差别,而有工作经验的人创业意愿更强。研究表明,拥有创业经验的人更有可能在政策环境有利的情况下再次创业。朱红根等(2010)通过问卷调查发现,政策对农民工返乡创业意愿有着重要的作用,且支持的力量越大,务工人员返乡创业的意愿也会越强烈,两者具有正相关关系。朱红根和康兰媛(2013)认为,农村地区良好的政策环境和金融支持能减少交易成本,提升创业意愿,如创业教育和培训有利于激发人们创业活动的能力,促进个体创业价值的实现。刘溢海和来晓东(2016)认为,政策环境对农民工返乡创业意愿有重要影响,创业政策的优惠对农民工返乡创业具有保障作用,能够在很大程度上激发返乡创业意愿。陈政等(2022)基于703个农民工家庭的问卷调查,探讨了创业环境、资源禀赋、地区差异等外部环境对农民工返乡创业的驱动作用。

(3) 返乡创业行为

① 返乡创业行为内涵

不同的学者对创业有着不同的理解。Hisrich(1986)指出,创业是一个创造价值的过程,它需要自身能力去发现和识别机遇,并通过创新来满足需求,从而实现自身的发展。国内学者对创业也有不同的定义。李志能等(2000)认为,创业就是在市场中不断识别机会,进行实践,并且创造新的公司、新的产品和提供劳务,实现产品、服务等增值的过程。第2章已经从"结果论""过程论"和"综合论"三个方面进行论述,本部分将在前述的基础上进一步说明。

国内外研究者对于返乡创业行为的定义也有所不同。Gartner等(1999)认为,创业行为是创业者实施相关机会开发行动来建立新企业的过程,不包括维持或者变革已有组织的经营行为。Sternberg等(2005)从狭义和广义两个角度去定义创业:从广义角度讲,创业行为是个体参与建立企业的过程,无论个体是否是企业的法定代表人,都认为产生了创业行为,可以概述为寻求和把握经济发展中存在的商业机会;从狭义角度讲,创业行为就是个体在实际中建立或者经营企业并且承担风险和收益的行为。根据Lazear(2005)的观点,创业行为是一个复杂的过程,是创业者以特定理念进行新产品的研发或者旧产品的改造过程,它涉及多个方面,包括人力资源的配置、资本的运用和信息的加工处理。国内学者对创业行为也没有统一的定义。张玉利(2003)认为,广义的创业行为包括对机会的感知、资源的整合、新建的企业持续存在和新企业的发展,具体见图 2-1。杨俊(2005)认为,创业行为由三个关键任务组成,包括感知评价创业机会、整合资源创立新企业、谋求新企业发展,创业者完成这三项任务的绩效决定着新创企业的成败。蔡莉和黄贤凤(2016)指出,创业行为是一种复杂的集合,包含创业的认知、机遇判别、精准的机会识别、行为结果解释等综合体现。依据第 2 章的论述与上述说明,本部分将从创业的狭义角度对返乡创业行为进行分析,将其定义为创业者在外务工半年以上,积累相关经验、资本等,返乡后进行初始创业的过程,即个体投入时间、精力、资金去进行资源收集、信息的积累、网络的搭建、市场机会的识别等,最终开展创办企业、发展服务业、个体经营等一系列创业行为。

② 返乡创业行为的测量维度

学者 Vesper(1997)对创业行为展开研究,认为创业活动开展包括个体、创业机会、创业环境、创业带来的风险和报酬。Timmons(1999)认为,创业行为包括创业机会、资源、团队,只有完成这三个方面,计划行为才能变成真正的创业行为,获得最后的创业成功。Edelman 等(2016)通过二分变量来测量创业行为,题项包括"你想出来的第一个商业创意项目"等。何淑贞和龚英翔(2022)通过对过去一年在返乡创业活动中的时间、精力和资金数量等角度进行测量,以评价创业行为。上述研究表明,国内外学者对创业行为的测量内容未达成共识,创业行为是一个复杂的研究,测量方式也会因研究内容不同而有所差异,而返乡创业行为是基于创业行为进行研究测量的。本书借鉴 Farmer(2011)、刘宇娜和张秀娥(2018)等学者的量表,从投入时间精力、搭建创业所需要的社会网络、申请纳税人识别号等角度测量返乡创业行为。

③ 返乡创业行为的影响因素研究

基于已有文献,国内外对创业行为的影响因素研究主要有内部因素、外部因素、综合因素。

第一,内部因素。Krueger(2000)建立了一个创业意愿形成模型,以深入探究创业者的创业行为发生过程,为学者的后续研究提供了一个理论依据,从而更好地理解其创业发生过程。祝振兵和许晟(2022)通过对

9个省499份创业者调查数据进行分析,运用OLS回归模型和"能力—动机—机会"(AMO)框架模型,研究了创业能力和创业机会对农民工创业行为的协同影响。赵富强等(2022)基于计划行为理论构建模型,通过303份创业者的问卷,证实创业警觉对创业行为的影响机制和边界条件,发现创业者重视对创业机会的高度警惕性,才能更好地实施创业活动。张梁梁和李世强(2022)通过中国劳动力动态调查数据,研究发现在外务工经历对农民工返乡自主创业有显著影响,他们更多关注自身要素情况。

第二,外部因素。Edelman和Renko(2010)基于社会认知观点,通过利用新生企业家的纵向数据,指出客观环境条件在创业过程中的作用,从而补充创业行为的实践和教育意义。陈文超等(2014)指出,政策的优惠会促进农民工返乡创业,政府提供的优惠程度越大,越容易刺激农民工返乡创业。根据童星和孙思(2016)的研究结果,返乡农民工对政策支持的综合认知和效用满意度都通过了显著性检验,这表明,他们对政策越满意,就越有可能实施返乡创业行为。甘宇和李伟(2022)认为,创业榜样能提高农民工返乡创业的积极性,成功创业者对农民工返乡创业行为具有引领和示范作用。

第三,综合因素。综合因素包括宏观因素、微观因素。张秀娥等(2013)应用TPB理论,分析促进新生代农民工返乡创业行为的影响因素(图6-2),最后发现个人能力、家庭氛围、创业资源等都影响返乡创业行为。基于蒂蒙斯创业模型,张玉利和杨俊(2003)构建了一种新的理论模型(图6-3),将机会感知、资源团队和资源获取归为内部因素,而个人特质、文化环境和经济环境则归为外部因素,从而揭示了创业行为的综合作用机制。

由上述文献可知,创业影响因素较多,但返乡创业是一个复杂的过程,已有文献多从宏观和单一角度探讨返乡创业行为。新生代返乡农民工作为一个特殊的群体,存在缺乏专业知识和系统的经营管理方式、资金匮乏和融资困难等问题。相较于其他创业群体,新生代返乡农民工开展创业活动的可能性更小。因此,本书从微观角度出发了解各因素如何

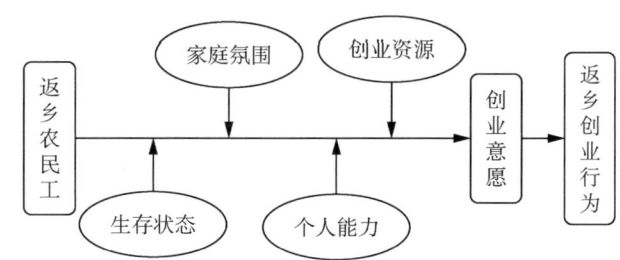

图 6-2 促进新生代农民工返乡创业行为理论模型
资料来源:根据张秀娥等(2013)的研究绘制。

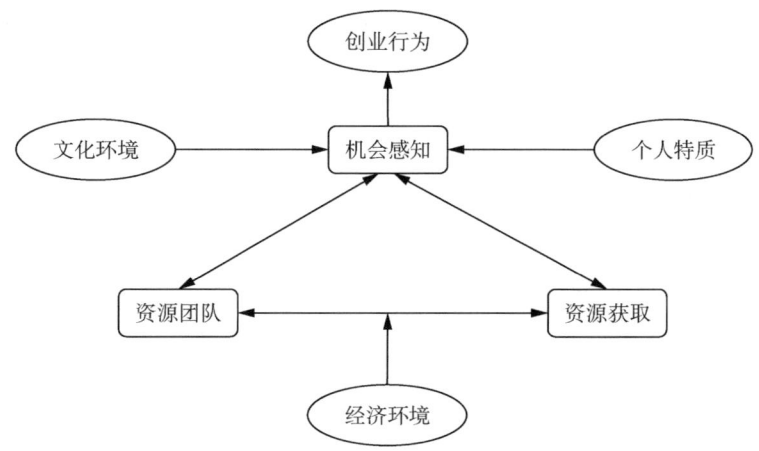

图 6-3 创业行为的概念理论模型
资料来源:参考张玉利和杨俊(2003)的研究绘制。

影响返乡创业,从而更有效地指导新生代农民工返乡创业行为。

(4)创业政策支持

① 创业政策支持内涵

20世纪中期,创业政策开始受到关注,并被视为创业环境的一个重要维度。然而,直到20世纪90年代,创业政策才开始独立于创业环境,成为一个研究分支。Lois Stevenson 和 Anders Lundstrom(2001)认为,创业政策的内容包括创业技能、创业动力和创业机会三个方面,这三个方面构成了创业政策的基础,也是创业成功的关键因素。它们的协同作用有助于提升创业者的创新意识,从而有效提升其创业能力,并为他们进入创业准备阶段提供有力的支持。他们从两个不同的角度进行创业政策分析,广义的政府政策就是营造良好的创业政策环境,而创业则可定义为建立新的企业。Hett(2003)认为,创业政策的范围较广,可以从创业和政策去理解,创业政策是从政策上协助创业活动顺利开展的一系列因素。创业政策的目的就是为企业家们从事创业活动创造良好的创业氛围和环境。

国内学者对创业政策的内涵进行深入研究。陈成文和孙淇庭(2009)认为,创业政策的核心是激励个体创业,而政府的支持则是其中最重要的因素,它在创业的早期、中期和后期都发挥着不可替代的作用。田力和徐一平(2013)认为,创业政策是由国家机关提出,是对创业活动所规定的一系列准则。综上所述,政府通过制定创业政策支持个体去创业,以提高地区经济和创业活动水平,这些政策措施旨在鼓励个体从事创业行为,为个人创业带来良好的创业环境、机会和平台,并通过引导、优惠、扶助和保护等措施来促进他们创业。

② 创业政策支持相关研究

国外研究学者在创业政策支持与创业方面做了很多研究,笔者通过梳理创业政策与创业的文献,发现研究主要集中在创业政策体系和创业政策与其他变量之间的关系方面。

一是创业政策的结果变量影响,包括创业意愿、返乡创业行为、创业绩效的影响。根据Blanchflower(2000)的研究,优惠的财税政策可以激励有创业意愿的人去尝试创业,从而提高创业成功率。Fonseca和Abetti(2001)指出,政策对创业者的动机和返乡创业行为有重要影响,而且不同国家实施的政策会影响创业者的创业成本,在创业成本更高的国家,政策的限制性更加明显。黄迈等(2016)从金融、产品、公共服务等方面构建农民工返乡创业政策体系,促进农民工返乡。张若瑾(2018)通过构建动态博弈模型,并采用双边界询价法,发现创业补贴和创业贷款政策对于激励回流农民工创业具有重要作用。赵峰和王轶(2022)认为,政府通过税收优惠、场地支持、资金贷款等相关扶持政策,对促进农民工参与返乡创业行为的积极性有提升作用。

二是关于创业政策体系,包括政策体系的指标构建、政策的效果评价等。Storey和Tether(1998)认为,可以从税收优惠、创业培训、金融扶持等方面研究政策体系对创立企业的作用,结果表明,政策体系对其具有推动作用。Lim等(2010)认为,政策对返乡创业是有效的,尤其是对创业者作出决策有重要影响,政策环境越好,越有利于促进创业的发展。黄聿舟等(2019)在梳理前人研究的基础上,提出针对企业的创业支持政策可以分为直接支持和间接支持,直接政策包括金融支持政策、项目资助、融资渠道、税收减免、税收优惠、创业培训等;而间接政策主要是环境性政策,目的是为创业者营造良好的创业氛围,提供相关的市场、信息交流平台等。侯俊华和彭珍(2022)以全国的创业政策为研究对象,利用政策进行文本分析,对当前创业政策效果进行评价,最后找出政策的不足,提出完善国家创业支持政策是推动创业持续发展和拉动经济发展的重要动力。王轶和陆晨云(2022)探讨财政扶持创业政策支持与返乡创业活动之间的关系,从政府补贴政策、税收优惠政策、政策性担保政策、用地支持政策角度去分析创业政策支持对创业活动的影响。本书参考权威专家的文献,并结合研究对象,借鉴许成磊(2022)、朱红根(2013)的量表对返乡创业政策支持进行研究。

(5)研究评述

综上所述,已有文献关于个人特质、创业意愿、返乡创业行为、创业政策支持等相关概念和研究框架,为本书提供了借鉴,但是仍然存在以下几方面的内容有待补充。

关于个人特质的综述,国内外学者对其含义的界定、维度的划分都做了较多的研究。相较而言,对于个人特质在创业领域的研究上,国外的研究内容更加丰富和成熟。以往对老一代农民工的个人特质的研究多数从社会学角度或者心理学角度来描述,从个人特质多维度对新生代农民工返乡创业行为的影响研究成果较少,其探讨更具有意义。

关于创业意愿,国内外学者对其做了很丰富的研究,主要集中在影响因素、维度测量、相关理论研究拓展等方面。已有研究证实,返乡创业意愿能够在一定程度上预测返乡创业行为,但将其作为中介变量和从心理学角度研究较少。

关于创业政策支持,当前创业政策支持的研究丰富,多数从政策评价、政策的直接影响进行研究,但是侧重新生代农民工返乡政策,且做调节变量的研究比较少。本书从不同的返乡创业政策内容去分析其对新生代农民工返乡创业行为与个人特质关系的影响。

近年来,创业行为在学术界引起了较大的关注,尤其是针对返乡创业行为,学者着重探讨了影响返乡创业行为的内部、外部和综合因素,以期更好地理解返乡创业的本质及其可能带来的影响,但是聚焦某类微观群体的创业行为影响因素的研究较少。因此,本书将试图探讨新生代农民工个人特质、返乡创业政策对返乡创业行为的影响。

在研究主体上,关于新生代农民工返乡创业的研究不多,且在以往研究中主要是针对一般创业行为以及影响因素进行分析,而较少对新生代农民工返乡创业的变量关系进行研究;从返乡创业行为影响因素来看,对创业意愿较为关注,对个人特质和返乡创业政策支持关注较少;从研究模型来看,个人特质对创业意愿、返乡创业行为的影响研究较多,但是对"个人特质—创业意愿—返乡创业行为"研究较少。

因此,本书选择以新生代农民工返乡创业者为研究对象,将他们的个人特质作为解释变量,并通过检验个人特质与创业政策、创业意愿与返乡创业行为关系的情境因素,探讨几种不同的个人特质对新生代农民工返乡创业行为的影响机制。通过研究,旨在更好地理解新生代农民工这个特殊群体的个人特质和创业意愿对返乡创业行为的影响,从而丰富新生代农民工返乡创业行为的相关研究。

6.2 研究假设与理论模型

6.2.1 研究假设

(1)新生代农民工个人特质与返乡创业行为

人格特质理论认为,个人特质具有独特性和稳定性,可以预测个体的行为。独特的个人特质会影响整个创业过程,从最初对创业项目时间的投入到社会网络搭建,再到对创业产品的支持等,不同的个人特质对创业过程的每个环节影响程度不同,导致结果也不尽相同。Gartner

(1985)提出了一种新的方法来描述创业过程,它将个人、环境和组织结合起来,并考虑到创业者的成就需求、内控特质和风险承担性等因素对创业的影响。崔海兴(2015)认为,农民工的个体心理性格特质是其选择回乡创业的关键要素。创业者拥有的个人特质使他们可以更好地识别机遇,并且在面对挑战时积极寻求解决方案,从而促进返乡创业行为的发展,这些特点使得他们比非创业人更容易成功。基于前文的特质综述,新生代农民工具有受教育程度较高、更容易接受新鲜事物、更注重自身社会价值感、外出务工经验丰富等特点,这些特点和以往研究较多的成就需要、风险倾向、内控特质的特质维度相契合。因此,我们将从成就需要、风险承担、内控特质三个维度去阐述新生代农民工个人特质与返乡创业行为的关系。

成就需要最初由 Henry Murray 在 1938 年提出,它是创业活动的动机之一。Atkinson 认为,成就需要是一种稳定的人格特征,是一种来源于个体对任务完成的期待。成就需要理论是对成就特质研究的基础,McClelland 认为,高成就需要的人有更大的发展,因为成就需要体现出个人对成就的渴望,新生代农民工相较于老一代农民工,对于精神有更高的追求。拥有高成就需要的个体更容易去设定自己的目标,有更强的责任心,并且比其他人更努力,最终实现预期的目标。也有众多学者证实,成就需要能够促进创业。Johnson(1990)指出,成就需要是创业行为产生的重要因素,对创业行为能产生直接的正向影响,高成就需要的个体更容易产生返乡创业行为。高成就需要的人更容易通过对成功的渴望驱动个人去从事创业活动。因此,创业能满足新生代农民工个体更大需求,成就需要越大,越容易去实施返乡创业行为。

张秀娥和王超(2019)认为,成就需要是一种稳定的个人态度,对个体的各种决策和行为都有重要的影响,同样风险承担性也是影响新生代农民工开展创业活动的因素之一。国外学者 Lumpkin(1996)指出,拥有高风险承担性的人会灵活运用社会网络去获取资源、把握机遇,风险承担能力强的农民工越容易有返乡创业行为,最终实现自己的创业目标。刘唐宇(2010)认为,农民工对待创业风险的态度影响返乡创业行为,且呈负相关关系,非常不害怕风险的返乡农民工比害怕风险的返乡农民工更容易创业。可见,风险态度是一种重要的心理素质。刘鹏程等(2013)研究指出,风险承担对个体是否选择创业在性别和教育上没有显著性影响,但是在创业决策上有显著预测作用,尤其是农民工的风险承担倾向对创业选择决策有重要影响。汪昕宇等(2020)指出,个人特质如风险偏好、过往经验、参与创业共创的主动性对农民工返乡创业行为决策逻辑有影响作用,由此得知,风险承担能力更强的新生代农民工更容易成为创业者。创业活动本身所面临的风险具有不确定性和不可避免性,创业者相较于其他人更愿意承担可估计的、合理的风险,因为个体的承担能力越强,他们面对风险毫无畏惧,面对困难充满自信,面对危机积极主动化危机为机遇,作出别人不敢做的决策。相反,风险承担能力弱的人害怕和畏惧不确定性和风险,对生活工作更愿意维持现状,会更倾向于选择保守型决策。

另外,内控特质也是新生代农民工一个重要的特质,具体表现在对周围事物的控制能力的感受上(Rotter,1954)。相较于老一代农民工,新生代农民工接受的教育程度较高,自信心、知识体系、学习方法等都受到很好的专业训练。因此,内控特质强的新生代农民工会更倾向于选择实施返乡创业行为,并且具有更高的创业者精神。一方面,拥有内控特质的新生代农民工具有很强的目标感和责任感,参与创业活动的可能性越大,因为具备内控特质的人认为创业成功取决于自身的能力和努力,而不是运气和命运。另一方面,拥有内控特质的新生代农民工在创业过程中遇到困难时,他们拥有良好的心态,利用内部资源,整合外部资源,作出最优化应对决策,坚信自己可以解决好问题,情况会不断改善,最终完成企业的创办。

因此,本部分提出以下假设。

假设H1:新生代农民工个人特质对返乡创业行为有正向影响。

假设H1a:新生代农民工成就需要对返乡创业行为有正向影响。

假设H1b:新生代农民工风险承担对返乡创业行为有正向影响。

假设H1c:新生代农民工内控特质对返乡创业行为有正向影响。

(2) 新生代农民工个人特质与创业意愿

创业意愿是创业活动的内生驱动力,也在一定程度上反映了个体对实施返乡创业行为的意愿程度大小。已有研究表明,个人特质对创业意愿具有正向影响。钱永红(2007)认为,个人特质如风险承担、成就动机等是预测创业意愿的重要因素之一。刘海鹰(2010)认为,特质因素对创业意愿有显著影响。而作为新生代农民工,个人特质对他们返乡意愿有重要影响。已有研究者得出结论,个体自身具有的特质和创业者所需要的特质匹配度越高,创业意愿也越高。同时,创业意愿也在一定程度上反映创业者所拥有的特质数量。

成就需要是一种成就动机,是促进个体去实施某项活动的驱动力。王季和李倩(2017)认为,成就需要是对获得成功、实现自我价值的一种主动追求。已有研究通过比较创业者和非创业者的成就需要,发现创业者的成就需要明显高于非创业者,并且创业者为了实现个人价值而积极创业的可能性更大。成就需要是个体在复杂的竞争环境中想取得成绩的一种主观愿望,拥有高成就需要的人更愿意在多变的环境中建立新的企业。Tong等(2011)认为,成就需要较强的个体在困难面前始终保持动力,在处理问题上始终保持高水平能力,有更高的创业意愿。基于成就动机理论和已有研究文献可知,个体成就需要越高,其创业意愿越强,他们为了获得成功,会不断地寻找好的创业途径,积累创业项目所需的人脉资源,以此驱动自身成为创业者。而新生代农民工的工作生活不仅仅是为了满足基本物质需求,更多地倾向于精神需求,他们更愿意通过返乡创业去实现自我价值。

早期经济学家提出,风险承担是影响创业意愿的一个重要因素,已有研究发现风险承担对创业意愿有显著影响。在创业活动过程中,创业者的风险承担能力对创业意愿产生显著影响。吕诚伦(2016)认为,风险态度的不同对农民工返乡创业意愿有显著影响。从已有研究来看,个体的风险承担能力越强,创业意愿也越强。新生代农民工比老一代农民工更能承受风险,高风险承担性的农民工对市场和机会的认知能力较强,在创业过程中敢于探索新方式,也更具有冒险精神,高估创业活动所带来收益,低估创业活动所带来的损失,坚信高风险高收益,越容易实施返乡创业行为。

"内控及外控"理论基于 McClelland 的观点,提出了一种新的内控特质观点,即拥有较高成就需求的人更倾向于控制事情的结果,以达到更好的结果。可见,拥有内控特质的人,创业意愿更高。王季和李倩(2017)通过研究证明,当内控制源水平较高时,绿色创业意愿也具有较高的水平。王细红和刘雯(2022)研究发现,高职学生的内控特质与创业意愿呈显著正相关,建议培养高职学生的个人特质,以提高创业意愿。而与老一代农民工相比,新生代农民工的受教育程度更高,他们的内控性更好,更喜欢可控的生活工作方式,打破常规生活,更能激发他们的创业热情。

因此,本部分提出以下假设。

假设 H2:新生代农民工个人特质对创业意愿有正向影响。

假设 H2a:新生代农民工成就需要对创业意愿有正向影响。

假设 H2b:新生代农民工风险承担对创业意愿有正向影响。

假设 H2c:新生代农民工内控特质对创业意愿有正向影响。

(3) 创业意愿与返乡创业行为

创业意愿是个体想从事创业活动的一种想法。有学者认为,创业意愿是创业活动中的核心要素。一般情况下,个体先有创业意愿,才会有实现创业活动的一系列行为。计划行为理论认为,个体创业行为的产生受个体创业意愿的影响;创业事件模型认为,创业意愿是创业行为的激励因素。基于这两个理论可以得出,当个体有强烈的返乡创业意愿时,他们会为了创业活动投入更多的时间、精力和资源。创业意愿对创业行为的解释力,比个体特征变量和环境变量等更强。Krueger 等(2000)指出,创业机会和资源不能直接转化为创业行为,而创业意愿才是确定创业行动的关键,是理解和预测创业行动的最好变量。Kolvereid 等(2006)对挪威初期创业者进行一项纵向调查,发现创业意图是确定创业行为的重要依据,它能够直接影响创业者的创业决策,从而影响创业者的返乡创业行动。通过探究创业意图,我们能够预测创业者的返乡创业行动。汪昕宇等(2018)认为,创业意愿能够预测创业行为,内外部的激励在一定程度上促使意愿转化为返乡创业行为,创业意愿越强烈,在返乡后越容易转化为实际的创业行为。综上所述,创业意愿是创业行为的前提条件,是人们对是否实行创业活动的一种心理认知和态度倾向。创业意愿越高的个体,越有可能从事创业活动。与老一代农民工相比,新生代农民工的思想更具有创新性,更容易发现创业项目,从而实施返乡创业行为。基于此,本部分提出以下假设。

假设 H3:创业意愿对返乡创业行为有显著影响。

(4)创业意愿在新生代农民工个人特质与返乡创业行为关系间的中介作用

人格特质理论认为,特质能够激发人的意愿和指导人的行为,并使意愿行为表现出一定的一致性,它更多强调特质是一种能够引导个体意愿和行为的心理状态。已有研究发现,创业者个人特质是影响创业意愿产生的重要因素。McClelland(1965)认为,心理驱动力对创业意愿强弱有重要作用,具有高成就需要的创业者愿意去接受挑战性的目标,然后去实施预期目标,会激发更大的创业意愿。Karabulut(2016)认为,内控特质对创业决策起着至关重要的作用。张秀娥和张坤(2018)认为,风险承担性对创业意愿有显著影响,因为创业者在创业过程中面临财务风险和非财务风险。这种多方面风险因素使得个体在创业意愿形成过程中,把风险承担的重要性凸显出来。王细红和刘雯(2022)通过对浙江省3所高职院校进行分析,发现学生内控特质对创业意愿有正向影响。很显然,个人特质在一定程度上促进了创业意愿的产生和形成。创业意愿不仅受到个人特质的影响,同时也对返乡创业行为有影响。

计划行为理论指出,意愿的形成是个人开展实际行为活动的关键要素(Ajzen,1991)。一个人的创业意愿越强烈,越有可能去实施创业活动。汪昕宇等(2020)运用叙事研究揭示返乡农民工创业意愿向创业行为转化的研究机制。祝振兵和许晟(2022)认为,农民创业意愿与创业行为具有一致性,即创业意愿与创业行为呈正相关关系。李文娟和朱春奎(2002)对上海科研创业者进行深入调研,他们发现,创业意愿、市场环境以及其他因素都有助于推动科研人员去创业。因此,不同的研究都证实了返乡创业行为会受到创业意愿的影响,创业意愿也具有导向作用。作为新生代农民工这个特殊群体,他们的返乡创业意愿对返乡创业行为有正向作用,个人特质通过被返乡创业意愿所激发,最终转化为返乡创业行为。创业意愿是新生代农民工个人特质转化为返乡创业行为的重要桥梁。本部分需要检验创业意愿在新生代农民工个人特质与返乡创业行为之间的中介作用,由此提出以下假设。

H4:创业意愿在新生代农民工个人特质与返乡创业行为之间存在中介作用。

H4a:创业意愿在新生代农民工成就需要与返乡创业行为之间存在中介作用。

H4b:创业意愿在新生代农民工风险承担与返乡创业行为之间存在中介作用。

H4c:创业意愿在新生代农民工内控特质与返乡创业行为之间存在中介作用。

(5) 创业政策支持的调节作用

① 创业政策支持对创业意愿与返乡创业行为之间的影响

三元交互理论认为,个体认知、环境和行为相互影响,个体认知与环境能够共同作用于行为,好的创业政策能够促进新生代农民工返乡创业。由于新生代农民工缺乏背景、专业知识等,创业过程更为艰难,获取创新资源、政策信息等方面的能力也较弱,从而导致他们更容易受到资源限制性的影响。国内外相关创业研究显示,创业政策有助于创业初期发展。创业政策支持是一种影响创业的外部政策因素的综合体现。创业是受到政策环境导向的一种行为。返乡创业政策对个体建立新企业有重要影响,政策的支持度决定了返乡创业的参与度。Fonseca等(2001)通过实证分析发现,随着创业成本的增加,个体的创业意愿和行为显著降低,由此可见,创业政策对创业意愿、返乡创业行为有显著影响。朱红根等(2011)在江西省1 145名回乡农民工的调研中,使用二元Logistic模型进行实验数据分析,发现不同政策措施对我国农民工创业意向的直接影响程度存在差异，但总体而言，政策措施对创业的支持力度越大，我国农民工的创业意向就越明显。张立新等（2019）基于返乡农民工调查样本，运用层级回归等多种方法，发现政策支持显著影响创业意愿，提出要优化乡村创业政策环境，以提高返乡创业意愿。

因此，创业政策支持是影响创业意愿向返乡创业行为转化的关键变量。究其原因，新生代农民工在国家政策的驱动下，他们对创业政策支持的认可度，对创业政策解决创业过程中难题的有效性、针对性，对创业政策内容的明确性以及创业政策响应成本的认识不同，都影响他们的返乡创业意愿是否能转化为返乡创业行为。同时，创业政策支持在一定程度上为有创业意愿的人指明目标和创业方向。在创业政策颁布之后，创业者会综合自身的情况和实际出台的相关政策，判断政策对自己创业项目是否有利。在创业政策落实过程中，个体同样也会结合自己可获得的资源和所需要付出的相关成本形成认知。此外，创业个体也能感知政策实施的可行性和获得扶持的成本，进而促进个体创业意愿的转化。当潜在新生代农民工创业者最初有返乡创业意愿时，政府应该发挥引导和促进的作用，以便更好地支持他们，减少返乡创业阻力和成本，从而激发更多的返乡创业行为。因此，政府应该加大政策的支持力度，以促进新生代农民工返乡创业。基于此，本部分提出以下假设。

H5：创业政策支持调节创业意愿转化为返乡创业行为，创业政策支持度越高，创业意愿越容易转化为返乡创业行为。

② 创业政策支持对新生代农民工个人特质与返乡创业行为关系的影响

学者们认为，创业行为意愿不仅受到人格特质的影响，也受到环境的影响。一方面，根据三元交互理论可以得出，个体因素和环境因素能更好地激发个体行为，因此，个人因素与环境因素结合能共同影响个体的行为（Tett等，2003）。而国家创业政策的支持，鼓励农民工返乡创业的观念变化是促进新生代农民工个体特质转化为返乡创业行为的关键。尤其是有高成就需求的人想通过创业去获取更多的经济资源和政治资源,拥有内控特质的个体对自身的认可程度较高,加上创业政策支持,从内外因看有更大概率创业成功。对于高风险承受能力的个体,创业政策支持能间接对冲创业带来的不确定性风险,有利于创业行为的实施。另一方面,有意创业行为的整合模型指出,不仅个人特质会影响返乡创业行为,外部环境因素也是影响个体创业行为的关键变量,如个体感知到的创业政策支持度越高,越能够形成大众创业的氛围,对创业主体起到激励和保障作用。石丹淅和王轶(2021)基于16县1 131名农民工返乡创业的数据,通过单一指标创业质量评测法得出,返乡创业政策对农民工返乡创业行为具有显著作用,农民工对政策了解越多,就越有可能实施返乡创业行为。刘新民等(2022)利用家庭跟踪调查数据,基于特质激发理论,研究发现,创业环境显著促进农民工返乡创业,呈现倒U形关系。由此可知,好的创业政策支持有利于获取更多的有用信息,降低生产成本和创业的风险,优化创业资源配置,从而激励更多有创业意愿和创业特质的新生代农民工参与到返乡创业活动中。

基于此,本部分提出以下假设。

H6:创业政策支持正向调节新生代农民工个人特质与返乡创业行为之间的关系。

H6a:创业政策支持正向调节新生代农民工成就需要与返乡创业行为之间的关系。

H6b:创业政策支持正向调节新生代农民工风险承担与返乡创业行为之间的关系。

H6c:创业政策支持正向调节新生代农民工内控特质与返乡创业行为之间的关系。

6.2.2 理论模型

依据三元交互理论、个人特质理论和计划行为理论,新生代农民工个人特质因素、政策因素可以激发个体创业热情,提高创业意愿,促进他们实施返乡创业行为。基于前文的理论分析,本书探讨创业意愿在新生代农民工个人特质和返乡创业行为之间的中介影响,以及相关返乡创业政策支持在个人特质与返乡创业行为之间、创业意愿与返乡创业行为之间的调节作用,构建创业行为选择理论框架模型(图6-4)。

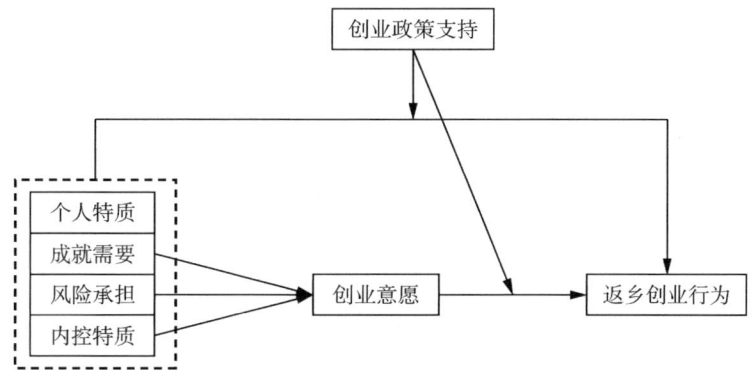

图 6-4　创业行为选择理论框架模型

6.3　研究设计

6.3.1　问卷设计和数据来源

本书主要研究新生代农民工个人特质对返乡创业行为的影响,选择新生代农民工返乡创业者作为研究对象。参考已有研究文献,新生代农民工返乡创业者是指户籍在农村、出生时间在1980年以后、在外出务工经验6个月以上的并且有返乡创业行为的中青年群体。本书设计的量表借鉴成熟的国内外量表(该量表具有较好的信度与效度检验);同时量表结合本书主题进行修改,确保问卷的准确性,最终形成调查问卷。问卷调查的主要内容包括三个方面:一是卷首语,包含调研的目的、对象、调研保密性等。二是调查对象的基本信息,如性别、学历、年龄、月均收入等。三是本书所需要用到的变量,每个核心变量通过至少三个题项进行测量。

本书所采用的数据来自2020年10月至2022年9月,依托经过培训的相关农村籍大学生和课题组全体成员开展的江西省返乡农民工创业调查,问卷调查见附录。江西省作为新生代农民工劳动力流动的大省之一,本书以江西省为例进行调研,探讨新生代农民工个人特质与返乡创业行为的关系,因而具有一定的代表性。在调研期间,农村籍大学生和课题组实地考察了江西省返乡创业示范县、各工业园区、各地乡镇企业,数据来自国家部门发布的返乡创业试点地区和非试点地区,调查范围在江西省内,包括南昌、九江、赣州、吉安等 11 个地级市、32 个县(区)、40 个乡(镇、街道)。发放问卷遵循随机抽样原则,一方面通过当地的创业园区、返乡创业社群、孵化器等进行问卷发放;另一方面通过询问乡村、街道干部获取一部分返乡创业农民工的联系方式和进行企业入户调研。同时将问卷推荐给他们熟知的符合要求的人,共获得问卷 303 份,有效率达到 92.08%。按照上述条件收集之后,再按照相关标准进行筛选得到有效样本 279 份:(1)剔除非新生代农民工返乡创业者,即排除户籍为非农村和务工经验在 6 个月以下的。(2)删除一些存在缺失值和不合理数据的样本,如问卷时间太短或者答案雷同的问卷等。

6.3.2 变量设计与测度

研究变量间关系之前要做好变量测量工作,确定好变量的测量题项。本书的理论模型由四个变量组成,分别是新生代农民工个人特质、创业意愿、返乡创业行为以及创业政策支持。这些变量必须通过问卷量表题项进行量化,以便更加准确地评估它们之间的关系,这是本书的重要前提。

(1)自变量——个人特质(TZ)

本书通过对个人特质文献的大量梳理和总结,从个体的情境因素、环境因素、特质因素等多方面综合考虑,从研究频率最高且相关研究量表比较成熟的三个维度(包括成就需要、风险承担、内控特质)进行测量。本书参考了 Munir(2019)、王细红和刘雯(2022)等学者的研究成果,这些量表已经被广泛验证,具有较高的可靠性和效度。为了更好地反映实际情况,笔者对每个题项采用李克特 7 分量表法,测量调查对象从"完全不同意"到"完全同意"这 7 个选项中勾选答案,并按照"完全不同意"="1"依次排序到"完全同意"="7"进行数据处理。个人特质测量量表共有 11 个题项,如表 6-4 所示。

表 6-4 个人特质测量量表

变量	编号	维度	题项
个人特质（TZ）	CJ1	成就需要	返乡后，我不会满足那些未达到预期结果的事情
	CJ2		虽然别人认为这是不可能的事情，但我仍然会去尝试
	CJ3		我认为返乡后的工作是实现目标的一种方式
	NK1	内控特质	对于自己制订的计划，我会让它们实际生效
	NK2		我在面对关于生活方向等问题时有足够的自控力
	NK3		我相信我的能力决定了我是否能在生活中取得成功
	NK4		我对运气的态度是不相信
	FX1	风险承担	在旅行中，我更喜欢尝试新的路线
	FX2		我愿意用我的钱去冒险，如投资股票
	FX3		我喜欢尝试各种新的事物，如新食物、新地方和新体验
	FX4		我在返乡后的6个月内曾经有过冒险

资料来源：根据相关文献整理。

（2）中介变量——创业意愿（YY）

本书以新生代农民工的创业意愿为中介变量，借鉴 Liñán 和 Chen（2009）的思维度量表，结合江西省新生代农民工的实际情况，通过对他们的职业目标、创办公司打算等方面的测量，设置四个题项来评估他们返乡创业的意愿，如表 6-5 所示。

表 6-5 创业意愿测量量表

变量	编号	题项
创业意愿（YY）	YY1	返乡后，我的职业目标就是成为一个创业者
	YY2	我认真考虑过返乡创业这个问题
	YY3	我有坚定打算，将来返乡创办自己的公司
	YY4	我会尽一切努力返乡并创办我自己的公司

资料来源：根据相关文献整理。

（3）因变量——返乡创业行为（XW）

根据研究理论模型可知，在创业意愿对返乡创业行为的影响研究中，本部分将新生代农民工的返乡创业行为作为因变量。本书认为，返乡创业行为是指新生代农民工个体愿意付出时间与精力去发现创业项目、搭建网络关系、筹集资金等，最终创立新企业的一系列行为动态过程。本书对返乡创业行为题项的设计，借鉴了 Farmer(2011)、刘宇娜和张秀娥(2018)创业行为量表，并结合研究目的，使用 4 个题项来测量新生代农民工的返乡创业行为，如表 6-6 所示。

表 6-6 返乡创业行为测量量表

变量	编号	题项
返乡创业行为（XW）	XW1	返乡后，我已经在一个创业项目上投入大量的时间，如搜索相关信息、筹资等
	XW2	返乡后，我已经搭建好社会网络，并和有业务关系的人谈论过这个创业项目
	XW3	返乡后，我已经确定了创业所提供的产品、服务和市场机会等
	XW4	返乡后，我已经申请了税务识别号码

资料来源：根据相关文献整理。

（4）调节变量——创业政策支持（ZC）

通过对创业政策支持的文献整理，本书将创业政策支持定义如下：为返乡创业农民工在创业过程中提供相关的税收优惠、创业培训、资金帮助等政策，以此促进创业。基于三元交互理论，本书将创业政策支持作为调节变量，创业政策支持量表的测量可以反映他们对国家乡村振兴的创业政策的认可程度。本书参考许成磊等(2021)、朱红根和康兰媛(2013)的相关研究，从税收、资金、培训等方面进行测量，共有 4 个题项，如表 6-7 所示。

表 6-7 创业政策支持测量量表

变量	编号	维度
创业政策支持（ZC）	ZC1	政府制定和实施了办公场所、税收减免等有益于返乡创业的优惠政策
	ZC2	当地政府为返乡农民工提供了重要市场信息
	ZC3	政府常为返乡农民工提供政策咨询、免费培训等帮助
	ZC4	政府经常给予返乡农民工资金资助等方面帮助

资料来源：根据相关文献整理。

（5）控制变量

除了受到创业意愿、个人特质和创业政策的影响，本书根据前人的研究，引入了性别、年龄、学历、月均收入作为控制变量，如表6-8所示。对新生代返乡创业农民工来说，年龄的差异会影响创业者的阅历，对其从事创业活动会有不同程度的影响；在性别方面，性别的不同对创业者的定位目标、风险承受能力、运营管理模式等都存在不同程度的差异，相较于女性，男性的创业意愿更强、返乡创业行为更有行动力；在受教育程度方面，不同教育程度的潜在创业者因为自身所接受的思想不同，对创业的态度也不同；在月均收入方面，个体的经济收入差异导致创业者的眼界、资本、人脉、就业观、创业观、亲朋好友的认可支持度等存在一定的差异，都会影响不同的创业决策。

表6-8 控制变量表

变量	题项
控制变量	被调查者的年龄
	被调查者的性别
	被调查者的受教育程度
	被调查者的月均收入

资料来源：根据相关文献整理。

6.3.3 数据分析方法

在整个研究过程中，对样本数据处理、研究假设验证等，需要用到以下几种数据分析方法。

（1）描述性统计分析

描述性统计分析方法是对样本的基本情况进行描述，目的是了解样本基本信息，它一般可作为假设检验控制变量的基础。本书旨在深入探讨新生代农民工返乡创业者的性别、年龄、学历、月均收入等变量，并对其变化情况进行详细的描述性统计分析，如频率、百分比等。在对基本特征进行分析的基础上，笔者对问卷数据的离散程度、最大值、最小值等进行了解，从而掌握样本分布的整体特征。

（2）信度与效度分析

信度分析也被称为可靠性分析,是一种衡量问卷可靠性和可信度的重要指标,它以测试工具得到的结果的一致性或稳定性为基础,用来反映被测数据的真实性程度。人们通常可以用 Cronbach's α 系数检验法,系数值越大,说明各个题项的内在一致性程度好,它的信度就越好,一般需要达到 0.7 标准值,表明该量表信度良好。此外,信度分析也要考虑项已删除的 Cronbach's α 发生的变化程度,即当项已删除的 Cronbach's α 值与删除之前的 Cronbach's α 值相比整体变化幅度较大,表明其与余下题项之间的一致性较差,则需要考虑对该题项进行修正或删除。

效度是衡量问卷的变量数据的有效性的重要指标,效度检验主要包括内容效度和结构效度的检验,探索性因子分析和验证性因子分析可以用来更准确地评估量表的有效性。通常对收敛效度来说,最小因子载荷应该大于 0.7,而区别效度的 AVE 平方根值大于该变量和别的变量的相关系数,则表明该变量有着较高的结构效度。

（3）相关分析

通过相关分析,我们可以检验各个变量之间的相互关系,可通过比较 Pearson 系数来确定不同变量之间的相互关系。而进行回归分析,是为了解变量间关系的影响方向和相关程度,主要是检查自变量和因变量的因果关系,一般需要加入控制变量进行回归分析,观察 F 检验和 t 检验的结果,以显著性 p 小于 0.05 为标准判断变量之间相关性。此外,回归分析在检验调节效应时,在检验模型中需要逐步放入控制变量、自变量,最后是交互变量,检验数据的 R^2 的变化和交互项的显著性,以此判断假设是否成立。

（4）Bootstrap 分析

Bootstrap 方法是一种对样本进行多次重复抽样的方法,它可以有效地检验自变量与因变量之间的中介效应。一般相较于其他方法,Bootstrap 方法无需正态分布等假设条件,能够更好地检验中介变量的显著性,弥补了逐步检验法中无法检验中介效果显著性的弱点,具有较好的统计效果。

（5）预调研量表

为了使问卷设计更科学合理，在正式问卷投放之前先进行预调研，本书先发放51份问卷进行预调研，具体结果如下：

① 信度检验

我们首先对预调研问卷数据开展了信度分析，以检验初始问卷的有效性和适用性。为了评价预调研问卷的信度，我们使用了Cronbach's α测量方法，其中系数越大，表明问卷预调研数据的内部一致性越高，从而更好地反映出问卷调查的真实性和准确性。通常来说，Cronbach's α系数超过0.7，这表明问卷调研的内部一致性较高，并且校正后统计相关系数（CITC）大于0.4，同时项已删除的Cronbach's α较删除前有较小幅度变化，那么这份预调研问卷就可以作为研究工具。根据表6-9分析结果可以发现：各维度的CITC值大于0.4且项已删除的Cronbach's α值与删除之前的Cronbach's α值相比，前后整体变化幅度较小，因此，对于该维度的信度影响较弱，校正后统计相关系数均大于标准0.4，而且各维度的Cronbach's α也都超过0.7。这些结果表明，预调研问卷的内部一致性较高，具备良好的信度。

表6-9 预调研问卷信度分析结果

维度	题项	CITC	项已删除的 Cronbach's α	Cronbach's α
成就需要	CJ1	0.751	0.662	0.817
	CJ2	0.655	0.763	
	CJ3	0.608	0.812	
内控特质	NK1	0.817	0.880	0.911
	NK2	0.822	0.878	
	NK3	0.799	0.885	
	NK4	0.763	0.897	
风险承担	FX1	0.815	0.872	0.907
	FX2	0.835	0.866	
	FX3	0.771	0.887	
	FX4	0.749	0.895	

(续表)

维度	题项	CITC	项已删除的 Cronbach's α	Cronbach's α
创业意愿	YY1	0.622	0.842	0.853
	YY2	0.731	0.797	
	YY3	0.718	0.804	
	YY4	0.708	0.807	
返乡创业行为	XW1	0.721	0.887	0.898
	XW2	0.720	0.888	
	XW3	0.807	0.856	
	XW4	0.849	0.840	
创业政策支持	ZC1	0.806	0.881	0.910
	ZC2	0.742	0.905	
	ZC3	0.829	0.875	
	ZC4	0.826	0.874	

② 效度检验

本部分使用 SPSS25.0 软件对各维度构成进行了检验。我们在使用因子分析法进行效度分析时,首先需要判断是否满足因子分析的 2 个条件:一是 KMO 值要大于 0.7,二是 Bartlett 的球形度检验的显著性要低于 0.05。如果同时符合这 2 个条件,说明检测变量之间具有较强的相关性,适合用因子分析法。其次,使用主成分分析法,可以通过最大方差法进行旋转提取因子,最大收敛次数为 25 次。评估分析结果标准包括:一是累计方差解释率大于 60%;二是题项因子载荷值大于 0.5,并且没有出现交负载荷的情况。

通过对本次预调研数据的效度检验,其效度结果如表 6-10 所示。KMO 和巴特利特检验分析结果较好,问卷的 KMO 值大于标准 0.70,为 0.707,而 Bartlett 的球形度检验值为 875.361,显著性 P 值为 0.000,小于 0.001。因此,本次预调研数据的评估结果具有较高的分析价值,适合做因子分析。然后通过主成分分析法,抽取特征值大于 1 的因子,并通过最大方差法进行正交旋转后,得到旋转后的成分矩阵,如表 6-11 所示。

表 6-10 预调研 KMO 和 Bartlett 的检验结果

KMO 和巴特利特检验		
KMO		0.707
巴特利特球形度检验	近似卡方	875.361
	自由度	253
	显著性	0.000

表 6-11 预调研解释总方差

序号	初始特征值			提取载荷平方和			旋转载荷平方和		
	总计	方差百分比	累积	总计	方差百分比	累积	总计	方差百分比	累积
1	6.536	28.419	28.419%	6.536	28.419	28.419%	3.334	14.497	14.497%
2	2.900	12.609	41.029%	2.900	12.609	41.029%	3.262	14.184	28.681%
3	2.444	10.625	51.654%	2.444	10.625	51.654%	3.21	13.958	42.640%
4	2.243	9.753	61.407%	2.243	9.753	61.407%	3.175	13.803	56.442%
5	2.053	8.928	70.335%	2.053	8.928	70.335%	2.924	12.711	69.154%
6	2.044	8.886	79.221%	2.044	8.886	79.221%	2.315	10.067	79.221%

由表 6-11 的结果数据可知,使用主成分分析法,抽取特征值大于 1 的因子,提取出 6 个公因子,旋转累计平方和是 79.221%,显然超过 60%。然后,通过最大方差法进行正交旋转,旋转在 6 次迭代后收敛,将 23 个问题选项归类为 6 类因子(表 6-12),每个题项的因子载荷均高于 0.5,说明提取的 6 个因子所包含的信息较全面,且没有出现双重因子负荷均高的情况,各观测变量按照理论预设聚合到各维度下。综上所述,本部分的量表结构效度良好。

表 6-12 预调研旋转后的成分矩阵

样本项	成分					
	1	2	3	4	5	6
CJ1						0.910
CJ2						0.838
CJ3						0.796
NK1		0.874				
NK2		0.875				
NK3		0.890				
NK4		0.838				
FX1	0.887					
FX2	0.882					
FX3	0.839					
FX4	0.813					
YY1					0.711	
YY2					0.836	
YY3					0.804	
YY4					0.844	
XW1				0.757		
XW2				0.838		
XW3				0.892		
XW4				0.858		
ZC1			0.856			
ZC2			0.781			
ZC3			0.920			
ZC4			0.887			

提取方法：主成分分析法。
旋转方法：最大方差法。
旋转在6次迭代后已收敛。

6.4 数据分析与检验

基于研究文献综述和理论基础,本书构建新生代农民工返乡创业行为的理论框架。通过预调研、正式调研获取样本数据,采取多种实证方法,对已提出的研究假设进行检验,包括对数据的描述性统计分析、信度分析、效度分析、相关性分析、共同方法偏差、假设验证等。

6.4.1 描述性统计分析

(1) 样本基本信息分析

对本次研究中所有连续变量进行描述性统计,我们可以看到在被调研的样本(表6-13)中:从年龄上看,30～35岁的人群主体占比最高,达到39.07%,其次是25～30岁,占比32.26%,再次就是35～45岁的人群主体,占比15.77%,18～25岁的群体,占比12.90%。很显然,25～35岁创业者较多,相较于老一代返乡农民工,年轻化创业已经成为一种趋势,可能原因是新生代农民工受教育程度较高,创新创业思想深入人心,家庭负担较轻,有更多的时间、精力、动力去闯荡。从性别上看,男性占53.41%,女性占46.59%,可见,男性创业还是社会主体,一方面可能是受传统思想影响,加之我国男性人口一直高于女性人口;另一方面,相较于女性,男性更具有成就价值感需要、冒险精神,更擅长经营社会网络,因此男性会更多倾向于选择返乡创业。从学历水平看,调研中实施返乡创业行为占比最多的是高中(中专)生,达到40.86%,其次是大专生,占比32.62%,再次是本科及以上,占比11.11%,接着是初中,占比12.54%,最后是小学及以下,占比最低,为2.87%。很显然,新生代返乡创业农民工的学历越来越高,这也是当前整体国民受教育程度的一个趋势,可能是因为一部分创业者为了建立社会网络关系,拓展业务人脉,后期进行学历再提升。此外,25～35岁的群体占70%以上,这个年龄阶段的人多为独生子女,受教育程度相对较高;相较于老一代农民工,新生代农民工思想活跃,学习能力较强,能够很好地解决返乡创业中遇到的困难。从月均收入来看,占比最高的是月收入7 500元以上,达到32.97%,其次是2 501～5 000元,占比32.62%,再次是5 001～6 500元、2 500元以下、6 501～7 500元,占比分别为18.28%、8.60%、7.53%。很显然,经济状况较好的新生代农民工可能更容易返乡创业,可能是因为在实际的创业中,资金问题是关键要素,返乡创业成功需要一个强有力的经济支撑。

表6-13 样本数据的基本信息($N=279$)

项目	分类	频数	比例
年龄	18～25岁	36	12.90%
	25～30岁	90	32.26%
	30～35岁	109	39.07%
	35～45岁	44	15.77%
性别	男	149	53.41%
	女	130	46.59%
学历	小学及以下	8	2.87%
	初中	35	12.54%
	高中(中专)	114	40.86%
	大专	91	32.62%
	本科及以上	31	11.11%
月均收入	2 500元以下	24	8.60%
	2 501～5 000元	91	32.62%
	5 001～6 500元	51	18.28%
	6 501～7 500元	21	7.53%
	7 500元以上	92	32.97%

(2) 样本的描述性统计分析

在本次调查中,我们选择了平均数、标准偏差、偏度、峰度、最大值和最小值作为描述性统计分析的指标。按照权威学者的研究成果,当数据分析的偏度一定值低于3,峰度一定值低于8时,它们基本上遵循正态分布,这意味着数据分析满足科学研究的基本要求。按照本样本数据分析(表6-14),各题项的平均值介于4.27～5.25。结果表明,各种数据分布较为均衡,而标准差介于1.337～1.778,这意味着数据分析的离散程度较低,且偏度和峰度的一定值均低于3,因此,该数据样本符合数据分析前提。

表 6-14 各题项描述分析

样本项	个案数	平均值	标准偏差	偏度	峰度	最小值	最大值
CJ1	279	4.92	1.416	−0.57	−0.073	1	7
CJ2	279	4.94	1.426	−0.716	0.451	1	7
CJ3	279	4.97	1.469	−0.849	0.546	1	7
NK1	279	5.14	1.478	−0.909	0.273	1	7
NK2	279	5.03	1.514	−0.896	0.448	1	7
NK3	279	5.08	1.48	−0.853	0.604	1	7
NK4	279	4.99	1.449	−0.668	0.176	1	7
FX1	279	4.57	1.603	−0.556	−0.506	1	7
FX2	279	4.29	1.7	−0.212	−0.706	1	7
FX3	279	4.49	1.647	−0.406	−0.586	1	7
FX4	279	4.27	1.758	−0.268	−0.902	1	7
YY1	279	5.11	1.73	−0.455	−0.793	1	7
YY2	279	4.95	1.778	−0.576	−0.499	1	7
YY3	279	4.91	1.749	−0.636	−0.343	1	7
YY4	279	5.02	1.754	−0.66	−0.421	1	7
XW1	279	4.81	1.465	−0.656	0.292	1	7
XW2	279	4.81	1.518	−0.701	0.168	1	7
XW3	279	4.7	1.47	−0.639	0.213	1	7
XW4	279	4.64	1.522	−0.543	−0.2	1	7
ZC1	279	5.05	1.361	−0.401	−0.247	1	7
ZC2	279	5.21	1.409	−0.615	−0.001	1	7
ZC3	279	5.25	1.337	−0.656	0.052	1	7
ZC4	279	4.95	1.49	−0.571	−0.224	1	7

6.4.2 信度和效度分析

（1）信度分析

通过分析检验量表中各部分的信度，我们发现，该量表的 Cronbach's α 系数均高于 0.7，这说明问卷内部有着较高的内部一致性，因而数据样本能够作为研究工具，具体结果如表 6-15 所示。问卷分为 6 个维度，各个维度及问卷整体的 Cronbach's α 系数均符合大于 0.7 的基本标准。可见,本书采用的调查问卷具有良好的信度,数据可信。

表 6-15　问卷信度分析结果

维度	项数	Cronbach's α
成就需要	3	0.891
内控特质	4	0.924
风险承担	4	0.902
创业意愿	4	0.919
返乡创业行为	4	0.925
创业政策支持	4	0.933

(2) 效度分析

我们通过探究性和验证性因子分析方法(CFA)来评估量表的有效性。

① 探索性因子分析

本次调查量表经过精心设计,参考了以往相关文献,并采取专家咨询与小组座谈等方式,以确保其有效性。在预调研的基础上,我们对量表进行适当的修正和调整,以确保其内容的准确性和可靠性。结构效度用来衡量所做数据分析是否可以验证或说明某一研究假说。通过使用SPSS25.0软件,本书对各维度构成进行了检验。为了更准确地解析效度,我们使用了因子分析法和主成分分析法,并使用最大方差法旋转提取因子,最高收敛次数达到25次,最终得出的数据结果如表6-16所示。

表 6-16　KMO 和 Bartlett 的检验结果

KMO 和巴特利特检验		
KMO		0.90
巴特利特球形度检验	近似卡方	5 128.769
	自由度	253
	显著性	0.000

由表6-16可以看出,KMO值高于标准0.70,Bartlett的球形度检测数据为5 128.769,显著性 P 值达到0.000,因此适合做因子分析。本

书采取主成分分析法,抽取特征值大于1的因子,通过最大方差法进行正交旋转后得到旋转后的成分矩阵,如表6-17所示。

表 6-17 样本旋转后的成分矩阵

样本项	成分					
	1	2	3	4	5	6
CJ1						0.836
CJ2						0.837
CJ3						0.815
NK1		0.858				
NK2		0.852				
NK3		0.856				
NK4		0.819				
FX1					0.867	
FX2					0.854	
FX3					0.839	
FX4					0.774	
YY1			0.794			
YY2			0.868			
YY3			0.88			
YY4			0.848			
XW1				0.772		
XW2				0.842		
XW3				0.867		
XW4				0.821		
ZC1	0.888					
ZC2	0.931					
ZC3	0.907					
ZC4	0.903					

提取方法:主成分分析法。
旋转方法:凯撒正态化最大方差法。
旋转在6次迭代后已收敛。

由表6-18可知,采取主成分分析法,抽取特征值大于1的因子,结果共提取出6个公因子,旋转累计平方和是81.645%,大于60%。使用最大方差法实现正交旋转,利用6次迭代后收敛,将23个问题选项归类为6类因素,每个题项的因子载荷均高于0.5,说明提取的6个因子所包含的信息较全面,并且没有发现双重因子负荷均高的现象,各观测变量按照理论预设聚合到各维度下。综合以上分析说明,本书量表具有良好的结构效度。

表6-18 样本解释总方差

序号	初始特征值			提取载荷平方和			旋转载荷平方和		
	总计	方差百分比	累积	总计	方差百分比	累积	总计	方差百分比	累积
1	8.438	36.685	36.685%	8.438	36.685	36.685%	3.362	14.618	14.618%
2	3.208	13.949	50.634%	3.208	13.949	50.634%	3.32	14.433	29.051%
3	2.139	9.298	59.933%	2.139	9.298	59.933%	3.262	14.182	43.233%
4	2.013	8.752	68.685%	2.013	8.752	68.685%	3.261	14.176	57.41%
5	1.63	7.086	75.77%	1.63	7.086	75.77%	3.159	13.733	71.143%
6	1.351	5.875	81.645%	1.351	5.875	81.645%	2.416	10.502	81.645%

② 验证性因子分析

本书使用AMOS24.0软件,通过验证性因子分析对研究模型的结构效度进行检验。首先,运用结构方程AMOS24.0,绘制出有共性关系但是没有因果关系的模型,此次研究的模型见图6-5;其次,通过用绝对适配指标、增值适配指数、聚合效度和区分效度三个拟合度检验指标来评估模型的准确性,其中聚合效度一般用组合信度(CR)和平均变异抽取量(AVE)指标来衡量;最后,进行数据分析,测量模型。

在绝对适配指数层面,判定基准应该是χ^2越小越好,$RMSEA$应该小于0.08,GFI达到0.915,$AGFI$达到0.891,数值大于0.8,且接近1。在增值适配指数层面,判定基准应该是NFI、TFI、CFI等要大于0.9,其中NFI为0.945,TFI为0.982,CFI为0.985,数值都大于0.9接近1;χ^2/df应该介于1~3,而χ^2/df值为1.350,符合标准。在聚

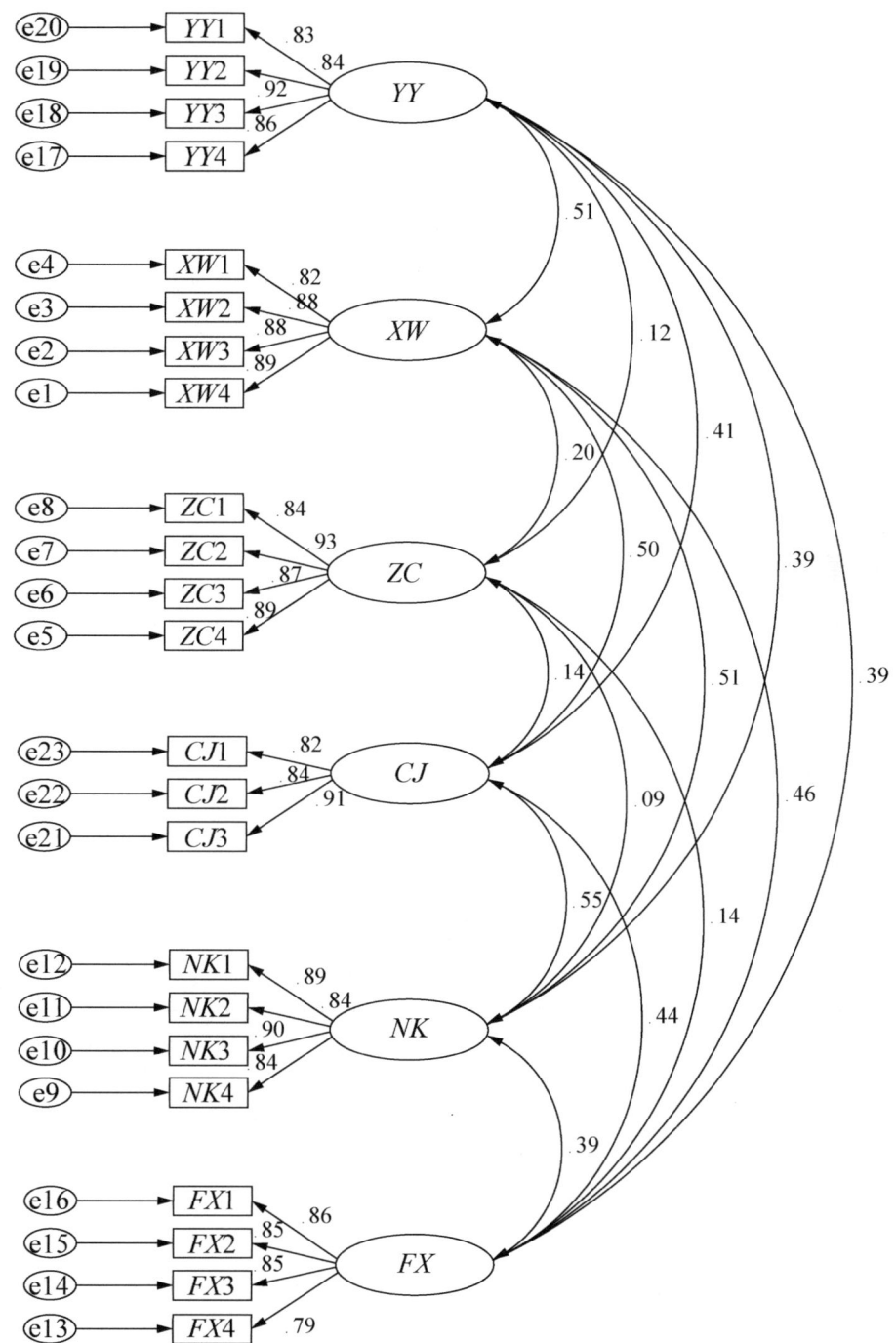

图 6-5 验证性因子分析模型

合效度和区分效度层面,评判标准应该是 CR 超过 0.7,AVE 超过 0.5。如果个别变量的初始模式没有达到上述指标评价标准,则需要通过 MI 指数进行相应的调整。如表 6-19 所示,参考指标均符合评价标准,说明该模式具有良好的效度。为了更深入地探究问卷的聚合效度和区分效度,结合表 6-20 和表 6-21 的结果,本书对各变量的相关系数进行检验。结果表明,各变量之间存在正相关关系,且有关系数均在 $p<0.001$ 的水平上显著。本书计算了各潜变量的 AVE 平方根,假设某一潜变量的 AVE 平方根值大于该潜变量和其他潜变量之间相关系数值,则表明该变量具有良好的区分效度。

表 6-19 模型拟合度检验结果

参考指标	评价标准	统计值	模型适配判断
χ^2/df	1~3 比较合适	1.350	是
AGFI	大于 0.8,越接近 1,适配度越高	0.891	是
GFI	大于 0.8,越接近 1,适配度越高	0.915	是
TLI	大于 0.9,越接近 1,适配度越高	0.982	是
NFI	大于 0.9,越接近 1,适配度越高	0.945	是
CFI	大于 0.9,越接近 1,适配度越高	0.985	是
RMSEA	小于 0.08	0.035	是

表 6-20 各维度聚合效度分析结果

维度	观测变量	因子载荷	P	CR	AVE
创业意愿	YY1	0.826		0.919	0.740
	YY2	0.842	***		
	YY3	0.915	***		
	YY4	0.856	***		
返乡创业行为	XW1	0.821		0.926	0.757
	XW2	0.880	***		
	XW3	0.883	***		
	XW4	0.895	***		

(续表)

维度	观测变量	因子载荷	P	CR	AVE
创业政策支持	ZC1	0.840		0.934	0.778
	ZC2	0.925	***		
	ZC3	0.892	***		
	ZC4	0.870	***		
成就需要	CJ1	0.820		0.892	0.734
	CJ2	0.905	***		
	CJ3	0.843	***		
内控特质	NK1	0.892		0.925	0.755
	NK2	0.840	***		
	NK3	0.900	***		
	NK4	0.842	***		
风险承担	FX1	0.856		0.904	0.701
	FX2	0.853	***		
	FX3	0.848	***		
	FX4	0.790	***		

表 6-21 各维度区分效度分析结果

维度	创业意愿	返乡创业行为	创业政策支持	成就需要	内控特质	风险承担
创业意愿	0.860					
返乡创业行为	0.507**	0.870				
创业政策支持	0.122**	0.205**	0.882			
成就需要	0.411**	0.502**	0.141*	0.857		
内控特质	0.392**	0.506**	0.085**	0.549**	0.869	
风险承担	0.390**	0.458**	0.139**	0.438**	0.389**	0.837

注：对角线的数值为 AVE 的算术平方根。

由表 6-20 和表 6-21 分析结果可知，创业意愿、返乡创业行为、政策支持、成就需求、内控特质和风险承担等维度的观测变量的标准化因素载荷均超过 0.6，且 P 值显著，CR 值超过 0.7，AVE 值超过 0.5。经过分析，我们发现，创业意愿、返乡创业行为、政策支持、成就需求、内控特质和风险承担等维度的聚合效度较好。创业意愿、返乡创业行为、创业政策支持、成就需要、内控特质、风险承担等维度的 AVE 的算术平方根大于该维度与其他维度的相关系数值,表明创业意愿、返乡创业行为、创业政策支持、成就需要、内控特质、风险承担等维度题项判别效度较好。综上所述,创业意愿、返乡创业行为、创业政策支持、成就需要、内控特质、风险承担等维度及其内部体现了较好的结构效度。

6.4.3 相关性分析

相关性分析可以用来验证变量之间是否具有相关关系,以及相关关系的方向和程度。通过 Pearson 关系分析法,本书对变量之间的关联性展开了深入探讨,将各个维度题项计算平均分作为维度分数,并对各个维度进行 Pearson 相关分析,结果如表 6-22 所示。创业意愿与返乡创业行为存在正相关关系,在 1% 水平显著下相关系数为 0.507,所以创业意愿与返乡创业行为的正相关关系得到初步验证。同理,成就需要与返乡创业行为存在正相关关系,在 1% 水平显著下相关系数为 0.502,说明高成就需要可能会促进返乡创业行为的发生。内控特质与返乡创业行为存在正相关关系,在 1% 水平显著下相关系数为 0.506,说明内控特质提高创业活动可能发生的概率。风险承担与返乡创业行为存在正相关关系,在 1% 水平显著下相关系数为 0.458,说明高风险承担性可能会促进返乡创业行为的发生。成就需要与创业意愿存在正相关关系,在 1% 水平显著下相关系数为 0.411,说明高成就需要可能会提高创业意愿。内控特质与创业意愿存在正相关关系,在 1% 水平显著下相关系数为 0.392,说明内控特质可能会提高创业意愿。风险承担与创业意愿具有正相关关系,在 1% 水平显著下其相关系数达到 0.390,说明高风险承担性能够显著提高创业意愿。上述的相关分析结果只是初步验证了各变量间的相关程度,因此需要通过进一步分析进行后续的假设检验。

表 6-22 各维度相关性分析结果

维度	创业意愿	返乡创业行为	创业政策支持	成就需要	内控特质	风险承担
创业意愿	1					
返乡创业行为	0.507**	1				

(续表)

维度	创业意愿	返乡创业行为	创业政策支持	成就需要	内控特质	风险承担
创业政策支持	0.122**	0.205**	1			
成就需要	0.411**	0.502**	0.141**	1		
内控特质	0.392**	0.506**	0.085**	0.549**	1	
风险承担	0.390**	0.458**	0.139**	0.438**	0.389**	1

6.4.4 共同方法偏差检验

共同方法偏差（CMV）在调查问卷中是普遍存在的问题，因为变量调查环境、数据来源等相同会造成变量之间存在相关性。在本次研究结果中，我们使用Harman单因素检验法来检测共同方法偏差是否存在。通过使用SPSS25.0进行运算，对所有的研究变量进行因子分析，发现有6个变量因子的特征值超过1。在不旋转因子的情况下，发现第一个主因子的方差贡献率为36.685%（表6-23），低于40%的标准。因此，本次研究不存在共同方法偏差。

表6-23 共同方法偏差检验结果

序号	初始特征值			提取载荷平方和		
	总计	方差百分比	累积	总计	方差百分比	累积
1	8.438	36.685	36.685%	8.438	36.685	36.685%

6.4.5 假设检验

（1）模型评价

结构方程模型（SEM）是基于变量之间的协方差矩阵，从而分析不可观测变量之间关系的研究方法。通过将因子模型融入结构模型分析，将传统的路径分析与因子分析相结合，从而将传统的线性关系分析拓展到非线性关系分析，能够有效测量多变量之间的关系。该方法由遗传学者Sewall Wright进行路径分析探究因果关系，最早出现在20世纪20年代，随后逐渐应用到各领域学科，如社会学、管理学、几种学科结合的行为科学等。结构方程模型将因素分析与路线分析方法结合在一起，能够有效地探索测量变量、潜在变量、干扰变量与误差项之间的相互关系，并且能够识别、估计、评论和纠正各类路径关系模式。

使用结构方程模型建模时,首先需要确定路径图,然后根据通用的语言规范构建模型,以便更好地描述各种关系变化。因方法较为成熟,此处不再详细描述具体的语言规则。完整模型体系由测量模型和结构模型形成,其中测量模型是由观察变量和潜在变量构成的,观察变量通过测量量表进行数据采集,然后对其分析得到潜在变量的路径关系。由上文对 SEM 的分析可以得出,SEM 可以处理复杂的递归关系问题与互为因果关系的问题。

构建结构方程模型的关键是所有潜变量之间的相互关系,并且确定每个潜变量和观测变量之间的关系。本模型的调节效应采用 SPSS25.0 软件进行验证,所以未将调节变量创业政策支持纳入结构方程模型。通过理论假设构建的结构方程模型如图 6-6 所示,该模型包含控制变量年龄、性别、文化、收入,自变量成就需要、内控特质、风险承担,中介变量创业意愿以及因变量返乡创业行为。经过模型整体拟合度检验,以判断正式调研数据与模型的拟合程度,多数指标通过模型修正均达到标准(表 6-24),GFI 值为 0.909,$AGFI$ 值为 0.886,TLI 值为 0.968,NFI 为 0.923,CFI 值

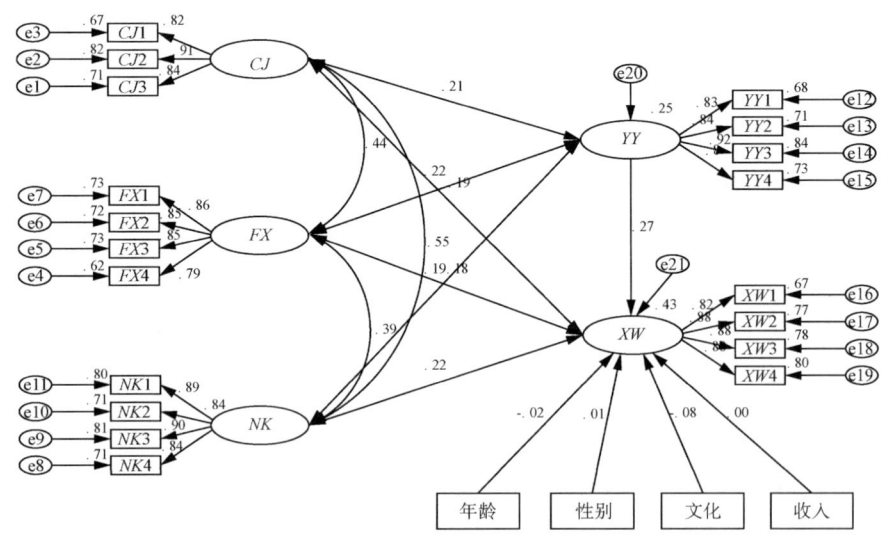

图 6-6 结构方程模型

0.972，RMSEA 值为 0.044，都符合基本标准，因此，本研究模型可以进行后续相关数据分析。

表 6-24 结构方程模型拟合度检验结果

参考指标	χ^2/df	AGFI	GFI	TLI	NFI	CFI	RMSEA
评价标准	1—3	>0.8	>0.8	>0.9	>0.9	>0.9	<0.08
统计值	1.531	0.886	0.909	0.968	0.923	0.972	0.044
模型适配	是	是	是	是	接近	是	是

（2）模型路径

① 模型估计

本部分采用最大似然法，对各回归系数进行估计，结果如表 6-25 所示，路径系数的标准误差 S.E. 均为正数，未出现异常偏大现象，而相对应的临界值 C.R. 的绝对值均大于 1.96，说明回归系数值在 0.05 的水平上具有显著性差异。

表 6-25 路径系数与假设结果检验

路径			Estimate	S.E.	C.R.	P
创业意愿	←	成就需要	0.207	0.088	2.703	0.007
创业意愿	←	内控特质	0.191	0.086	2.614	0.009
创业意愿	←	风险承担	0.225	0.071	3.281	0.001
返乡创业行为	←	成就需要	0.187	0.067	2.690	0.007
返乡创业行为	←	内控特质	0.225	0.065	3.379	***
返乡创业行为	←	风险承担	0.178	0.054	2.843	0.004
返乡创业行为	←	创业意愿	0.265	0.052	4.291	***
返乡创业行为	←	年龄	−0.170	0.065	−0.351	0.726
返乡创业行为	←	性别	0.007	0.117	0.133	0.894
返乡创业行为	←	文化	−0.083	0.063	−1.696	0.090
返乡创业行为	←	收入	0.002	0.041	0.043	0.966

注：*** 表示在 0.001 水平上显著。

由表 6-25 的拟合指数检验结果可知，模型拟合指数基本符合达标，因此可以进行变量间的路径分析和假设检验。控制变量年龄、性别、文化、收入对创业行为的标准化路径系数分别为 -0.170、0.007、-0.083、0.002(p 大于 0.05),说明年龄、性别、文化、收入对返乡创业行为没有显著的影响作用。

由路径分析可知,成就需要能够显著正向预测返乡创业行为,标准化路径系数为 0.187,标准误为 0.067,CR 值为 2.690,$p<0.05$,从而验证假设 H1a;风险承担能够显著正向预测返乡创业行为,标准化路径系数为 0.178,标准误为 0.054,CR 值 2.843,$p<0.05$,从而验证假设 H1b;内控特质能够显著正向预测返乡创业行为,标准化路径系数为 0.225,标准误为 0.065,CR 值 3.379,$p<0.05$,从而验证假设 H1c;成就需要能够显著正向预测创业意愿,标准化路径系数为 0.207,标准误为 0.088,CR 值为 2.703,$p<0.05$,从而验证假设 H2a;风险承担能够显著正向预测创业意愿,标准化路径系数为 0.225,标准误为 0.071,CR 值为 3.281,$p<0.05$,从而验证假设 H2b;内控特质能够显著正向预测返乡创业意愿,标准化路径系数为 0.191,标准误为 0.086,CR 值为 2.614,$p<0.05$,从而验证假设 H2c;创业意愿能够显著正向预测返乡创业行为,标准化路径系数为 0.265,标准误为 0.052,CR 值 4.291,$p<0.05$,从而验证假设 H3。

② 中介作用检验

本书利用 Bootstrap 法进行中介效应的检验,采用 AMOS24.0 软件,使用的模型拟合方法为最大似然法,并利用 Bias-corrected 和 Percentile 检验方法,在 95% 的置信时间条件下,对非参数百分 Bootstrap 展开重复抽样 2 000 次,以验证中介效应。按照中介效应判断标准,若变量在 95% 的置信区间的取值不包括 0,则表明中介效应显著。本书将对结构方程模型的中介效应加以深入分析,以期获得更准确的结果。

由表 6-26 可知,成就需要对返乡创业行为的总效应影响系数为 0.242,在 Bias-corrected95% 置信区间为(0.074,0.413),Percentile95% 置信区间为(0.082,0.422),均不包含 0,可认为总效应存在。在直接效应中,成就需要对返乡创业行为的直接效应影响系数为 0.187,在 Bias-corrected95% 置信区间为(0.016,0.358),Percentile95% 置信区间范围为(0.021,0.366),均不包含 0,可认为直接效应存在。在间接效应中,成就需要—创业意愿—返乡创业行为的间接影响系数为 0.055,在 Bias-corrected95%置信区间为(0.011,0.136),Percentile95%置信区间为(0.007,0.124),均不包含 0。由此,我们可以认为直接效应存在,间接效应占比 22.73%,c 值小于 0.05。这表明,创业意愿在成就需要和返乡创业行为中间起到了部分中间效应,所以假设 H4a 成立。

表 6-26 中介效应检验结果

路径	效应类型	效应值	Bias-corrected95%CI			Percentile95%CI		
			Lower	Upper	P	Lower	Upper	P
成就需要—返乡创业行为	总效应	0.242	0.074	0.413	0.007	0.082	0.422	0.006
成就需要—创业意愿—返乡创业行为	间接效应	0.055	0.011	0.136	0.010	0.007	0.124	0.021
成就需要—返乡创业行为	直接效应	0.187	0.016	0.358	0.030	0.021	0.366	0.024
内控特质—返乡创业行为	总效应	0.276	0.090	0.456	0.004	0.086	0.452	0.005
内控特质—创业意愿—返乡创业行为	间接效应	0.051	0.009	0.129	0.009	0.006	0.116	0.017
内控特质—返乡创业行为	直接效应	0.225	0.020	0.425	0.037	0.013	0.420	0.044
风险承担—返乡创业行为	总效应	0.237	0.059	0.410	0.011	0.057	0.407	0.012
风险承担—创业意愿—返乡创业行为	间接效应	0.060	0.016	0.145	0.001	0.011	0.132	0.004
风险承担—返乡创业行为	直接效应	0.178	0.007	0.341	0.037	0.006	0.339	0.039

内控特质对返乡创业行为的总效应影响系数为 0.276,在 Bias-corrected95%置信区间为(0.090,0.456),Percentile95%置信区间为(0.086,0.452),均不包含 0,可认为总效应存在。在直接效应中,内控特质对返乡创业行为的直接效应影响系数为 0.225,在 Bias-corrected95%置信区间为(0.020,0.425),Percentile95%置信区间为

(0.013，0.420)，均不包含0，可认为直接效应存在。在间接效应中，内控特质—创业意愿—返乡创业行为的间接影响系数为0.051，在Bias-corrected95%置信区间为(0.009，0.129)，Percentile95%置信区间为(0.006，0.116)，均不包含0，可认为直接效应存在。间接效应占比18.48%，p值小于0.05，由此可知，创业意愿在内控特质和返乡创业行为之间起到部分中介作用，因此假设H4c成立。

风险承担对返乡创业行为的总效应影响系数为0.237，在Bias-corrected95%置信区间为(0.059，0.410)，Percentile95%置信区间为(0.057，0.407)，均不包含0，可认为总效应存在。在直接效应中，风险承担对返乡创业行为的直接效应影响系数为0.178，在Bias-corrected95%置信区间为(0.007，0.341)，Percentile95%置信区间为(0.006，0.339)，均不包含0，可认为直接效应存在。在间接效应中，风险承担—创业意愿—返乡创业行为(标准化)的间接影响系数为0.060，在Bias-corrected95%置信区间为(0.016，0.145)，Percentile95%置信区间为(0.011，0.132)，均不包含0，这表明创业意愿在风险承担和返乡创业行为之间起到了部分中介作用，占比达25.32%，假设H4b成立。

③ 调节作用检验

本书通过逐步回归法检验创业政策支持的调节作用。通过控制年龄、性别、文化、收入变量，创业意愿、成就需要、内控特质、风险承担为自变量，创业政策支持为调节变量，返乡创业行为作为因变量，进行调节效应检验分析。在分析调节效应之前，本书对各个变量进行中心化处理，以降低多重共线性。本书采用SPSS25.0的回归模型进行假设检验，调节效应因变量为返乡创业行为，检验步骤为：首先把控制变量加入模型1，作为自变量对因变量进行回归，其次在模型1基础上加上自变量，对因变量进行回归，得到模型2，再次在模型2的基础上加入调节变量，对因变量进行回归，得到模型3，最后在模型3的基础上，加上自变量和调节变量之间的交互项，得到模型4。如果交互项的回归系数是显著的，证明调节效应显著，分析结果如表6-27至表6-30所示。

表 6-27 创业政策支持在成就需要和返乡创业行为的调节效应检验结果

变量	创业行为			
	模型 1 β	模型 2 β	模型 3 β	模型 4 β
年龄	-0.097	-0.054	-0.049	-0.04
性别	-0.034	-0.01	-0.005	-0.006
收入	0.061	0.012	0.000	0.005
文化	-0.203	-0.141	-0.132	-0.127
成就需要		0.438***	0.422***	0.367***
政策支持			0.122*	0.156**
成就需要 * 政策支持				0.169**
R^2	0.037	0.223	0.237	0.262
ΔR^2	0.037	0.186	0.014	0.025
调整后 R^2	0.023	0.208	0.220	0.243
F	2.636*	15.641***	14.092***	13.732***

注：* 表示 $p<0.05$；** 表示 $p<0.01$；*** 表示 $p<0.001$。

由表 6-27 的结果可知，模型 1 表明，控制变量年龄、性别、文化、收入对创业行为的影响都不显著。模型 2 表明，成就需要（$\beta=0.438$，$P<0.05$）对返乡创业行为有正向影响。模型 3 表明，成就需要（$\beta=0.422$，$P<0.05$）和创业政策支持（$\beta=0.122$，$P<0.05$）对返乡创业行为有正向影响。模型 4 表明，成就需要与创业政策支持的交互项（$\beta=0.169$，$P<0.05$）对返乡创业行为在 0.05 的水平下显著，这说明创业政策支持在成就需要与返乡创业行为之间存在显著正向调节作用，假设 H6a 成立。

由表 6-28 的结果可知，模型 1 表明，控制变量年龄、性别、文化、收入对创业行为的影响都不显著。模型 2 表明，内控特质（$\beta=0.452$，$P<0.05$）对返乡创业行为有正向影响。模型 3 表明，内控特质（$\beta=0.443$，$P<0.05$）和创业政策支持（$\beta=0.143$，$P<0.05$）对创业行为有正向影响。模型 4 表明，内控特质与创业政策支持的交互项（$\beta=$

0.178,$P<0.05$)对返乡创业行为在0.05的水平下显著,这说明创业政策支持在内控特质与返乡创业行为之间存在显著正向调节作用,假设H6c成立。

表6-28 创业政策支持在内控特质和返乡创业行为的调节效应检验结果

变量	创业行为			
	模型1 β	模型2 β	模型3 β	模型4 β
年龄	-0.097	-0.04	-0.034	-0.023
性别	-0.034	-0.015	-0.009	-0.016
文化	0.061	0.016	0.002	0.004
收入	-0.203	-0.134	-0.122	-0.101
内控特质		0.452***	0.443***	0.414***
政策支持			0.143**	0.171**
内控特质*政策支持				0.178**
R^2	0.037	0.234	0.254	0.284
ΔR^2	0.037	0.197	0.020	0.030
调整后R^2	0.023	0.220	0.238	0.266
F	2.636*	16.179***	15.461***	15.370***

注:* 表示$p<0.05$;** 表示$p<0.01$;*** 表示$p<0.001$。

由表6-29的结果可知,模型1表明,控制变量年龄、性别、文化、收入对创业行为的影响都不显著。模型2表明,风险承担($\beta=0.419$,$P<0.05$)对返乡创业行为有正向影响。模型3表明,风险承担($\beta=0.405$,$P<0.05$)和创业政策支持($\beta=0.124$,$P<0.05$)对返乡创业行为有正向影响。模型4表明,风险承担与创业政策支持的交互项($\beta=0.075$,$P>0.05$)对创业行为在0.05的水平下不显著,这说明创业政策支持在风险承担与返乡创业行为之间不存在调节作用,假设H6b不成立。

表 6-29 创业政策支持在风险承担和返乡创业行为的调节效应检验结果

变量	创业行为			
	模型 1	模型 2	模型 3	模型 4
	β	β	β	β
年龄	-0.097	-0.053	-0.049	-0.043
性别	-0.034	0.008	0.012	0.010
收入	0.061	0.032	0.020	0.024
文化	-0.203	-0.132	-0.124	-0.113
风险承担		0.419***	0.405***	0.395***
创业政策支持			0.124*	0.130**
风险承担 * 创业政策支持				0.075
R^2	0.037	0.206	0.221	0.226
ΔR^2	0.037	0.169	0.015	0.005
调整后 R^2	0.023	0.192	0.204	0.206
F	2.636*	13.915***	12.87***	11.333***

注：* 表示 $p<0.05$；** 表示 $p<0.01$；*** 表示 $p<0.001$。

由表 6-30 的结果可知，模型 1 表明，控制变量年龄、性别、文化、月均收入对创业行为的影响都不显著。模型 2 表明，创业意愿（$\beta=0.456$，$P<0.05$）对返乡创业行为有正向影响。模型 3 表明，创业意愿（$\beta=0.443$，$P<0.05$）和创业政策支持（$\beta=0.121$，$P<0.05$）对返乡创业行为有正向影响。模型 4 表明，创业意愿与创业政策支持的交互项（$\beta=0.235$，$P<0.05$）对创业行为在 0.05 的水平下显著，这说明创业政策支持在创业意愿与返乡创业行为之间存在正向调节作用，假设 H5 成立。

表 6-30 创业政策支持在创业意愿和返乡创业行为的调节效应检验结果

变量	返乡创业行为			
	模型 1	模型 2	模型 3	模型 4
	β	β	β	β
年龄	-0.097	-0.076	-0.071	-0.063
性别	-0.034	-0.026	-0.021	-0.011

(续表)

变量	返乡创业行为			
	模型1	模型2	模型3	模型4
	β	β	β	β
收入	0.061	0.045	0.033	0.055
文化	-0.203	-0.131	-0.122	-0.114
创业意愿		0.456***	0.443***	0.430***
创业政策支持			0.121*	0.171***
创业意愿*政策支持				0.235***
R^2	0.037	0.241	0.255	0.307
ΔR^2	0.037	0.204	0.014	0.052
调整后R^2	0.023	0.227	0.239	0.289
F	2.636*	17.326***	15.532***	17.152***

注：* 表示 $p<0.05$；** 表示 $p<0.01$；*** 表示 $p<0.001$。

6.4.6 检验结果

根据以上假设检验，本部分提出的假设大部分得到了验证，具体结果如表6-31所示。

表6-31 假设检验结果

编号	假设内容	结果
H1	新生代农民工个人特质对返乡创业行为有正向影响	支持
H1a	新生代农民工成就需要对返乡创业行为有正向影响	支持
H1b	新生代农民工风险承担对返乡创业行为有正向影响	支持
H1c	新生代农民工内控特质对返乡创业行为有正向影响	支持
H2	新生代农民工个人特质对创业意愿有正向影响	支持
H2a	新生代农民工成就需要对创业意愿有正向影响	支持
H2b	新生代农民工风险承担对创业意愿有正向影响	支持
H2c	新生代农民工内控特质对创业意愿有正向影响	支持
H3	创业意愿对返乡创业行为有显著影响	支持
H4	创业意愿在新生代农民工个人特质与返乡创业行为之间存在中介作用	支持

(续表)

编号	假设内容	结果
H4a	创业意愿在新生代农民工成就需要与返乡创业行为之间存在中介作用	支持
H4b	创业意愿在新生代农民工风险承担与返乡创业行为之间存在中介作用	支持
H4c	创业意愿在新生代农民工内控特质与返乡创业行为之间存在中介作用	支持
H5	创业政策支持调节创业意愿转化为返乡创业行为,创业政策支持度越高,创业意愿越容易转化为返乡创业行为	支持
H6	创业政策支持正向调节新生代农民工个人特质与返乡创业行为之间的关系	部分支持
H6a	创业政策支持正向调节新生代农民工成就需要与返乡创业行为之间的关系	支持
H6b	创业政策支持正向调节新生代农民工风险承担与返乡创业行为之间的关系	不支持
H6c	创业政策支持正向调节新生代农民工内控特质与返乡创业行为之间的关系	支持

6.5 研究结论与建议

6.5.1 研究结论

本书从理论上融合了当前的政策进行研究,主要探讨新生代农民工个人特质、创业意愿、返乡创业行为、创业政策支持之间的关系,通过构建理论模型,进行实证分析探究,得出以下结论。

(1) 新生代农民工个人特质对返乡创业行为的影响

假设H1a成立,即新生代农民工成就需要对返乡创业行为有显著正向影响。具有高成就需要的农民工容易实施返乡创业行为,因为与就业相比较,创业更容易满足他们在物质上和社会地位上的需要。他们会不断关注创业信息、寻找创业机会、了解相关创业的流程和政策,随时为创业做准备。一旦机会来临,他们开始实施创业活动。

假设H1b成立,即新生代农民工风险承担对返乡创业行为有显著正向影响。具有高风险承担性的新生代农民工在面对一个具有高风险和高收益的项目时,在行动上会不断搜集与项目相关的信息,拓展所需要的社会网络,不断学习,对项目失败的概率也会做好心理准备,从而果断作出创业选择。相反,低风险承担的人在识别商业机会之后,因为在心理上害怕失败,以及无法承受在经济上和精神上产生的后果,从而不敢去尝试开展新项目,最终错失好的创业机会,放弃返乡创业行为。

假设 H1c 成立,即新生代农民工内控特质对返乡创业行为有显著正向影响。新生代农民工具有内控特质,他们能够更好地思考和规划未来,拥有更加前瞻性的思维模式,并且更加积极地发现和开发创业机会,这一点与普通农民工有着显著的不同。此外,拥有内部特质的新生代农民工会对成功有更好的期待,为了实现自己的目标,他们表现出异于常人的毅力,善于制订和实施计划,解决问题。反之,外控特质的人则认为,目标最终取决于外部环境,怀疑自身能力,缺乏自信和毅力,容易受到外界因素的干扰。因此,内控特质的新生代农民工更容易选择返乡创业。

假设 H1a、假设 H1b、假设 H1c 成立,得出假设 H1 成立,即新生代农民工个人特质对返乡创业行为有显著正向影响。以往研究表明,个人特质是影响返乡创业行为发生的一种重要特质(Shane 和 Nicolaou,2013)。

(2)新生代农民工个人特质对创业意愿的影响

假设 H2a 成立,即新生代农民工成就需要对创业意愿有显著正向影响,与以往研究结论一致(张秀娥和王超,2019)。从动机理论角度分析,动机是由需要产生的,成就需要是返乡创业行为发生的重要动机和影响因素,对个人开展创业活动有重要作用。因此,有高成就需要的人更渴望成功,有更强的实现自身价值的愿望,更倾向于通过创业去实现自己的价值。同时,他们更愿意接受风险、挑战。此外,成就需要高的个人一般都喜欢非常规性、创新性的工作,在创新方式下往往更容易激发创业意愿。

假设 H2b 成立,即新生代农民工风险承担对创业意愿有显著正向影响。创业活动本身就是一个高风险行为,需应对外部复杂多变的市场环境,对自身专业技能和管理能力的要求以及对产品服务的定位要求都比较高。因此,高承担风险能力的人才能克服一切困难,始终保持高的创业意愿,最终实现创业的想法。

假设 H2c 成立,即新生代农民工内控特质对创业意愿有显著正向影响,与以往的研究一致(王季和李倩,2017)。Rotter(1954)的控制源理论认为,人们对事件的归因判断不同,最终导致的行为结果也不同。内控者会把主要原因归咎于个体的自身因素,而外控者则认为,外部因素才是引起事情发生的主要因素。内控特质的人比一般人自我效能感更高,他们坚信自己可以掌控好局面,自己的付出能有所成就,会激发更高的创业意愿。假设 H2a、假设 H2b、假设 H2c 成立,得出假设 H2 成立。

(3) 新生代农民工创业意愿对返乡创业行为的影响

假设 H3 成立,即创业意愿与返乡创业行为具有明显的正相关关系。创业意愿是影响返乡创业行为的重要因素,这一结论与以往的研究结果一致(汪昕宇,2020;祝振兵和许晟,2022)。创业意愿被认为是一种预测性指标,它可以帮助个人更有效地将创业意愿转化为实际返乡创业行动。如果新生代农民工的创业意愿较强,他们会投入更多的时间、精力和资源来实现这一目标,而如果他们的创业意愿较低,他们可能会对创新信息毫不关注,从而导致返乡创业行为失败。

(4) 创业意愿在新生代农民工个人特质与返乡创业行为之间的中介作用

创业意愿在新生代农民工个人特质和返乡创业行为之间起部分中介作用。创业意愿在新生代农民工成就需要、风险承担、内控特质与返乡创业行为之间起到部分中介作用,也就是说,新生代农民工个人特质对返乡创业行为的影响既可以通过创业意愿来实现,也可以直接实现,假设 H4、假设 H4a、假设 H4b、假设 H4c 检验成立,此结论与已有研究观点具有一致性。

由 Markman 和 Baron 提出的个人创业适配理论指出,当个人特质与创业者所具备的相关特征吻合时,返乡创业行为更容易开展。换言之,那些有更大成就需求、对不确定性风险承担更大、对自身解决问题更具有可控性的新生代农民工往往更容易产生返乡创业行为。因此,实施返乡创业行为首先要通过某种个人特质激发个人的创业意愿,拥有个人创业意愿的个人才会去想办法实现返乡创业,如利用自己所拥有的人脉资源去市场上寻找商机,获取创业所需要的技术、知识、人才、资金等。而一旦创业的重要条件得到满足,创业活动的实施就具有可能性。虽然成就需要、风险承担、内控特质这三个特质的表现形式不同,但是它们都是通过创业意愿转变为创业行为,最终成功实现返乡创业。

(5)创业政策支持的调节作用

假设 H5 成立,即创业政策支持正向调节创业意愿与返乡创业行为之间的关系,与以往的研究大体一致。在好的创业政策支持下,政府提供的返乡创业政策能够正面调动返乡创业意愿,从而推动返乡创业活动的发展。为新生代返乡农民工创业者提供高效简洁的政务环境,可以使他们获得更好的创业机会,降低企业的制度性交易成本,提升个体的创业自我效能感,从而激发创业者的积极性,最终实现创业意愿向返乡创业行为的转变。而一旦返乡创业政策支持度降低,创业者会觉得不确定性太高,对返乡创业也会处于迟疑状态,从而降低返乡创业行为的发生概率。

假设 H6a 成立,即创业政策支持正向调节新生代农民工成就需要与返乡创业行为之间的关系。在政府提供的政策支持下,创业者的成就需要在识别信息价值和发掘潜在机会的过程中发挥重要作用,以此激励他们不断研究政策,寻找可行的商业机会,从而使返乡创业行为更容易实施。而那些有成就需要的人在返乡创业政策支持度很低的情况下,选择实施返乡创业行为的可能性很低。

假设 H6c 成立,即创业政策支持正向调节新生代农民工内控特质与返乡创业行为之间的关系。可能因为,有内控特质的新生代农民工虽然对自身的事业有规划、有信心,但是也需要有一个外部政策环境。乡村振兴返乡创业政策支持度越好,创业环境越有利,如政府为新生代农民工提供贷款资金的支持,对新办企业提供税收优惠,对企业技术进行咨询和指导等,那么创业者预计创业成功概率会大大提高,从而更容易实施返乡创业行为。反之,如果返乡创业政策支持环境较差,经济形势不好,那么新生代农民工会权衡利弊,实施创业想法的概率也会降低,从而返乡创业概率也随之降低。

假设 H6b 不成立,即返乡创业政策支持对新生代农民工风险承担与返乡创业行为之间的关系没有显著影响。无论创业政策支持度如何,有风险承担性的人都坚信高风险和高收益是对等的,只要能够获取别人获取不到的异质性资源,返乡创业成功的可能性就很大。因此,政策的支持对实施返乡创业行为没有显著影响。因此,从假设 H6a、假设 H6b、假设 H6c 得出假设 H6 部分成立,即创业政策支持对新生代农民工个人特质与返乡创业行为之间的关系影响部分显著。

6.5.2 研究贡献

不同于其他关注个人特质对返乡创业行为的影响,本书更关注新生代农民工对返乡创业的影响,既关注创业者内部因素,又关注外部因素对返乡创业行为的影响,并探究当前最受关注的乡村振兴所带来的返乡创业政策环境对新生代农民工个人特质与返乡创业行为关系的影响作用。本书参考前人学者的观点,认为作出创业决策要考虑当前的政策环境,不能只停留于个人特质评价。根据本书的研究结论得出,创业政策支持可以显著影响创业意愿和返乡创业行为之间的关系,也可以影响新生代农民工个人特质如成就需要、内控特质与返乡创业行为之间的关系。由此可见,乡村振兴战略中的返乡创业政策支持有利于鼓励返乡新生代农民工从事创业活动,本书为政府制定政策提供了指导,提高了创业政策的有效性。

已有对个人特质的研究多集中在大学生、老一代农民工群体的单一特质,本书基于多维度特质理论框架,从创业者的心理特质和基本特质方面去讨论其和返乡创业行为的关系。研究结果表明,3 个特质与返乡创业行为都具有显著的正相关关系,都通过创业意愿这个中介桥梁作用于返乡创业行为,并且多数受制于外部环境,进一步丰富了相关创业领域的研究理论。

6.5.3 对策与建议

（1）重视个人特质对返乡创业行为的影响，加强个人特质的培育和提升

发挥新生代农民工个人特质在返乡创业行为中的作用，要重视新生代农民工的成就需要、内控特质和风险承担特质的培养。对于具有明显创业特质的新生代农民工，政府应该给予重点帮扶，激发他们的创业热情，使他们转化为实际的创业者；而对于创业特质不明显的农民工，针对他们自身缺乏的创业特质，可提供个性化特质培训计划，具体如下。

① 提高个人成就感

第一，激发新生代农民工自身成就需要。与老一代农民工相比，新生代农民工多有外地工作的丰富经验，谋求发展动机强烈，因此可运用外部力量来建立创业阶段的成就动机认知，明确自身定位，并通过各种方式学习专业技能和管理知识，进行自我剖析与反思的心理训练，从而为创业过程奠定基础。第二，通过激励自我，调动自身积极性。一方面要设定合理的返乡创业目标，以 SMART 为原则设立目标，并且量化目标，对目标进行阶段化分解，以逐步完成目标，激发自我成就感，树立信心，不断提高成就需要感；另一方面要设置挑战性返乡创业目标，不断克服困难，强化需求感，实现人生价值。第三，合理规划自我，强化成就动机。要结合自身工作经历和实际情况，确定创业方向，做好充分的准备，不断增强成就体验感，强化成就动机。

② 加强内控特质的培养

一方面，学习内控特质的相关课程，掌握内控理论专业知识，注重科学思维的训练，结合自身实践培养内控特质；另一方面，积极参加政府、社会举办的各类创新创业活动或者相关行业经验会议等，了解市场客户的变化，发掘新的市场，加深对创业环境的认识，提高自信心。

③ 提升风险承担能力

首先，通过问卷测评等方式评估自身的风险承担能力，并在日常生活工作中锻炼风险承担能力，循序渐进地尝试有风险的事情。坚持底线

思维,对各种影响创业风险的因素要高度警惕,并且重视以可行的方式进行监控,做好防范工作,保持乐观的心态,从容面对风险。其次,作决策前设定合理的风险水平,进行合理的规划,向有经验的人学习,多进行理论和实践的学习,多探索新的创业发展模式、路径等。最后,提高抗风险能力,精准识别风险,对潜在的风险作出预估,分析风险的紧急程度和危害程度,做好应对措施。积极拓展收入渠道,提高自身的经济水平,可考虑采取合伙人或者众筹的创业形式。

(2)营造良好的创业氛围,激发创业意愿

创业氛围是创业活动的催化剂,对新生代农民工创业者而言,需要营造一种政府支持、社会认可、个体效仿的创业氛围。

① 重视自主创业思想教育

引导新生代农民工转变传统就业观念,打破稳定动态,不断创新求发展。一要加强创业宣传,利用多种载体,包括政府热线、报纸、广播、官方网站、QQ、微信公众号等。二要发挥榜样作用,找出典型的新生代农民工和老一代农民工创业的鲜活案例,开辟创业成功人士专栏,传播好带头人的故事,对特别突出的返乡创业人物可予以表彰,激发创业能量,弘扬创业精神;引导社会重视返乡创业工作,树立返乡创业意识,邀请成功返乡创业的企业家分享创业经验,为潜在创业者提供经验交流学习的机会;组织新生代农民工到知名企业进行参观,了解创业流程,激发创业热情。三要组织相关单位去当地村、镇进行创业政策宣传,讲解国家的创业优惠政策,提高新生代农民工对返乡创业政策的敏感度,以便其灵活运用返乡创业政策进行创业实践,开展返乡创业成果展示、创业座谈会、创业论坛、农民工创业大赛等活动,强化榜样作用,吸引更多人关注返乡创业,进而提升新生代农民工的创业意愿。

② 强化对创业失败观的正确引领

第一,以新生代农民工能够理解的方式普及创业相关知识,让他们对创业有深入的了解,提升公众对创业失败的认知,转变对创业失败的态度;建立专业创业心理辅导,提高社会对创业失败的包容度,构建鼓励创新和包容性强的社会环境,从而激发农民工的再创业意愿。第二,当地政府与企业合作,为农民工提供创业建议与帮助。为了帮助青年农民工解决创业过程中遇到的实际问题,可重点关注他们的医疗和子女教育。对于曾经失败的创业者,可加强对他们发展动态和创业意愿的关注。

(3) 加大乡村振兴创业支持力度,优化返乡创业政策环境

① 健全创业政策支持工作机制

第一,加强政府部门间的协同,建立以政府为主导,工商、人社等部门协同联动机制。划分各部门的权限和责任,做好对返乡农民工创办新企业相关信息的汇总、跟踪工作,建立工作会议制度,对返乡农民工创业企业的相关问题进行研讨分析,并制定相应解决措施。第二,完善政府的监督考核,制定专门的创业相关监督管理机制;定期开展检查,提高工作效率,保障工作的有效开展;强化对政府创业负责人的工作考核,根据工作内容设置考核标准,把创业活动相关指标纳入工作绩效考核,鼓励群众对创业政策落实情况进行监督和举报,对绩效不合格和职责不履行的人进行问责。

② 建立和完善税收金融扶持政策

第一,建立新生代农民工返乡创业专项贷款管理制度。制定有针对性的贷款管理制度,提高办理贷款的效率,解决新生代农民工返乡创业贷款融资难的问题;采取一站式贷款程序,开发多种类型贷款抵押物,增加抵押物种类,如农村返给产权、土地经营权等相关农村产权;用好贷款贴现政策、不同类别的存款准备金政策、考核评估政策等,促进金融和非金融机构对乡村振兴相关创业项目的支持,保障创业项目安全信贷资金需求。第二,丰富新生代农民工返乡创业融资渠道。缺乏资金是初创企业的关键问题之一,政府可用市场化方式设立乡村振兴农民工返乡创业基金,健全政府投资金融机制,鼓励金融和社会资本投入更多农民工返乡创业项目,增加民间非金融机构的扶持,协助新生代农民工通过众筹平台招收投资者;引导贷款担保业务向乡村振兴项目倾斜,发挥当地信贷担保体系的作用,促进信息共享,建立"保险+期货"模式,鼓励发展农民创业保险。第三,加大对新生代农民工返乡创业的财政投入。一方面

要做好乡村特色产业资金规划,加强特色产业园、现代农业工业产业园建设,促进三大产业融合发展,提高税收优惠和补贴力度,税收政策向农民工返乡创业领域倾斜,如税收的范围、行业差别,规模实行差别税率、低税率,实事求是降低新创企业的优惠门槛服务期限;另一方面,加大对新生代农民工返乡创业的资金补贴力度,如每年进行优秀创业项目评选、创业孵化基地的认定、创业明星的评选等,提高创业积极性。第四,做好政策实施的监督。做好新生代农民工返乡创业资金贷款的审查,如贷款人的返乡创业项目是否符合相应优惠条件,禁止不合法项目获取国家资金,监督税收和金融政策落实的有效性,提高落实质量。

③ 加大政府培训的支持力度

首先,完善新生代农民工返乡创业培训相关内容,提高创业认知,通过调研深入了解新生代返乡农民工的现状、特点和需求,结合当地的优势资源、产业发展要求和方向,设计有针对性的培训课程,如创业知识、创业实践模拟训练、技术指导、心理素质等培训课程,推行模拟教学、互动教学、经验讨论课等,建立师傅带徒弟的模式。其次,创新培养手段,深化校企合作、企业之间合作,精选培训机构、培训人员,实施农民工返乡创业培训、跟踪指导工作,推行高等教育机构创业培训、专家进企业模式,针对农民工返乡创业的产品和商业模式进行辅导,不断探索创业培训融合区域产业模式;对返乡创业者定期开展培训辅导,解读相关新生代农民工返乡创业优惠政策,积极推广政府允许范围内落实创业优惠政策的相关经验和做法,指导他们利用优惠创业政策;线上和线下课程相结合,包括利用微课堂、互动平台等技术手段。最后,加大对新生代农民工返乡创业培训支持力度,政府需优化职能部门和社会教育培训资源,不断改善创业培训的环境,完善培训设施条件,提高农民工的培训满意度,加强农民数字素养与技能培训,重视培训质量,扩大培训规模,吸纳更多新生代农民工参与培训,促进新生代农民工创业。

④ 搭建公共服务创业信息交流平台

首先,以政府为导向,新生代农民工企业家为主导,组建与新生代返乡农民工创业相关的民间合作组织,促进信息沟通、产权交易、专业学习培训，建立合作交流平台，维护新生代返乡农民工的合法权益，共享社会资源，推动创业活动的发展。同时，组建非政府参与类的专业类别组织，如农产品供销社、农民工返乡创业协会、创业专项园区等。

其次，建立创业信息资源系统，拓展信息传递渠道。新生代农民工返乡创业者可以通过信息平台系统找到创业项目、商业团队、融资渠道等，以保障创业项目的顺利开展。资源信息系统包括信息发布模块、在线学习模块、创业项目模块、线上互动模块。新生代返乡农民工可以通过信息发布模块了解相关创业的相关知识和政府相关创业政策；从在线学习模块获取课程资源和教学辅导，申请个性化学习辅导，获取相关资源；从创业项目模块获取市场信息，暂无项目的可以找寻项目，对已有项目的创业者，请专家协助团队包装和培育；通过线上互动模块，与专家进行互动，得到专业化服务。同时，通过虚拟社区、论坛等形式，交流创业经验和共享数据资源。

最后，引导新生代农民工结合数字经济返乡创业，加快数字经济与企业相融合，紧跟时代步伐，重视学习互联网知识技术，拓宽数字经济的运用范围，吸引有创业想法和创业行为的人加入数字化队伍。

（4）建立健全创业退出保障机制，提高返乡创业的积极性

第一，创业退出保障机制运行的前提是对创业失败的科学定义和分级认定，认定创业失败要从多方面进行考虑，可以从企业的资金状况、经营时间、可持续性等进行评估，划定创业等级，并提供合理的保障。第二，完善创业失败保障机制，促进经济和社会价值的创造，对于新生代返乡创业失败后不想再创业的人，可以给予适当补贴并帮助解决后续就业问题；对首次创业失败但选择再次创业的新生代返乡农民工，可提供基本生活补贴，补贴金额以当地的平均月薪为基准，也可以为个体提供创业资金补助，补助的标准以社会保险补助和失业保险补助为基准；对多次创业失败再创业的新生代返乡农民工，通过社会资本捐助、龙头企业的带动发展、保险机构资助的创业失败保障金进行帮扶。第三，建立政保银一体化的保险机制。政府需要做好风险知识普及工作，让新生代农民工对风险具有正确而清楚的认识；创建政府、保险公司、银行的创业保

险模式,鼓励保险公司发展政策性创业险种,同时引导和支持企业去购买员工失业保险、企业财产保险等。保险公司对新生代农民工返乡创业进行定期或不定期风险管理;银行部门做好新生代农民工创业的数据统计核查,指导如何实现资金效益最大化,提高创业者的抗风险能力。

7 新生代农民工返乡创业行为对创业绩效的影响研究

7.1 新生代农民工返乡创业行为测度的指标体系研究

在乡村振兴背景下,影响新生代农民工返乡创业成功的关键行为是什么?为深入探讨该问题,本书基于扎根理论,对新生代农民工返乡创业行为的维度结构(即指标体系)以及影响创业质量的路径进行探索,为深入认识乡村振兴背景下新生代农民工返乡创业行为提供理论基础与实践指导。

7.1.1 文献综述

(1) 新生代农民工

本部分参照前文所述,认为新生代农民工主要是指"1980年以后出生的具有农村户籍却长期在城市务工经商的农村劳动力"。

(2) 创业行为

依据前述研究结果,新生代农民工返乡创业行为是新生代农民工在返乡创业过程中基于建立新企业、维持新企业生存或成长所作出的一系列动态反应,是一个动态化的逻辑行为过程。

关于创业行为的维度结构研究,不同学者分别从不同视角对创业行为的维度进行划分。一方面,从企业视角出发,Zahra(1995)提出创新、战略更新和风险投资三维理念。戴维奇等(2010)则认为,创业行为包含创新和风险投资两大活动,将集群企业的创业行为划分为管理创新、产品服务创新、国内风险投资与国际风险投资四个维度。赵庚等(2017)将孵化企业创业行为分为企业选址、机会搜寻行为、企业社会网络行为以及企业战略、创业模式和进入市场的选择、创业融资方式和创业法律形式的选择等方面。李文博(2014)和胡海青等(2019)基于进化视角,深入分析了企业创业行为的进化特征,将进化创业行为分为微创新、战略更新和风险投资行为三个维度。刘勤华等(2020)则在科技型新创企业的背景下,基于扎根理论,提炼出创业行为的3个主范畴:创业出发点、资源利用与分配和目标市场战略选择。另一方面,从创业者视角出发,张改清(2011)认为,农民工返乡创业行为体现在创业中策划、执行以及运行的整个行为过程,并从资金筹备、营建关系网络、信息获取、业务往来等行为分析农民工返乡创业活动的代际差异。闫华飞等(2015)将产业集群环境下创业者的机会识别、资源整合、团队组建、网络建构、模仿行为界定为创业的5大关键行为。显然,学者们基于特定情境,初步探索了创业行为的维度构建,对于丰富创业行为的维度结构研究具有积极作用,但仍然存在进一步拓展的空间。在乡村振兴背景下,鲜有研究深入探讨新生代农民工返乡创业行为的维度构建,因此,本书以新生代农民工为研究对象,利用扎根理论分析方法,深入探讨乡村振兴背景下新生代农民工返乡创业行为的维度结构,丰富创业行为维度结构研究。

7.1.2 研究设计

(1) 研究方法

扎根理论适用于解读过程、概括经验、识别规律等问题的研究,这为本书旨在揭示乡村振兴背景下新生代农民工返乡创业行为的维度结构,以回答"影响新生代农民工返乡创业生存与成功的关键行为是什么"这一问题提供了解决思路。本书采用扎根理论方法,以新生代农民工返乡创业的典型案例为研究对象,通过扎根理论分析方法,探究新生代农民工返乡创业过程的内在规律,进而构建影响返乡创业过程的关键行为指标体系。

(2) 资源来源

2023年10—11月,笔者以半结构化问答形式对江西省12家返乡创业企业的创始人进行访谈。被访谈者皆为返乡创业的新生代农民工,被访谈企业所属行业包括建材行业、住宿和餐饮业、种植行业、娱乐业、智慧校园行业、食品行业、金融行业、批发与零售业等,访谈资料共计 5 万字,如表 7-1 所示。

表 7-1　访谈案例信息

编号	创始人	主营业务	字数(万字)	行业
A	黄先生	卧室套房家具	0.18	建材行业
B	王先生	种植芦笋	0.13	种植行业
C	肖先生	跨境电商零售灯饰类产品	0.77	批发与零售业
D	王先生	餐饮,如:吴姐拌粉;金融	0.75	餐饮业;金融业
E	韦女士	家具定制与安装	0.11	建材行业
F	邵女士	校园互联网平台	1.24	智慧校园行业
G	周先生	整体软装装修	0.33	建材行业
H	彭先生	第三方汽车金融服务	0.34	金融业
I	尧先生	经营酒店	0.21	住宿业
J	许女士	校园商务、剧本杀等娱乐项目	0.49	智慧校园行业、娱乐业
K	蔡先生	代工生产米粉	0.36	食品行业
L	贾女士	种植中药材	0.09	种植行业

(3)研究步骤

首先,笔者以半结构化问答形式对 12 位返乡创业的新生代农民工进行 20 分钟左右的访谈。由于地区限制,本书对位于南昌市的被访谈者采取线下访谈方式,而对位于其余地区的被访谈者采取线上形式进行访谈,访谈的具体问题根据被访谈者的回答进行调整。访谈提纲主要包括:您为什么会选择返乡进行该项目创业?您在创业初期是如何规划的?您认为在创业成功过程中,什么是最重要的?请举例说明。您认为您创业的优势有哪些?您创业至今遇到的最大困难和障碍是什么?怎么解决的呢?您在创业过程中感触最深的是什么呢?

其次,笔者将收集的 12 份有效访谈样本中的 8 份用于编码分析,预留三分之一的样本用于饱和度检验。编码分析过程包括开放式编码、主轴编码和选择式编码,通过编码分析提炼出新生代农民工创业行为的维度结构,构建创业行为对返乡创业质量的影响路径模型。

7.1.3 编码分析过程

（1）开放式编码

本部分围绕"影响新生代农民工返乡创业质量的关键创业行为"这一主题,利用NVivo14对访谈资料进行编码,首先通过开放式编码对原始资料贴标签,得到参考点数92个;其次,将标签进行比较、归纳,形成初始化概念25个;最后,将初始化概念进一步归纳得到10个初始范畴。开放式编码结果如表7-2所示。

表7-2 开放式编码结果

范畴	概念化	原始资料举例
建立联系	利用线下活动与同行建立联系	偶尔会去参加线下培训,与一些卖家进行交流(C2)
	注重与上下游建立良好合作关系	注重与物业和开发商建立良好合作关系,这让客户感受到与我们合作有保障(G8)
	通过熟人与他人建立联系	我们通过自己村子的村干部找到邻村的干部,让他们牵头引线,最后沟通多次才让后续的土地扩张顺利完成(B4)
保持联系	保持互动	要与亲友保持良好互动,很多亲朋好友会因为和你关系好而选择你的品牌(A8)
	互相帮助	创业圈子就是你帮我一把,我扶你一把,彼此实现合作共赢(J6)
经验学习	注重积累经验	在工作的过程中积累经验,不断总结和复盘反思(C13)
	根据经验做调整	自己会根据积累的一些经验作出调整(L6)
	吸取失败教训	历经多次失败,落实了这项技术(B7)
认知学习	与专业人员学习	我一直在打听先进的芦笋种植技术,在惠农网报道中发现了黄淮地区有完善的种植技术,于是跑到河南、山东进行系统的培训学习(B6)
	关注和学习知名企业	我们非常热爱学习,经常学习一些知名的企业家或教育家,让自己的认知和能力得到进一步提升,从而回馈到企业的成长中(J10)
	通过观察获取信息学习	甚至在YouTube平台上搜视频来学习(C9)

(续表)

范畴	概念化	原始资料举例
机会识别	敏锐察觉机会	在扩大商业版图的过程中,能敏锐察觉利润高的创业项目(D13)
	识别有价值市场	芦笋是一个高端产品,但当时在赣东北还属于蓝海市场,老家旱地也没人种,于是我在老家开始种植芦笋(B7)
	把握机会	人的智商都差不多,但你要做好随时碰上机遇的准备,你才有办法把公司做到一定的体量(D14)
发挥资源优势	利用家乡优势	南康以生产销售家具为主,这是一个土生土长的可利用优势(A1)
	利用政府政策优势	政府对电商创业的扶持力度较大,建立了很多电商办公区,这是一个优势(A3)
	利用工作经历所得	原来就有做这一块的人脉和技术,如销售还有施工队都是原有的一些人脉,把这些资源整合起来(G1)
合理规划资源	创造性利用有限资源	在某一行业遇到瓶颈,即已经不能再产生新的利润点后,为了实现现有资源的一个内循环,我们会基于本身的一个商业逻辑去发展,围绕行业不断进行延伸(D6)
	合理安排生产与运营过程	我们主要做的一些市场是离驾校不远的,会考察以自己市场为核心,然后进行选址(J3)
价值主张创新	识别新的市场和客户群体	我们走的定制路线的话,主要针对的也是极少部分的群体,这也是我们的一个创新(A9)
	提供产品的新型组合	做的所有产品应该说和上一辈做的产品可能会有区别,区别在于我们都是定制的,和以前不一样,我们现在要做的就是客户认为好的才是好,会有创新(K8)
价值创造创新	开发新的核心流程和活动	现在人图方便,不愿意煮,想要用开水一泡就能吃的米粉,所以我们现在研发和突破冲泡技术(K11)
	引入新合作伙伴	以更优质为目标选择原材料供应商,严格把控产品质量(C4)
价值传递创新	开发新的建立客户关系的工具	我们线上办公引入ChatGPT后,整个公司的运营效率得到了明显提高(D11)
	建立新渠道销售	他们的模式是老版的,但我们不是,我们是预加盟模式,其创新点就是"预"字。我们出钱让加盟商来开店并且给工资,一年后我把门店转让给你或者你放弃,这样加盟商不用承担任何风险而且可以完全掌握整个生产加工运营的过程(D10)

（2）主轴编码

主轴编码是在开放式编码的基础上，对初始化范畴进一步整理分析，提炼出5个主范畴——网络构建行为、创业学习行为、机会识别行为、资源利用与分配、商业模式创新。主轴编码结果如表7-3所示，新生代农民工返乡创业行为的维度结构如图7-1所示。

表7-3 主轴编码结果

主范畴	副范畴	范畴内涵
网络构建行为	建立联系	创业者通过活动或熟人介绍与同行、上下游企业或他人建立有效联系
	保持联系	创业者经常与亲友或他人保持良好互动并且互相帮助
创业学习行为	经验学习	创业者积累个人经验进而转化为有价值的创业知识的行为
	认知学习	创业者吸收他人经验进而转化为有价值的创业知识的行为
机会识别行为	机会识别	创业者对市场机会敏锐察觉、有效评估并积极行动的过程
资源利用与分配	发挥资源优势	创业者有效利用家乡优势、政府政策优势以及工作经历所得
	合理规划资源	创业者对有限资源创造性利用并合理安排生产与运营过程
商业模式创新	价值主张创新	创业者定位新的市场和客户群体并为其提供新产品组合的过程
	价值创造创新	创业者为价值主张所开展的一系列新活动
	价值传递创新	创业者将产品或服务推广给目标客户的方式创新

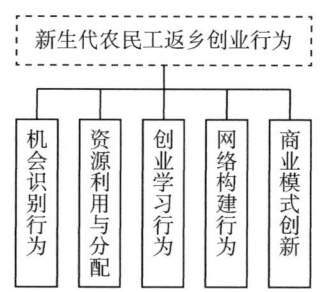

图7-1 新生代农民工返乡创业行为的维度结构

（3）选择式编码

选择式编码是将主轴编码所得到的主范畴与核心范畴搭建联结关系，以构建连接所有范畴的理论框架模型。本部分的主题为"影响新生代农民工返乡创业质量的关键行为是什么"，故将"返乡创业质量"定义为核心范畴，展开的故事线为：第一，网络构建行为与创业学习行为通过助推机会识别行为、资源利用与分配等核心创业行为，从而间接促进商业模式创新与新生代农民工返乡创业质量的提升。第二，机会识别行为、资源利用与分配等核心创业行为直接影响新生代农民工返乡创业质量的提升，同时可促进商业模式创新，进而提升返乡创业质量。选择式编码结果如表7-4所示。

表7-4 选择式编码结果

作用路径	结构	原始资料举例
网络构建行为→机会识别行为	正相关	通过每年的展销会判断风格走向（A2）
网络构建行为→资源利用与分配	正相关	其实资源是长期合作积累出来的。合作得好，后面基本上问题也不大（A6）
创业学习行为→机会识别行为	正相关	通过专门的论坛或者线上搜索，获取市场发展信息（C1）
创业学习行为→资源利用与分配	正相关	参加政府培训，学习技术和管理能力，为后续发展积累资本（L7）
机会识别行为→商业模式创新	正相关	我们会根据市场上新，如空心粉和冲泡都比较方便，就会存在这个市场，这些都是我们正在研发和突破的（K9）
机会识别行为→返乡创业质量	正相关	在绳金塔，新开的门店吴姐汤浦，赶上好时机，开业几天就回本了（D15）
资源利用与分配→商业模式创新	正相关	在产源地实地考察产品的品质、设计理念等，吸纳其好的一面，作为公司的常用资源，以此研发出新产品（G5）
资源利用与分配→返乡创业质量	正相关	在仁和市，我刚好占据了天时地利人和，才把企业做好，如我不缺技术、人员、厂家（K1）
商业模式创新→返乡创业质量	正相关	食品专业是南昌大学的招牌专业，跟他们合作对我们来说是一个很强的信用背书，让我们的品牌发展得更好（D9）

（4）饱和度检验

考虑到扎根分析的信度，本部分预留了三分之一的典型案例访谈资料进行理论饱和度检验，再按照上述步骤对四个案例的访谈资料进行编码，结果并未发现新的主范畴及初始范畴，于是认为新生代农民工返乡创业行为的维度结构具有较好的信度。

7.1.4 创业行为对返乡创业质量的影响路径分析

本部分通过对12位新生代返乡农民工创业者的访谈资料进行分析，认为乡村振兴背景下新生代农民工返乡创业行为的维度结构可分为网络构建行为、创业学习行为、机会识别行为、资源利用与分配、商业模式创新5大关键创业行为指标。根据各主范畴与核心范畴之间的关系，本书构建了创业行为各指标对返乡创业质量的影响路径模型，如图7-2所示。

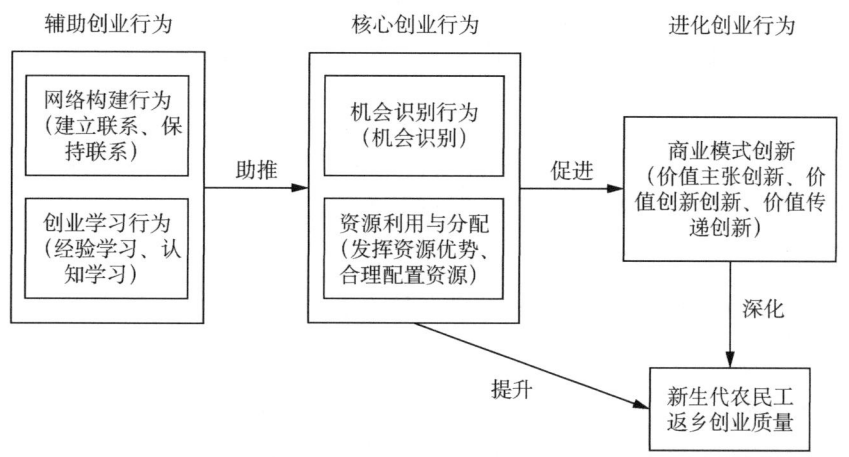

图7-2　创业行为对返乡创业质量的影响路径模型

（1）辅助创业行为

辅助创业行为是为核心创业行为服务的能够间接提升返乡创业质量的行为，包括网络构建行为和创业学习行为等。

网络构建行为包括建立联系与保持联系。研究表明，当企业遭遇困难和风险时，存在于关系网中的信任伙伴会提供帮助，助推新企业生存与成长。这与C企业创始人肖先生提到的《能力陷阱》一书中的观点一致,即"良好的人际关系对于能力的提升以及未来的成功都有着至关重要的作用"。新生代农民工应多与同行建立联系,注重与上下游企业建立良好的合作关系,正如黄先生所提出的"资源是长期合作积累出来的,良好的合作是企业后续生存与成长的一大保障"。除此之外,新生代农民工所具有的"地缘""亲缘"关系是返乡创业的一大助力,如B企业通过村干部牵头引线,获得与邻村干部交涉的机会,才完成后续的土地扩张计划。实践表明,应积极与亲友保持良好互动,"人脉资源是客户来源之一",多数人会因关系亲密而选择你的品牌。D企业创始人王先生则认为,应与更高层次的人保持良好关系,而其中的关键在于价值互换,给朋友提供情绪价值,给从商者提供商业价值。如创业者许女生和蔡先生所述,"互相帮助,合作共赢"。通过访谈资料可知,网络构建行为可助推机会识别和资源利用与分配,进而保障新企业生存与发展。

创业学习行为是指积累个人经验或吸收他人经验,进而转化为有价值的创业知识的行为,包括经验学习和认知学习。研究表明,创业学习重在个体开发和获取与创业或做大新企业相关的倾向、技能和能力,创业者通过学习与创业有关的知识来提升自身能力,进而提升企业机会识别的质量和整合企业资源,从而促进新创企业成长。访谈过程中,新生代返乡农民工普遍强调创业学习的重要性,C企业创始人肖先生表示,"我们的企业文化中重视自我批评+学习提升",具体而言,应在工作过程中,积累经验,不断总结、复盘、反思。除经验学习外,所有访谈企业都提到在观察学习中寻找市场发展方向,A企业通过每年的展销会判断市场风格变化;C企业通过线上搜索获取市场发展信息;G企业经常参加各地会展以把握装修风格趋势。此外,还提到交流学习,如L企业与林业局专业人员交流学习技术,B企业远赴黄淮地区系统学习种植技术,C企业股东之间相互探讨学习……新生代农民工作为创业活动的组织者,应多积累、多观察,总结经验和教训,从他人经验中获取关键信息,不断学习有关创业的新知识、新技术,为后续发展积累资本。如J企业创始人许女士所述,经常向一些知名的企业家或教育家学习,能让创业者的认知和能力得到进一步提升,从而回馈到企业的成长中。

(2) 核心创业行为

创业过程理论认为,创业机会、创业资源和创业者是创业过程的核心三要素,其中创业机会是创业过程的核心驱动力,创业资源是创业成功的必要保证。因此,本书认为,核心创业行为包括机会识别行为和资源利用与分配,能够直接影响返乡创业质量。

机会识别行为是创业者对市场机会敏锐察觉、有效评估并积极行动的过程。有学者提出,返乡创业者所识别的机会是影响创业成败的关键因素之一。新生代农民工在返乡创业过程中,需要重视对新信息和机会的捕捉,如案例中D企业创始人王先生在扩大商业版图的过程中,能敏锐察觉回报率高的创业项目,以此获得高收益;A企业创始人黄先生抓住机遇,创新商业模式,走特色定制路线。从多数企业实践来看,环境在不断变化,产品需求和供给会失衡,此时创业机会出现。例如,2020年,J企业意识到线下课程受到影响,成功转型为线上培训;K企业创始人蔡先生发现小包装产品的市场需求。与此同时,D企业创始人认为,创业者在不断变化的环境中,不仅应关注新的信息和机会,还要做好随时碰上机遇的准备,这样才有办法把公司做到一定的体量。新生代农民工创业者应培养"以小见大"的思维方式,有效地识别出有价值的市场机会,并积极转化为实际行动。综上所述,机会识别行为直接促进返乡创业质量的提升或通过促进商业模式创新来提升返乡创业质量。

资源利用与分配强调创业者对创业资源的有效利用和配置。创业过程理论认为,成功的创业活动是机会、资源和团队三要素均衡发展的结果。研究表明,在创业初始阶段,新企业处于资源稀缺状态,此时资源的有效利用和配置就成为创业成功的关键。在乡村振兴背景下,更多的资源要素向农村靠拢,如A企业所在地区建立了许多电商办公区,可享受政府的电商创业扶持政策。该企业创始人表示"返乡创业就是我的创业优势之一,南康以生产和销售家具为主,这是一个土生土长的可利用优势"。访谈中大部分新生代农民工谈及家乡优势和政府政策对其返乡创业的帮助,家乡的土地、人脉、技术资源,政府的资金补助、技术支持、培训指导等,"促使"着他们不断进步和成长。新生代农民工返乡创业者不仅拥有返乡所带来的家乡优势和政府政策支持,而且自身的工作经历所得也是其返乡创业过程中的一大助力资源,这些也正是乡村振兴背景下返乡创业的优势。例如,G企业创始人通过工作经历积累的人脉资源,更便利地实地考察各产源地产品的品质、设计理念等,吸纳其好的一面,作为公司的常用资源,以此研发出新产品。除了充分利用创业资源外,J企业创始人许*认为,企业的生存和发展离不开创业者对资源的合理规划,创业者应认真思考如何使资源实现效益最大化这一关键问题。综上所述,资源利用与分配直接促进返乡创业质量的提升或通过促进商业模式创新深化返乡创业质量。

(3) 进化创业行为

进化创业行为从进化视角对创业行为进行重新审视,是企业作为有机体在适应外部动态环境过程中,开展一系列无跳跃的创业行为的集合。有学者认为,进化创业行为包括创新和风险投资活动两类行为。本书依据新生代农民工这一群体的特点以及访谈资料,认为进化创业行为的核心是商业模式创新。

商业模式创新是指返乡创业企业为实现战略目标,革新既有商业模式的内容和结构,以应对外部环境变化、保持企业竞争力的变革行为。对创业企业而言,商业模式创新是企业提升竞争优势的重要手段之一。案例中新生代农民工创业企业的商业模式创新体现在以下几个维度:第一,基于市场需求和技术进步的价值主张创新,如K企业根据市场需求,努力研发冲泡技术,不断突破米粉制作的工艺技术,从产品创新上赢得众多客户的青睐。第二,开发新的核心流程、引入新合作伙伴的价值创造创新。比如,D企业创新加盟模式,采用预加盟模式,其创新点在于"预"。在第一年,D企业出资帮助加盟商设立门店并提供工资。一年后,加盟商可以根据门店情况选择"接受或放弃"门店,D企业完全承担了门店的失败风险。D企业通过这一模式,实现了快速裂变,提升了品牌知名度。第三,开发建立客户关系的新工具或方式的价值传递创新,如D企业和G企业利用智能化沟通方式,提高整个公司的运营效率。

7.1.5 结语

通过对访谈资料的分析,揭示了乡村振兴背景下新生代农民工返乡创业行为的维度结构,并构建了新生代农民工创业行为对返乡创业质量的影响路径模型,丰富了创业行为的研究情境,为新生代农民工高质量返乡创业提供了理论基础。通过访谈发现,机会识别行为、资源利用与分配、创业学习行为、网络构建行为、商业模式创新等行为影响着返乡创业企业的生存与发展,因此,本书提出如下建议,以提升新生代农民工返乡创业质量。

第一,对内聚焦学习,对外交流合作。新生代农民工应聚焦当下创业企业所面临的困境,侧重学习能切实解决创业问题或创业瓶颈的能力、技术等。另外,新生代农民工应加强对外交流,突破"小我"的局限,学习他人看待问题的思维方式,相互合作,实现共赢。

第二,重视机会,把握资源。一方面,返乡创业者应提升察觉力,培养敏锐察觉市场需求风向的能力,充分抓住市场机会;另一方面,利用返乡创业的优势资源。新生代农民工在创业起步阶段,需要充分利用"返乡"所带来的优势资源,如家乡优势、人脉优势、政策优势等,建立自身优势。

第三,树立进化观,建立创新容错机制。创业企业应树立进化观。创业是一个持续的进程,一次创业活动的成功并不代表着创业企业的持续成长,长期进化创业活动的成功才是长久之计。同时,建立创新容错机制,通过小成本的试错机制推动创业企业创新与调整,实现可持续发展。

7.2 新生代农民工返乡创业行为对创业绩效的影响研究

党的二十大报告强调要全面推进乡村振兴,坚持农业农村优先发展,加快建设农业强国,扎实推动乡村产业、人才、文化、生态、组织振兴。农民工返乡创业作为一种能够促进经济持续发展的方式,在与乡村振兴战略之间的实践中形成"产业互促、人才互补、文化互融、生态互建和组织互构"的耦合机制。返乡农民工创业是否可以成为推动乡村振兴战略的重要途径？研究表明，推进乡村振兴战略，需要一批具备城市工作经验和专业技能的农民工返乡创业（王秩和熊文，2018）。而相较于其他创业群体，农民工在返乡创业时受限于自身能力与当地创业资源，面临着更多的挑战和不稳定性。因此，如何有效提高农民工返乡创业绩效是新发展阶段政府和学术界关注的重要议题，需要深入分析影响农民工返乡创业绩效的各类因素，从不同视角探讨解决方案，以有效地解决限制创业绩效提升的关键问题。

朱鹏等（2020）认为，创业者对创业环境进行评估并产生相应的认知和动机后，必须通过具体的行动来创建新的企业或组织，且新企业的生存和成长依赖于行为选择的有效性。因此，企业应更好地调整和改变自身的行为，从而在开发创业机会的过程中取得更优绩效。学者们基于不同视角解释了不同创业行为对创业绩效的影响，如戴维奇和魏江（2010）发现集群企业背景下公司创业与创业绩效之间存在正相关关系。赵庚等（2017）深入分析孵化企业不同创业行为选择对创业绩效的影响，发现企业选址、机会搜寻行为、社会网络行为以及战略、创业模式和进入市场选择行为显著影响财务和市场绩效，但创业融资方式和创业法律形式的选择并不显著影响创业绩效。于丽卫和孔荣（2023）提出，农户绿色创业能显著提高农业创业的经济绩效、环境绩效和社会绩效。综上所述，企业的成功与创业行为的选择息息相关。但鲜有学者对新生代农民工返乡创业行为与绩效之间的关系进行研究。基于此，本书以新生代农民工为研究对象，分析其创业行为以及各维度对返乡创业绩效的影响，以期提高返乡创业绩效。

7.2.1 理论基础与研究假设

新生代农民工返乡创业行为是新生代农民工基于当前市场环境和自身积累，为维持返乡创立的新企业的生存和成长而实施的一系列行为。依据前述研究，在对新生代农民工返乡创业者进行深度访谈和扎根分析，以及查阅关于创业行为的文献后，将新生代农民工返乡创业行为的维度结构分为网络构建行为、创业学习行为、机会识别行为、资源利用与分配、商业模式创新 5 大关键创业行为指标（表 7-5）。接下来，本书对具体的创业行为及其对返乡创业绩效的影响的文献进行全面回顾,从网络构建行为、创业学习行为、机会识别行为、资源利用与分配和商业模式创新五个维度探讨其与返乡创业绩效之间的关系。

表7-5 返乡创业行为各维度内涵

行为领域	内涵
网络构建行为	返乡创业者与他人建立联系和保持联系的行为
创业学习行为	返乡创业者积累个人经验和吸收他人经验,进而转化为有价值的创业知识的行为
机会识别行为	返乡创业者敏锐察觉、有效评估市场机会并积极行动的过程
资源利用与分配	创业者有效利用家乡优势、政府政策优势以及工作经历所得,并对有限资源创造性利用和合理安排的过程
商业模式创新	返乡创业企业为实现战略目标,革新既有商业模式的内容和结构以应对外部环境变化、保持企业竞争力的变革行为

(1)网络构建行为与返乡创业绩效

社会网络理论认为,建立并保持良好的人际关系,为个体提供了获取超出其自身能力的资源的途径,进而拓宽了个人发展的可能性。基于这一理论,建立并保持良好的人际关系,为返乡农民工获取足够的人际信任,使其在创业过程中较易得到友好帮助,如提供对策建议、信息与知识等,进而促进返乡创业绩效的提升。有学者指出,网络构建行为,尤其是建立商务联系,能够为农民提供不同类型的信息和资源,进而帮助农民发现机会、了解市场需求,然后将其转化为创新实践,从而使农民获得创新绩效和财务绩效(Etriya等,2019)。与此同时,与企业、政府和科研机构等保持互惠关系,能有效推进返乡农民工创业进程,促进创业企业发展(文革等,2023)。

基于以上分析,本部分提出如下假设。

H1:网络构建行为正向影响返乡创业绩效。

(2)创业学习行为与返乡创业绩效

创业学习理论认为,个体通过经验积累和知识更新来提升自身能力,进而促进创业成功。一方面,经验学习有助于农民工创业者准确地洞察客户需求和市场趋势，进而制定合理的策略，推动所创企业的成长（郑山水等，2017）；另一方面，认知学习可以使农民工创业者快速地获取和更新相关知识，有效应对外部环境不确定性，从而提高返乡创业绩效（Shi等，2022）。有学者指出，相较于其他创业者，农民工创业者的知识水平偏低，因此，在应对不断变化的创业环境时，农民工创业者学习其他成功企业家等行为对于提升创业绩效具有关键性作用。

于是，本部分提出以下假设。

H2：创业学习行为正向影响返乡创业绩效。

（3）机会识别行为与返乡创业绩效

创业过程理论认为，机会识别行为是决定初创企业生存和成长的关键因素，成功的返乡创业者需要找到一个创业机会并评估和开发它（Ma等，2018）。返乡农民工能否准确识别并把握创业机会，这将很大程度上决定他们是否能在市场竞争中获得优势，实现资源的最佳配置，进而创造更大的利润空间（文革等，2023）。有学者解释了不同类型的机会对企业家精神有不同的绩效影响，研究结果表明，依赖自我认同的机会可以产生优越的农民创业绩效（Aiqi等，2020）。若能领先他人一步发现新机会，这将有助于返乡所创企业在市场中建立强有力的竞争地位。

基于以上分析，本部分提出如下假设。

H3：机会识别行为正向影响返乡创业绩效。

（4）资源获取行为与返乡创业绩效

资源基础观在创业学领域中得到了普遍运用，其核心思想是，组织是由多种资源构建而成的。根据这一理论，不同企业所展现的绩效差异，可以归因于创业过程中所掌握资源的多样性。有学者指出，返乡农民工所获取的无形及有形创业资源，对于实施高效的经营管理策略、提升市场占有率、建立市场竞争优势以及提升创业绩效至关重要（彭少峰等，2021）。Zhou等（2023）认为，农村创业者可以通过发现机会、降低市场风险、获取创业资源来实现创业发展。戚迪明等（2018）与方鸣（2021）则以返乡农民工的创业数据，实证检验了政策资源可获得性对农民工返乡创业绩效的显著影响。因此，充分利用以自身为中心点所链接的一切资源，对其进行合理性获取与分配,有利于促进创业企业的生存与发展。

综上所述,本部分提出以下假设。

H4:资源利用与分配正向影响返乡创业绩效。

(5) 商业模式创新与返乡创业绩效

创新理论认为,商业模式创新是依据捕捉到的商业机会,重新配置创业资源以重构价值链的过程。首先,企业须依赖商业模式的创新,以协调企业价值主张与目标市场的需求,并整合资源与制定规划战略,同时建立高效的生产系统和价值链,从而保证盈利的可持续性(张省与杨倩,2021)。其次,创新的商业模式能助力企业进入新市场或扩大既有市场,通过满足尚未被充分满足的需求或提供独到的解决方案来吸引额外的顾客(喻登科与陈淑婷,2023)。最后,企业通过创新商业模式,探索更高效的方法以生产、销售其产品或服务,有助于降低运营成本并提高利润率(陈雪琳等,2024)。综上所述,已有研究为商业模式创新对返乡创业绩效的正向作用提供了证据支持。

因此,本部分提出以下假设。

H5:商业模式创新正向影响返乡创业绩效。

返乡创业行为对返乡创业绩效的影响研究模型如图 7-3 所示。

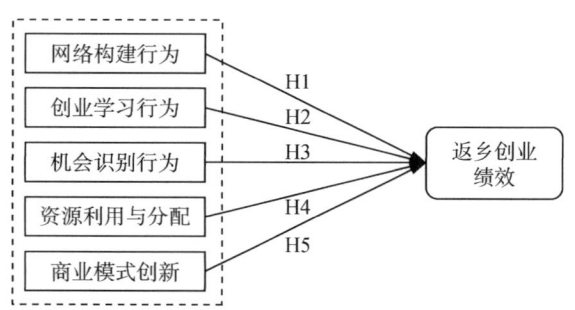

图 7-3　返乡创业行为对返乡创业绩效的影响研究模型

7.2.2　研究设计

(1) 研究方法

① 线性回归模型

为了研究创业行为的五个不同维度如何影响新生代农民工返乡创

业绩效,本书构建线性回归模型[式(1)],并基于 OLS 回归模型估计系数 a_1,用于识别新生代农民工不同维度创业行为对返乡创业绩效的影响。

$$EP_i = a_0 + a_1 EB_i + a_2 Control_i + \varepsilon_i \tag{1}$$

式(1)中,EP_i 为新生代农民工 i 的返乡创业绩效;EB_i 为新生代农民工 i 的创业行为,包括网络构建行为、创业学习行为、机会识别行为、资源利用与分配行为和商业模式创新;$Control_i$ 为控制变量;ε_i 为随机扰动项。

② 分位数回归模型

由于 OLS 回归只能反映创业行为对返乡创业绩效均值影响,而创业行为对不同分位点上的返乡创业绩效结果的影响可能存在差异。因此,本书采用分位数回归法进行稳健性检验,模型如下:

$$Q_\tau(EP|EB) = a_\tau + b_\tau EB_i + c_\tau Control_i + \varepsilon_\tau \tag{2}$$

式(2)中,$Q_\tau(EP|EB)$ 为新生代农民工在 τ 分位数上的返乡创业绩效;EB_i 表示不同维度的创业行为;$Control_i$ 为控制变量;ε_τ 表示随机扰动项;系数 b_τ 用于检验不同维度的创业行为对 τ 分位数上的返乡创业绩效的影响。

(2) 变量设计

研究表明,开发测量量表所需的题项通常可通过两种路径获取:相关研究文献和有相关工作经验的个人(Hinkin,1995)。于是,本书在参照之前研究者方法的基础上,对新生代农民工返乡创业行为的测量量表进行开发,包括以下几个阶段。

第一阶段:深度访谈。本书选取江西省 12 位新生代农民工返乡创业者,主要围绕"影响新生代农民工返乡创业质量的关键创业行为"这一主题,展开了深入访谈,并基于扎根理论,编码分析访谈材料,提炼出网络构建行为、创业学习行为、机会识别行为、资源利用与分配和商业模式创新五大创业行为。

第二阶段:文献调研。首先,本书对乡村振兴背景下返乡创业行为的五个关键维度进行了文献调研,文献调研的重点在于探讨乡村振兴背景下的返乡创业行为及其理论解释,以及各行为维度的具体测量指标;其次,对搜集到的文献进行了概括和归纳,以构建关于创业行为各维度的测量指标库;最后,依据创业行为各个维度的理论定义以及访谈结果,分类和整合了测量指标库中的各项指标,得出初步的测量量表,并采用Likert7分法,"1=完全不同意""7=完全同意",对题项进行赋值。

第三阶段:小范围测试。为确保量表的准确性和实用性,本书对12位返乡创业的新生代农民工进行小范围测试,以收集其反馈和建议。在汇总了返乡创业者的反馈后,调整和优化测量量表中不适当的题项,最终形成正式问卷。返乡创业行为测量量表如表7-6所示。

表7-6 返乡创业行为测量量表

维度	测量题项
网络构建行为	1. 会利用线下活动与同行建立联系
	2. 注重与上下游企业建立良好的合作关系
	3. 会通过熟人与他人建立联系
	4. 积极与亲友或他人保持良好互动
	5. 与其他群体或个人互相帮助
创业学习行为	1. 创业过程中注重积累各种经验
	2. 已有的经验对创业决策非常重要
	3. 失败行为并不可怕,关键在于能从中吸取教训
	4. 经常与行业中的专业人员进行交流
	5. 非常关注同行业中"标杆"企业的行为
	6. 观测他人的行为是获取信息的重要来源
机会识别行为	1. 对新的信息和机会有敏锐的知觉
	2. 能很好地识别出有价值的市场机会
	3. 积极行动,抓住已有创业机会
资源利用与分配	1. 在创业过程中充分利用家乡优势
	2. 在创业过程中充分利用政府政策
	3. 在创业过程中充分利用自身工作经历所得
	4. 能创造性利用有限资源
	5. 能合理安排生产与运营过程

(续表)

维度	测量题项
商业模式创新	1. 能识别并服务新的市场和客户群体
	2. 能不断开发新的产品或服务
	3. 能够开发新的核心流程和活动(设计、营销等)
	4. 积极引入新的、多样化的合作伙伴(供应商、分销商、最终用户等)
	5. 能够开发建立客户关系的新工具或方式(会员资格、奖金制度等)
	6. 能够通过新渠道(合作伙伴商店、在线商店等)销售产品或提供服务
	7. 能够不断开拓新业务,探索新的盈利模式
	8. 能够引入降低成本的新方式

被解释变量为返乡创业绩效。返乡创业企业通常具有规模较小、稳定性不足以及财务数据获取困难等特点,导致客观指标难以全面反映其绩效,因此,多数研究者倾向于采用主观评价法来衡量返乡创业绩效。但主观评价法具有一定的局限性,其较强的主观性可能导致无法准确揭示企业的实际经营状况。于是,本书采用主观评价和客观评价相结合的方式,通过评价返乡所创企业的生存性与成长性以测度返乡创业绩效。具体测量指标参考芮正云与史清华(2018)、罗竖元与黄萍(2022)、丁俊华等(2023)的做法。

表7-7　返乡创业绩效测量量表

测量题项	取值说明
1. 返乡创业企业的年利润	2万元及以下则取值为1;3万~5万元则取值为2;6万~10万元则取值为3;11万~20万元则取值为4;21万~35万元则取值为5;36万~60万元则取值为6;60万元以上则取值为7
2. 企业资金能保持正常运作	完全不同意则取值为1;不同意则取值为2;比较不同意则取值为3;一般则取值为4;比较同意则取值为5;同意则取值为6;完全同意则取值为7
3. 产品有一定的市场销路	
4. 所选创业行业的发展前景好	
5. 企业的销售额在不断增长	
6. 企业的利润在快速增长	

控制变量的选取参照芮正云与史清华(2018)、丁俊华等(2023)的做法,包括个体层面和企业层面,个体层面选取年龄、性别、学历作为控制变量,企业层面选取员工数量、所属领域、创业年限作为控制变量。

(3)数据来源与样本情况

本部分所用数据来源于课题组2024年4—5月在江西省开展的问卷调查。本次调查采取线上与线下相结合的方式展开,其中线上调研方式通过线上搜索、依托村委会等多种渠道,获取目标企业创业者的联系方式,并通过微信、问卷星等方式向返乡创业者发送问卷填写链接;线下调研方式主要通过实地走访各地返乡创业园、孵化基地等,向符合条件的返乡创业者当面发放纸质问卷或问卷星等形式。问卷总共发放300份,得到有效问卷252份,有效问卷回收率为84%。

7.2.3 实证分析

(1)数据分析

① 描述性统计分析

本部分首先对样本的个人特征和企业特征进行描述性统计。个人特征中,从性别上看,男性占样本总数的71.4%,而女性占比较少,为28.6%;从学历上看,大专和本科及以上的样本累计数占总数的65.9%,超过二分之一,可见,大部分调查者的学历水平较高;从年龄上看,23～28岁、29～34岁、35～40岁和41岁以上的群体占比分别为26.2%、27%、21.4%和21.4%,而18～22岁的群体占样本总数的比例较少,仅为4%。企业特征中,从员工数量上看,样本中员工人数介于1～5人的企业占42.1%,可见,大部分返乡所办企业的规模较小;所属领域为批发零售业、种养殖业、居民服务业、建筑建材业、餐饮业或其他的样本分别占样本总数的15.1%、7.1%、15.9%、21.4%、11.1%和29.4%。

同时,本部分对返乡创业绩效、网络构建行为、创业学习行为、机会识别行为、资源利用与分配、商业模式创新各变量的均值、标准差、偏度和峰度进行描述性统计。由表7-8可知,各变量的偏度和峰度的绝对值皆小于3,表明样本数据基本服从正态分布,符合研究的基本要求。

表7-8 变量描述性统计

变量类型	变量名称	均值	标准差	峰度	偏度
被解释变量	返乡创业绩效	5.011	1.286	-0.429	-0.312
解释变量	网络构建行为	5.781	1.099	2.485	-1.307
	创业学习行为	5.763	1.110	2.852	-1.411
	机会识别行为	5.288	1.214	-1.044	-0.128
	资源利用与分配	5.479	1.178	0.982	-0.901
	商业模式创新	5.403	1.240	-0.344	-0.570
控制变量	年龄	3.30	1.188	-1.111	0.033
	性别	0.29	0.454	-1.096	0.960
	学历	3.83	1.207	-0.619	-0.711
	员工数量	2.45	1.563	-1.218	0.595
	所属领域	3.94	1.763	-1.119	-0.341
	创业年限	3.37	1.429	-1.258	-0.267

② 信度与效度分析

表7-9为各变量的信度与效度检验结果。首先,如表7-9所示,返乡创业绩效、网络构建行为、创业学习行为、机会识别行为、资源利用与分配、商业模式创新等变量的各题项修正后的项与总计相关性系数值均大于0.5,平方多重相关性系数值皆大于0.4,且各变量的 Cronbach's α 系数值都在0.8以上,各题项的删除项后的 Cronbach's α 系数值小于 Cronbach's α 系数值,表明各变量中删除题项不会提高信度,量表显示出一定的可靠性。其次,最终量表是基于深度访谈与文献调研,且经过小范围测试后形成的,具有一定的内容效度。最后,各变量的KMO值皆大于0.7,Bartlett检验值皆显著,且各变量的累积方差百分比皆大于50%,表明因子能对各变量进行有效解释,研究量表具有较好的效度。综上所述,本部分所用量表的信度和效度通过了检验。

表 7-9　信度与效度检验结果

变量	题项	修正后的项与总计相关性	平方多重相关性	删除项后的 Cronbach's α	Cronbach's α	KMO	Bartlett 检验	累积方差百分比
返乡创业绩效	EP1	0.665	0.466	0.915	0.918	0.855	0.000	71.239%
	EP2	0.647	0.581	0.914				
	EP3	0.804	0.718	0.893				
	EP4	0.839	0.764	0.888				
	EP5	0.849	0.844	0.886				
	EP6	0.786	0.786	0.894				
网络构建行为	EBA1	0.778	0.619	0.932	0.937	0.896	0.000	80.010%
	EBA2	0.839	0.711	0.916				
	EBA3	0.829	0.714	0.917				
	EBA4	0.851	0.739	0.914				
	EBA5	0.855	0.749	0.912				
创业学习行为	EBB1	0.821	0.708	0.920	0.934	0.898	0.000	75.282%
	EBB2	0.808	0.705	0.922				
	EBB3	0.794	0.652	0.923				
	EBB4	0.835	0.733	0.918				
	EBB5	0.839	0.724	0.917				
	EBB6	0.736	0.594	0.930				
机会识别行为	EBC1	0.843	0.719	0.922	0.935	0.757	0.000	88.504%
	EBC2	0.894	0.800	0.883				
	EBC3	0.860	0.752	0.910				
资源利用与分配	EBD1	0.690	0.508	0.892	0.903	0.854	0.000	72.058%
	EBD2	0.767	0.613	0.876				
	EBD3	0.766	0.661	0.876				
	EBD4	0.795	0.647	0.868				
	EBD5	0.762	0.643	0.876				
商业模式创新	EBE1	0.792	0.706	0.958	0.960	0.908	0.000	78.287%
	EBE2	0.797	0.744	0.957				
	EBE3	0.890	0.851	0.952				
	EBE4	0.866	0.844	0.953				
	EBE5	0.816	0.780	0.956				
	EBE6	0.864	0.796	0.953				
	EBE7	0.862	0.788	0.954				
	EBE8	0.890	0.835	0.952				

(2) 假设检验

表 7-10 展示了创业行为各维度对返乡创业绩效的 OLS 回归结果。模型 1 至模型 5 的结果显示,网络构建行为($\beta=0.593$,$p<0.01$)、创业学习行为($\beta=0.677$,$p<0.01$)、机会识别行为($\beta=0.698$,$p<0.01$)、资源利用与分配($\beta=0.694$,$p<0.01$)、商业模式创新($\beta=0.616$,$p<0.01$)在 1% 统计水平上显著正向影响返乡创业绩效。因此,假设 H1、假设 H2、假设 H3、假设 H4、假设 H5 成立。

表 7-10 OLS 回归结果

变量	模型 1	模型 2	模型 3	模型 4	模型 5
网络构建行为	0.593***				
创业学习行为		0.677***			
机会识别行为			0.698***		
资源利用与分配				0.694***	
商业模式创新					0.616***
常数项	0.272	0.097	0.041	0.279	0.530
年龄	-0.073	-0.055	0.020	-0.070	-0.031
性别	0.161	0.109	0.239	0.188	0.239
学历	0.152	0.105	0.097	0.090	0.071
员工数量	0.164**	0.156**	0.079	0.117*	0.155**
所属领域	0.016	-0.015	0.010	-0.023	-0.002
创业年限	0.136*	0.130*	0.160**	0.168**	0.161*
R^2	0.372	0.450	0.529	0.518	0.457
调整后 R^2	0.335	0.417	0.501	0.49	0.425
F	9.980***	13.765***	18.960***	18.125***	14.212***

注:***、**、* 分别表示在 1%、5%、10% 水平上显著。

(3) 稳健性检验

表 7-11 和表 7-12 展示了当 $\tau=25\%$、$\tau=50\%$、$\tau=75\%$ 时,网络构建行为、创业学习行为、机会识别行为、资源利用与分配、商业模式创新对返乡创业绩效的分位数回归结果。模型 6 至模型 10 的结果显示,各分位数回归中,创业行为各维度仍显著正向影响返乡创业绩效,进一步验证了假设 H1、假设 H2、假设 H3、假设 H4、假设 H5 的成立。

表 7-11 分位数回归结果 (1)

变量	模型 6			模型 7			模型 8		
	τ=25%	τ=50%	τ=75%	τ=25%	τ=50%	τ=75%	τ=25%	τ=50%	τ=75%
网络构建行为	0.616***	0.667***	0.707***						
创业学习行为				0.643***	0.678***	0.756***			
机会识别行为							0.689***	0.784***	
资源利用与分配									
商业模式创新									
常数项	-0.265	-1.236	0.398	0.461	0.015	0.584	-0.810	0.007	
年龄	-0.204	1.117E-17	0.048	-0.195	-0.097	-0.031	0.030	-0.011	
性别	0.368	0.043	0.133	0.072	-0.149	0.197	0.659*	0.011	
学历	0.095	0.267**	0.116	0.100	0.151	-0.050	0.127	0.079	
所属领域	0.017	0.032	0.051	-0.105	-0.002	0.061	0.023	-0.013	
创业年限	0.216**	0.224**	0.036	0.167	0.152*	0.139**	0.124	0.216**	
员工数量	0.204**	0.215***	0.115	0.136	0.167**	0.138**	0.187*	0.027	
R^2	0.242	0.280	0.206	0.279	0.325	0.298	0.296	0.418	

注: ***、**、* 分别表示在 1%、5%、10% 水平上显著。

表 7-12 分位数回归结果 (2)

变量	模型 8			模型 9			模型 10		
	τ=25%	τ=50%	τ=75%	τ=25%	τ=50%	τ=75%	τ=25%	τ=50%	τ=75%
网络构建行为									
创业学习行为									
机会识别行为			0.819***						
资源利用与分配	0.631***	0.797***				0.846***			
商业模式创新							0.564***	0.702***	0.632***
常数项	0.287	−0.295	0.178		0.465		0.284	−0.425	1.276
年龄	−0.215	−0.053	0.022		−0.012		−0.149	0.003	−0.005
性别	0.341	−0.036	0.020		−0.086		0.354	0.188	0.215
学历	0.116	0.100	0.076		0.042		0.083	0.100	0.022
所属领域	−0.027	−0.006	0.046		−0.020		−0.054	0.030	0.008
创业年限	0.227*	0.210***	0.135*		0.099*		0.257**	0.191**	0.179**
员工数量	0.123	0.073	0.013		0.046		0.245***	0.173***	0.087
R^2	0.296	0.418	0.410		0.386		0.279	0.341	0.313

注: ***、**、* 分别表示在 1%、5%、10% 水平上显著。

7.2.4 结论与建议

本部分将新生代农民工创业行为划分为网络构建行为、创业学习行为、机会识别行为、资源利用与分配和商业模式创新五个指标,通过理论分析并运用OLS回归和分位数回归实证检验了各类创业行为对返乡创业绩效的影响。研究发现,网络构建行为、创业学习行为、机会识别行为、资源利用与分配和商业模式创新不仅显著正向影响返乡创业绩效,而且显著正向影响25%、50%、75%的分位数水平下的返乡创业绩效。根据以上结论,本书提出如下建议。

一是强化地方合作。返乡创业的新生代农民工应积极与当地的企业、协会或政府建立良好的合作关系,通过与其他本地企业彼此共享信息,能够拓宽资源获取渠道;通过与协会以及地方政府建立联系,能够更便利地获得市场信息和政策支持。

二是持续教育与培训。新生代农民工应定期参加相关培训或会议,不断提升自身能力,与时俱进,如参加创业培训或专业技能培训,不断学习新知识和新技能;参加有关行业的分享会,借鉴并学习同行业企业家的成功经验。

三是实时监控与反馈。企业可建立实时监控与反馈机制,跟踪并收集与本行业或产品相关的市场信息,通过数据分析工具进行市场需求分析和趋势预测,进而挖掘潜在的商机。

四是优化资源配置。首先,返乡者应将可用的当地资源,如当地特色产品、劳动力、土地资源、扶持政策等,发展成自身资源优势并合理利用;其次,应依据创业活动的优先级,合理分配资金和人力等资源,并根据业务的需求度灵活调配内部资源。

五是构建创新生态系统。一方面,企业可与科研机构或高等教育机构合作,从机构中引入先进的技术或人才,为企业创新增添基础动力;另一方面,企业可创建或加入创新孵化器,与初创企业共同开发新产品。

8 乡村振兴战略下新生代农民工返乡创业行为的引导策略

8.1 新生代农民工返乡创业的案例分析

8.1.1 案例1：功"橙"名就——赣州夫妇的创业之旅

2019年5月9日，由赣州广播电视台主办的"2018赣州经济年度人物评选颁奖晚会"在市中心城区一酒店举行。会场内，一位身形微胖、颇具实干气息的老总正与主持人在台上谈笑自若，语毕，台下便响起了雷鸣般的掌声。

获奖的老总名叫林瑞平，现任赣州市农民专业合作社联合会副会长、寻乌县百香果协会会长、寻乌县西河堂农业科技有限公司总经理、寻乌县一口甜百香果专业合作社理事长、赣州市青联常委、江西省青联委员，他曾获江西省青年五四奖章、赣南乡村明星、赣州市十大创业之星、百香果产业带头人、优秀青年企业家等荣誉称号。林瑞平虽取得今天的成就，但他的创业之路并不平坦，也曾磕磕碰碰，举步维艰。

(1) 从在外闯荡到返乡创业

1982年6月，林瑞平出生在江西赣州的一个普通农村家庭。这里的脐橙种植业是相当发达的，但是长久以来，乡亲们辛辛苦苦种出来的脐橙却存在找不到销路的难题。这些脐橙在市场上会卖到六七元一斤[①]，但是乡亲们卖给中间商的价格却只有不到一元，甚至更低一些。看到乡

[①] 1斤=500克。

亲们辛辛苦苦种出来的脐橙,被中间商无情地挑剔和压价,林瑞平从小看在眼里,很是痛心。

2003年,林瑞平从江西师范大学毕业后南下广州,带着凌云壮志,和许多刚毕业的年轻人一样,成为广州一家外企的白领,收入不菲。但时间长了,林瑞平并不满足于这样安稳的现状,于是在2009年,他和妻子决定放弃珠三角地区都市白领的生活和工作,毅然返乡创业。

刚回乡时,对于怎样帮助乡亲们更好地卖脐橙,林瑞平其实也并没有想好要如何做,当时他只是怀着边干边看的想法,希望将自己家里老父亲种植的20多亩①脐橙卖出去。2007年,林瑞平在脐橙收获的季节,开着车拉着老父亲种植出来的脐橙,到县城里的水果批发市场去挨家挨户地询问和推销。他说,只要商家肯买自己的脐橙,可以先发货后付款,于是他成功将脐橙的销售价格提高了0.5元,有时候甚至能提高1元。但推销的胜利并没有让林瑞平满意,他还是觉得脐橙的销售环节太多,这些中间商将乡亲们的辛苦钱都赚去了,所以如何跳过中间商,直接将脐橙销售给消费者,才是林瑞平想做的事情。

2013年,微信逐渐在年轻人中火了起来。平时没事的时候,很多年轻人都会发发朋友圈,跟朋友在微信上聊聊天。微商在此时也刚刚兴起,于是林瑞平看到了商机,他在朋友圈里发自己的脐橙照片,推销自己的脐橙。林瑞平的眼光是比较准确的,很快就有人找他购买脐橙。通过此举,他积攒了很多零散客户,使得自己的脐橙可以不经过任何中间商,直接售卖到消费者的手中。消费者省了钱,林瑞平获得了更高的收益,简直是两全其美。看到这一销售方式的优势后,林瑞平开始利用互联网将自己的脐橙销售到全国各地。随着时间的推移,脐橙的销量渐渐多了起来,可他依然意犹未尽。

（2）困境中找到新出路

2015年,赣南的脐橙树开始大面积感染一种叫"黄龙病"的疾病。一旦染此症状,脐橙树就再也长不出甜美多汁的脐橙,只能长出一些酸

---

① 1亩≈666.67平方米。

涩的果实。受此影响，赣南脐橙总面积减少了约130万平方米，更严重的是，这种黄龙病目前尚无治疗方式，唯有砍断脐橙树补种。这让林瑞平的生意陷入了困境，在不得已的情况下，染病的脐橙树均被砍伐掉，亏损巨大。

突如其来的困境让林瑞平拓展了自己的种植产品，除了脐橙，他开始额外种植百香果等当地特色水果。2016年，林瑞平向银行贷款50万元，开始在自家的地里种植百香果。为了让百香果树得到充足的营养供给，林瑞平还购买了300车牛粪，将这些牛粪施在田里，可是没有想到地里的百香果全蔫儿了。经过多方打听才知道，原来牛粪是不能直接施肥的，必须经过发酵，才能够施到果树下面，而林瑞平在百香果根部直接施上牛粪，百香果不蔫儿才怪。50万元就这样打了水漂，这让林瑞平特别痛心，但是林瑞平想要种植百香果的决心依然存在。之后林瑞平又借了4 000元，重新购买了800株百香果树苗，重新栽种到地里，可是这一年江西赣州出现了霜冻，林瑞平的百香果再一次全军覆没。

连续经历多次打击，仍然没有浇灭林瑞平的创业热情。在缺乏技术和经验的情况下，他从头开始学习。尽管他每天只有4小时左右的睡眠时间，也明白农业靠天吃饭的这一自然定律，但是他从没想过放弃，反而越战越勇。后来林瑞平发现，没有经过霜打的百香果，会有金黄色的果肉，而经过霜打的百香果里面却是空的。于是他购买了2 000只鸭苗，放到果园里面饲养，让鸭子去吃那些经过霜打的百香果，合理利用资源。这一年，林瑞平的百香果不仅获得了丰收，而且饲养的鸭子也带来了一笔可观的收入。

为了更好地销售自己的产品，林瑞平和妻子采用了视频直播的方式进行促销，拍摄了很多视频来宣传自家的百香果，同时在直播间搞一些小活动。久而久之，直播间的热度明显上涨。最火的一次，仅两个多小时就卖出了1 000多单百香果。仅仅依靠网络直播，夫妻二人一年的销售额就已经高达715万元。

除此之外，对于欠收的脐橙，林瑞平也想了一个办法。他打算在网络上销售果树，让消费者直接购买一整棵果树。这样能够排除那些染病的脐橙,健康的脐橙树都是硕果累累,此举带动了整体的销量。每销售一棵脐橙树,基本上就可以销售100多斤脐橙。在林瑞平的努力下,他创下了一天卖出1 000棵赣南脐橙树的经典营销案例,并在寻乌县出了名,也有了许多回头客。此后,林瑞平创办了赣南脐橙"橙就你"和百香果"偶滴神啊"互联网品牌。

(3)富而思源,不忘初心

不了解林瑞平的人,只知道他是寻乌县的"网红",了解他的人才清楚他更是一名热心公益事业、乐于奉献的创业者。网络销路初尝甜头后,赚了钱的林瑞平没有忘记身边的父老乡亲。为了让身边的父老乡亲共同发展、利益共享,林瑞平将创业与扶贫紧密结合,积极推广产业扶贫新模式——"两送两分一帮"。"两送"即送苗木、送技术;"两分"为分户种植、分户管理;"一帮"为帮销售。以他的家乡菖蒲乡为例,2018年是江西脱贫年,菖蒲乡自春季脱贫攻势开展以来,林瑞平给菖蒲乡8个村共600余名贫困户上了8场百香果种植技术课程培训。在林瑞平的带动下,现在寻乌全县百香果种植面积已经超过4万亩。

林瑞平还联合身边的果农、返乡青年共同成立了"一口甜专业合作社",帮助更多果农卖水果,共致富。该合作社实行"公司+合作社+基地+农户"的模式,不仅出售自家百香果,还通过直播平台帮助寻乌县4个乡镇、30个多村、2 200多名农户卖百香果,一年来共帮贫困户售出10万斤,帮助了当地2 200多户贫困户脱贫,为加快寻乌县农村农业经济发展作出了重要贡献。

此外,林瑞平还热衷于公益事业。2014年12月25日,林瑞平带着脐橙来到赣州水西、水东两所敬老院看望老人,让50多位老人感受到关心和温暖。2015年9月20日,林瑞平加入省爱心小分队,首先到南昌市福利院的"爱心家庭",看望了那里的孩子,并为其中12个家庭送去数箱赣州寻乌蜜桔,然后他们又到南昌市儿童福利院,为那里的孩子送去80箱刚刚采摘的蜜桔。2015年12月29日,由林瑞平一手创办的"寻农会"团队前往赣州水西敬老院并送上了新鲜的赣南脐橙及寻乌蜜桔数百箱,与老人分享甜蜜。2016年1月6日,林瑞平到赣州天使儿童村给他们送上新鲜的赣南脐橙,还组织赣州天使儿童村的部分小孩参与脐橙文化体验活动,并捐赠了 2 000 元爱心基金用于儿童村的日常生活。2018 年,作为赣州市青联委员,林瑞平跟其他委员一起走进兴国县高兴镇高兴中心小学,开展爱心"微心愿"捐赠活动。大家向该校捐赠了价值 12 000 元的文体用品,并现场向该校 80 名贫困户子女捐赠生活用品,点亮贫困学生的"微心愿"。

一个时代有一个时代的主题,一个人有一个人的使命。林瑞平知道自己的使命就是助力家乡扶贫,让越来越多的老乡走上幸福路。如今,寻乌县的新农业在林瑞平们的带领下一路高歌猛进,他离心中坚守的那个"共同富裕梦"也越来越近。林瑞平的故事为我国的乡村振兴、新生代农民工返乡创业案例交出了一份完美的答卷。

案例启示

通过上述案例可以发现,林瑞平的创业之路并非一帆风顺,而是历经数年,克服了种种困难,才取得了成功。林瑞平的故事可以给农民工创业者们一些启示。

第一,做好决策与机会识别,找对合适的创业模式很重要。林瑞平成功的一个重要因素就是敏锐捕捉到互联网的发展趋势。早期卖脐橙时,林瑞平就觉得销售环节过多,大部分利润都流向了中间商,需要找到一条新的道路,而互联网模式正符合这个条件。林瑞平在维持线下销售的同时,借助了微信朋友圈,并通过视频宣传、线上直播的方式来推销自家的产品,选择了线下与线上销售相结合的创业模式。借助互联网这一模式不仅彻底改变了农产品原始的销售方式,省去了消费者与生产者之间的中间商环节,促进了买卖双方的直接沟通、产销对接,还促使销售渠道更加多元化、专业化,让销售相关信息更加公开化、透明化,有利于吸引更多消费者,开拓更广的发展空间,创造更多的商业价值。

第二,返乡创业者的个人特质是创业行为中最重要的核心驱动因素。以林瑞平为例,他是一个脚踏实地的人。现代社会许多新农人打着做农业的幌子,不注重实干,就想靠着一张嘴打天下,这类人往往会被淘汰。要想在激烈竞争的市场上作出成效,创业者必须多去实践、多向技术人员请教,不得闭门造车。林瑞平遇到过数次天灾,正是脚踏实地、不断进取的个人特质使得他不断地学习种植方面的知识,不断地完善种植方法,虚心向他人请教,最后才得以冲出困境,取得丰收。

第三,社会网络也是影响返乡创业者创业成功与否的重要因素。返乡创业者要学会利用社会网络。小农户经营常会面临规模太小、土地面积少又分散的问题,很难扩大再生产,难以提高生产效率。加入以农业合作社为代表的新型组织,能够解决这些难题,同时也能加强农户之间的交流,学习更多优秀经验,互帮互助,实现共同富裕。林瑞平就带头成立了农业合作社,帮助其他创业者卖产品、针对性地传授种植方法,众多创业者在他的帮助下取得了成功。

8.1.2 案例2:"桃"李芬芳——大山儿女的成功之路

(1) 借问前路何处有? 牧童遥指桃花村

"21岁返乡创业,小学文化,返乡创业13年的果农"是胡倩对自己的介绍。如今的胡倩在抖音平台有25.7万粉丝,自家产品的年交易额高达上百万元。从以务农为生的大山儿女到现在的创业成功人士,胡倩在这十几年间都经历了什么?

1989年,胡倩出生于四川省凉山彝族自治州会理市城南街道海溪村,父亲早早离世,母亲独自照顾胡倩和两个哥哥,家中生活很拮据,三兄妹都早早辍学,为了生活的重担疲于奔波。20世纪90年代,一个月工资只有几百元,胡倩奔走于人流中,常常陷入迷惘。这时候,收看《致富经》成为胡倩的一大乐趣。《致富经》中最不缺的就是白手起家的创业成功人士,创业过程中的辛酸常常更能触动胡倩的心弦。大山里走出来的孩子不怕吃苦,能创业成功并带动身边人致富是胡倩想要创业的最大动力。但这时候胡倩还只是20岁的小青年,虽然在社会上摸爬滚打了几年,但知识水平有限,没有资源,想要创业也没有头绪。直到在电视上看到桃子种植户创业成功的案例,想到自己的家乡有种植桃子的条件,而且自己家里有土地,创业成本、创业压力小了很多,自此胡倩心中创业的种子开始生根发芽。

既然有了头绪,那就开始行动。2010年胡倩怀抱着种植桃子的计划返乡了。回到大凉山，胡倩心头百感交集，但更多的是对未来的希冀。为了开展创业计划，胡倩第一步是进行市场调研，她通过调研发现，在家乡还没有人做精品桃子的生意，这说明市场巨大，但同时也意味着风险更大。很快胡倩就遇到了第一个问题，家人不支持。胡倩母亲是地道的农家人，创业在母亲的眼中更多的是冒险，更何况家里的地从来没种过桃树，附近也缺乏有种植经验的果农，这肯定行不通。但胡倩心中创业种桃子的种子早已茁壮成长，在胡倩的一再坚持下，最终母亲答应把一处坡地给她种桃子。这片地种植农作物的年产量较低，先拿出来给胡倩试水。一万元的桃树苗在2010年开始扎根这片坡地。胡倩的创业计划自此正式启航。

没有人天生会种桃子，就像没有人天生会走路一样，一步步摸爬滚打，犯错碰壁是难免的。2011年，胡倩的桃树结了第一次果，按照果农的经验，"要长树不留果"，第一年种下去的果树，要把果子都剪掉，以此给果树本身留更多的营养。但胡倩还是偷偷留下了几个果子尝味道。结果桃子还没成熟就被偷了两个，最后一个桃子没熟，她就赶紧摘了尝味道。尝到自家桃子的第一口，胡倩就知道她一定会成功，甜美多汁的桃子更坚定了胡倩要种桃致富的想法。

时间来到2012年，桃子的产量不错，就在欣喜之际，胡倩发现几乎每个桃子都开了小口。胡倩要的是精品桃子，走中高端路线，这样肯定是不行的。到底哪里出了问题？不甘失败的胡倩开始了技术改良之路，到处取经，认真学习种植桃树的知识。

2013年，由于果袋的问题，桃子还是开了小口。接二连三的挫败让人失望，但创业种桃子这条路胡倩认定了！再试！

2014年，胡倩决定试试新路子，通过多方渠道，胡倩开始学习北方种植户的技术。胡倩虽然是小学学历，但学起来毫不含糊，认认真真学知识，重实践。但实践证明，南北方有气候、土地差异，北方的技术并不完全适用于南方。

两年的实践并不顺利，但胡倩心有不甘，她常常感觉胜利就在前方，自己一定能改变贫穷的命运。就是这股韧劲儿，让胡倩一次又一次地坚持了下来。

2016年是胡倩种植桃子的第6年,家里每棵桃树的样子都已经刻在了胡倩的心里。对于桃树的习性,胡倩已经摸索透了,并且根据家乡的气候、土地等特性,她总结了一套适合自己的种植技术,最早的"自然开心型"亩产量4 000 斤左右,"主干密植型"商品果亩产量能达到1 万斤。胡倩迈出了成功的一大步。

(2) 山重水复疑无路,打开销售新思路

漫山遍野的桃树上结着粉嫩水灵的桃子,胡倩喜不自胜。转眼桃子马上就要变为红彤彤的成熟蜜桃了,眼下最重要的是尽快找到销路。虽说"好酒不怕巷子深",胡倩对自己精心培育的桃子品质十分有信心,但毕竟身处大山,信息闭塞,她还是担心自己的好桃会面临"无处可去"的危机。事实证明她的担心不无道理,由于这种桃子的种植成本较高,相应的价格也比桃子的平均价格高出不少,最终也只卖出去了6 000 元。

胡倩想过放弃,但当她把桃子和果苗带上街售卖时,却引来了很多村民的关注,其中不乏年纪大的伯伯婶婶,他们似乎对种植桃子很感兴趣,希望能够通过种植桃子来改善生活。他们的鼓励给了胡倩很大的勇气,这也成为支持她在种桃售桃的道路上继续走下去的动力之一。她知道虽然自己只有小学文化,但这与她希望带领村民们共同富裕的宏大理想并不冲突。于是她一边寻找销售途径,一边开展自己的育苗业务。但随之而来的便是成本问题,传统的嫁接育苗需要耗费大量资金,她之前收获的第一桶金并不足以支撑她采用这种方法,一贫如洗的家庭也没有多余的资金支持,最终她决定冒险采用扦插法育苗。而正是这个大胆的决定给她带来了意想不到的惊喜,不少桃树苗居然活了下来。尝到甜头后,胡倩努力学习、改进技术,次年桃树苗的成活率便达到90%,成活的当年就可以收果。自此她开始扩建自己的果园,也尝试将自己的经验技术传授给一批同样想种桃的村民,忙得不亦乐乎。此时正是微商盛行的年代,胡倩坦言,她觉得在朋友圈售卖桃子略显浮夸,不过作为一线希望,她还是发了一条朋友圈宣传自家的桃子,没想到反响非常不错。仅凭她300多人的微信好友就卖出了三分之二的桃子,原来大家对土生土长的桃子很感兴趣，只是之前没有购买途径而已。通过这次尝试，胡倩意识到互联网的影响力居然如此之大，她也开始萌生了继续通过互联网来打造专属销售之路的想法。

2019年抖音火爆全网，用户数量多、范围广，胡倩自然也想利用这个平台将自己的桃子宣传出去，打造品牌。说干就干，创建完账号后，她却犯了难，因为自己对拍摄视频毫无经验，也不知道拍摄什么内容才能吸引客户，但她最不缺的就是学习的耐心。没有拍摄经验，那就靠时间磨，十秒钟的视频背后往往是几个小时的拍摄；不知拍摄内容，那就从自己的种植日常入手，视频中她淳朴的笑容和艳红的桃子吸引了不少人。功夫不负有心人，3个月后，她的账号已经收获了20多万粉丝。后来，她开始直播带货。如今的胡倩已经从一个对着镜头紧张无措的女孩，变成一个能用流利的普通话娴熟介绍桃子的专业主播。如今，她和乡亲们的桃子年销售额早已突破百万。

2020年，在政府的支持下，胡倩参加了凉山州第八届青年创业大赛。通过主办方老师的指导，胡倩完成了她人生中的第一份商业计划书和路演PPT，并向台下的观众和评委介绍了自己的主干型桃树种植及推广项目，最终获得了三等奖。她将获奖证书置顶在自己的抖音账号，并配上文字："小学毕业的我，一直坚守着自己的创业梦想，失败是自我放弃的结果，而成功肯定是来源于坚持，十年坚守。"正如这条视频的配乐歌词一样，"向着风，拥抱彩虹，勇敢地向前走，黎明的那道光会刺破黑暗"。胡倩返乡创业的坚守不仅成就了自己，更帮助了一批又一批的乡亲们成功创业。她表示，在未来她会继续坚守这一使命，带动更多的农民共同致富。

案例启示

胡倩从农家走出大山，又回到大山，最终在家乡闯出了自己的一番天地，这中间有汗水，有泪水，更重要的是她坚韧的品质，支撑她一步步走向成功。从胡倩的故事中，我们可以得到几点启示。

第一，创业者的个人特质是创业行为中最重要的核心驱动因素。创业者要不怕吃苦。出身农家的胡倩自小生活辛苦，但这对一个创业者来说是难得的也是必要的品质。创业者对创业机会要有一定的敏锐感知力。胡倩通过看电视中的创业案例，识别身边的创业机会。创业者要有强大的执行力。胡倩自从有了想法，就回到家乡考察市场和可用资源。当年，桃树苗就种在了自家土地上。创业者要有很高的风险承受能力。可以说，种植桃树的前6年，结果都不理想。由于技术不够成熟，信息相对闭塞，6年里，胡倩承受的风险和压力可想而知，但她强大的风险承受能力使她得以熬过冬季，迎来桃花盛放的春天。纵观胡倩的创业历程可知，创业者的个人特质，是创业成败最重要的影响因素。

第二，乡土情结是农民工返乡创业的动力源泉。胡倩曾说，带动家乡人一起致富，是她坚持创业的一大动力。在胡倩的创业故事中，电视节目中返乡创业致富的人群给了她最初的希望，这就显示了乡情引导的重要性。通过传扬返乡创业、全村致富的成功案例，激发有创业倾向的农民工的创业热情，往往能产生意想不到的效果。

第三，健全的技能培训体系是增强农民工创业能力的根本。技术才是硬道理，在胡倩的创业经历中，因为技术不成熟，加之缺乏经验，在前6年的时间里，她没有培育出成功的产品。这在一定程度上浪费了人力、物力和财力。实际上，6年的时间足够击垮很大一部分创业者。若有及时的技术培训、技术创新政策引导，能很大程度上提高农民工的创业能力，从而极大地提高创业成功率。

第四，机会识别是创业企业持续发展的关键。胡倩创业历程的一个重要转折点就是遇上了微商时代，胡倩敢于尝试，跟上了这个风潮，打开了销路。2019年抖音火爆全网，胡倩第二次赶上了风口。胡倩早已感受到互联网的强大传播力、影响力，她深知站在时代的风口，才能走得更远。

第五，良好的政策环境是对农民工创业行为的激励和保障。政府应大力落实税收优惠、金融信贷优惠政策，建立快速融资通道，助力创业者启航；完善创业失败保障机制，发挥政保银一体化的保险机制，为创业者想好退路，做到最大程度的政策兜底，让新农人敢返乡、敢创业。坚韧的创业心是胡倩心中的一粒种子，政策的支持则为这颗种子在发芽生长中提供重要的养分。它让这些回到乡村的新农人拥有自己实实在在的事业。而众多新电商平台的出现,则让这颗种子拥有广阔的生长空间,让政策的效能得以最大发挥。

8.1.3 案例3:一"芦"向前——上饶"笋"民王万水的创业之路

2023年4月8日,《上饶日报》的头版有这样一张照片:在蔬菜种植大棚里,一位中年农民抱着一捆芦笋,脸上洋溢着丰收的喜悦。这位中年农民名叫王万水,1975年6月出生于万年县陈营镇永乐村。跟很多同龄人一样,王万水在中专毕业之后便外出打工。虽然刚开始因为自己的青春懵懂走了很多弯路,但他通过自己的努力,最后在浙江一家服装厂工作并且当上了厂长。服装工厂在王万水的管理下井然有序地运行着,当时谁也不会想到服装厂厂长后来会成为芦笋种植大户……

(1)思想萌芽

机缘巧合发生在2016年10月。当时正值芦笋秋收的季节,厂里的一个员工休假回来给王万水厂长带了一些新鲜芦笋,其美味的口感与奇特的外观引起了他的关注。经过了解,王万水得知芦笋原产于北方,后被引入浙江,并且在浙江已发展出众多大规模的大棚种植园。但是芦笋在赣东北地区尚未得到充分开发,尚属空白领域。此时,王万水便萌生了返乡创业种芦笋的想法。

王万水在返乡时观察到,家乡存在大量旱地与闲置土地。这些土地并非水稻田,且年轻劳动力外出务工,导致这些土地荒废。农民出身的王万水出于对家乡土地资源的珍惜和对农业发展的思考,决定返乡创业,以充分利用这些土地资源,推动当地农业发展。在2017年春节期间,王万水向永乐村村委会提出了他的构想,并获得了村里的坚定支持。这使他更加坚定了创业的想法。

2017年4月,王万水注册成立了万年县万水家庭农场,主营芦笋种植和销售。要种植芦笋,必须要有土地,于是王万水开始挨家挨户去沟通土地租赁事宜,乡亲们都很支持王万水的想法。一是土地荒废着也可惜,二是能收到租金,何乐而不为呢?最后,王万水顺利承包了永乐村60亩土地。"一开始就想着先拿自己村里的地种起,等技术熟练了、销路稳定了再向四周不断扩大规模。"这是王万水当时对于种植规模的想法。

（2）道阻且长

与其他创业者一样,王万水在创业初期也遇到了很多问题。

最主要的是资金问题。虽然外出打工多年也有了一些积蓄,但是土地流转、搭建温室大棚、购买芦笋种子、肥料等前期投入还是非常大的,加上后期扩大规模计划所需资金,王万水算下来整个投资需要200万元。看看自己卡上十几万元的金额,王万水深知资金缺口是相当大的,找亲戚朋友凑齐也很难,于是他打算通过银行贷款的方式筹集资金。可是银行贷款也并不顺利,毕竟农村自建房贷款额度很低,也无法满足这么大的资金缺口。

于是王万水只好寻求村委会帮助,了解情况之后,永乐村村委会迅速行动起来,向王万水介绍了政府出台的惠农贷款政策。在村委会的协助下,王万水提交了相关申请材料,并顺利通过了政府的审批程序。最终,在政府的大力支持下,他成功完成了前期200万元的资金投入。

解决了资金问题,他又遇上了技术壁垒。在种植初期,王万水花10万元购入了一批芦笋种子,但由于不懂技术,当年的出苗率不足10%,造成了严重的亏损。但是王万水并没有气馁,在收集相关资料后,经过反复试验,从土壤检测、种子筛选到消毒处理,每个环节都十分谨慎。功夫不负有心人,经过20多次的试验,芦笋出苗率达95%。芦笋的生长期是30年,从第3年到第15年,都能达到生长高峰。"本以为解决了出苗率的问题,就可以坐等收笋了,没想到真正的技术挑战才刚开始。"王万水看着地里遍地的畸形笋说道。由于自身经验不足,这次真不知道是哪个环节出了问题,这让王万水有点不知所措,只好托关系找农业局的相关专家来进行技术指导。在专家的悉心指导下,王万水得知导致畸形笋的原因主要是生长过程中施肥过多,烧坏了嫩茎生长点;其次是土地黏度大,没有耕到位,导致土块多,培土松紧不一,妨碍了嫩茎的正常生长;最后是有的土地荒废太久,地底下繁衍了很多害虫,侵蚀了芦笋嫩茎。

为了解决这一问题,就不得不将过去的芦笋苗连根拔掉,所有土地重新翻耕,撒了石灰消毒,以彻底去除病根。除此之外,为了更系统地掌握芦笋种植的专业知识和相关技能,王万水毅然选择前往河南、山东等芦笋基地参加专业培训。学成归来后,他便全身心投入芦笋种植事业。每到丰收的时节,他就能收获一批又一批的高质量芦笋。这些芦笋除了满足本地市场,还销往南昌、景德镇等周边城市。

2020年春天,随着芦笋的种植成功和销路打开,王万水便开始计划并着手扩大芦笋种植规模。土地流转是王万水在这个阶段所面临的问题,"一开始因为主要承包的还是自己村子的田地,所以也没有遇到什么困难。等规模大了以后需要向四周扩张,那就涉及向其他村子承包的问题了。其他村的村民想高价转让是流转不畅的主要原因"。当时,已经出现很多外地商户想来投资蔬菜种植,也想进行土地流转,当地农民想着同样是租,当然希望得到更多的利益,因此,一来二去就把当地的土地流转价格抬高了。这给王万水造成了更大的压力,如果给其他村子支付更多的费用,一方面是资金上有困难,另一方面更无法给自己村的村民交代;如果不同意给出更高的金额,这些看好的土地将被租给外地商户,甚至可能成为自己的竞争对手。

此时,王万水陷入两难的境地,不得不再次向村委会求助。村干部了解了王万水的情况后,积极地帮王万水找解决办法。最终,村干部与邻村干部沟通,交涉多次才让后续的土地扩张顺利完成。

(3) 饮水思源

王万水的创业成功,不仅因为他踏实肯干,也得益于近些年的惠农政策。在创业初期,他得到了乡亲们的支持,有老农民给他传授种地经验的,也有闲暇时间来地里帮忙的,也有帮他介绍客户的……乡情是最朴实的温暖,王万水也在用自己的方式回馈他们。在规模扩大之后,王万水给当地村民提供就业机会。这样,当地村民既可以照顾自己的家庭,也可以有一份稳定的收入。除此之外,他还带领乡亲们一起种芦笋,并且悉心指导,尽量让大家不走自己走过的弯路,甚至帮忙解决销路问题。

在创业过程中,王万水最大的感触就是"做人做生意都要学会感恩,要懂得回报社会"。他用实际行动表达了这一想法，2020年，万年县万水家庭农场就主动为从万年去武汉、鄱阳的医护人员发放免费芦笋券，给一线人员分发新鲜芦笋。王万水表示，"今后也将做社会公益事情，回报政府、回馈社会"。

案例启示

从王万水的创业案例中，我们可以得到以下启示。

第一，识别机会，自我挖掘。农民返乡创业种子的萌发多源于日常生活，王万水正是在享受美味芦笋的同时，联想到家乡荒废的土地和待开拓的芦笋市场，才决定返乡创业。农民工在城市务工面对较多的挑战，必须凭借朴实勤劳、勤俭自律的个人特质立足于工作岗位。除此之外，王万水在工作岗位中培养起来的责任感和团队协作能力为其创业奠定了创业者个人特质上的基础。因此，农民工在寻找创业机会时，识别机会的能力和个人特质对其创业行为具有较大的影响。

第二，创业学习，循序渐进。农民工返乡创业要秉持踏实的态度，持续强化对一门技艺的掌握。芦笋种植绝非一蹴而就的事情，其中充满了未知与挑战。王万水在种植芦笋的过程中，遭遇了幼苗发育不良、生长畸形等问题。正是由于他不断地向专家请教，不断学习，他才能逐一解决这些问题，最终实现了芦笋的高产优产。同时，这也体现了人脉资源对于创业者的重要性。

第三，政策吸引，环境造就。对农民工而言，自主创业无疑是一项艰巨的挑战。以王万水为例，他在创业初期面临着起步资金短缺、种植用地难觅以及技术落后等诸多问题。幸运的是，在了解国家对农业的扶持政策后，他得到了政府的大力支持，从而有效解决了许多关键问题。这充分体现了国家政策在推动农民创业中的重要作用。

第四，乡村振兴，回馈乡情。王万水深知是家乡成就了他，所以他在成功后也不忘回报家乡，不仅为乡亲们提供了工作机会，增加了他们的收入，还无私地传授芦笋种植技术，帮助乡亲们共同致富。这种反哺精神，使王万水的农场被评为市级示范家庭农场，进一步推动了他事业的发展。

8.2 政策支持建议

新生代农民工返乡创业行为受到创业资源、创业机会、创业环境这些重要因素的影响,涉及政府、乡村、社会等多个主体的推动,尤其是党中央近年来实行乡村振兴发展战略,对推动新生代农民工返乡创业具有重大意义。本部分将总结创业资源、创业机会、创业环境这三个关键因素对新生代农民工返乡创业行为的促进机制,再分别从政府、乡村和社会角度提出相关政策建议。它们的逻辑关系如图8-1所示。

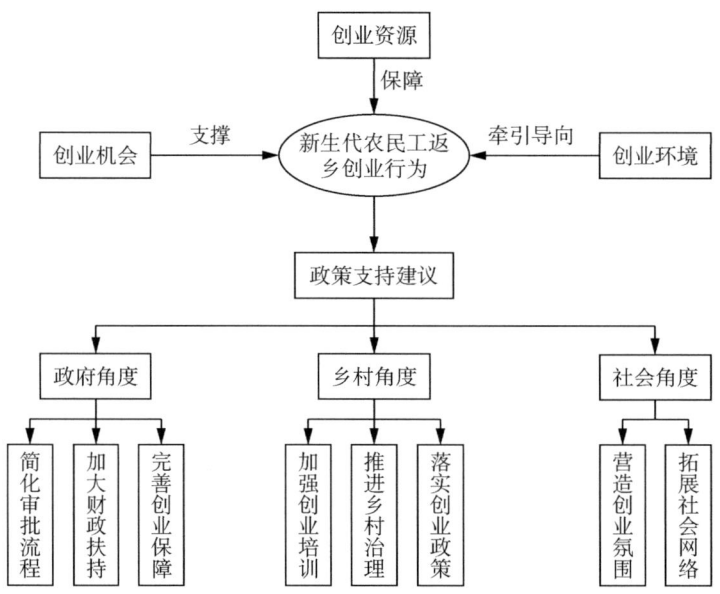

图8-1 新生代农民工返乡创业行为政策支持建议

8.2.1 影响农民工返乡创业行为的相关机制

（1）创业资源的保障机制

创业资源是实现创业行为的保障。新生代农民工返乡创业行为的创业资源主要包括内在资源与外在资源。

内在资源就是创业者自身资源优势,主要体现在以下几方面:与老一代农民工相比,新生代农民工不仅年轻,而且受教育程度较高,接受各类新鲜事物的能力也比较强,因此他们在外出务工期间往往能积累各种创业资源。首先,在城市有务工经历的农民工通常积累了一些工作经验与知识技能,他们对现代化企业管理制度有所了解,拓宽了眼界,同时风险意识、竞争意识、战略眼光、市场识别与运作能力以及交际能力等各方面素质都得到显著提高。其次,农民工具有农民特有的吃苦耐劳品质,并且具备直面挫折、承受艰辛的毅力与耐性。这种吃苦耐劳品质和较强身心承受能力是他们进行创业的重要优势之一,在创业艰难期间可以帮助他们顺利渡过难关。最后,农民工熟知家乡的资源、投资环境和人事关系,了解农地资源禀赋状况,能够更有效地利用家乡的资源优势,找到适合自己的创业方向和产品销售渠道。

外在资源主要体现在政策资源、乡土资源、市场资源、社会资源等方面。政策资源一方面是指国家支持农民工返乡创业的各种优惠措施和政策支持,如完善农村金融服务体系、减免税收和贷款利息等;另一方面是指政府投资基础设施建设,如全面推进全镇通公路的建设,以便让每个村组都能实现家家户户通公路而致富。乡土资源分为有形和无形两种,有形资源主要是指外出务工后闲置在农村的土地,包括耕地、林地和宅基地;无形资源则主要是指传统文化资源和社会资本资源。市场资源主要是指通过创业营销培养出来的核心客户群,这对于创业项目持续稳定健康发展至关重要。社会资源则是指由社会网络、互惠性规范和信任所构成的各种资源,还包括通过信息网络获取的各种信息资源等,如电子商务和现代物流业在农村中的应用与发展。诸如此类的创业资源,均为新生代农民工返乡创业提供了保障。

(2) 创业机会的支撑机制

创业机会是实现创业的支撑。创业机会既是创业活动的起点,又是影响创业行为过程的核心驱动力。识别与充分利用创业机会能够从根本上促进创业活动并提升创业发展质量。返乡创业机会识别与利用受人力资本、物质资本和社会资本等多方面因素的影响。新生代农民工拥有一定的人力资本与社会资本,如熟悉家乡的市场环境、了解当地消费者的需求等。为了保障创业者能够充分利用这些优势,更加准确地把握创业机会,政府应牵线搭桥,发挥社会资本作用,为这些创业者提供支撑和帮助。同时,社会组织可为他们提供创业指导、市场调研、项目评估等服务,帮助他们提升创业能力和市场竞争力,以便在创业过程中更好地利用创业机会。在外界协助和自身优势的背景下,农民工返乡创业成功率将得到提高。

(3) 创业环境的导向机制

创业环境与农民工创业行为息息相关,创业环境主要包括政策环境、经济环境、文化环境,对创业者创业具有导向作用。

① 政策环境

引导新生代农民工返乡创业并推动乡村经济发展一直是国家的重要战略部署。自2004年起,国家连续出台多项政策扶持乡村创业带头人的培育,推动乡村产业高质量发展,包括提供贷款贴息与创业补贴,推出税收减免政策,在土地使用、流转等方面给予一定的政策倾斜,提供农民工创业培训基地等。给予农民工一个良好的政策环境支持,有利于从上至下形成完备的创业导向路径。在乡村振兴背景下,新型的乡村创业项目将吸引更多的新生代农民工返乡创业,同时帮助其建立专业的创业知识体系,为其提供低门槛的创业准入条件,给创业者提供创业导向的路径,从而推动乡村经济的发展。

② 经济环境

乡村经济环境主要体现在产业结构、人口数量、经济体量等方面。产业多样、人口兴旺、经济发达的乡村经济更能推动返乡创业者创业成功。产业多样通常表明该地区创业机会更多,人口兴旺、经济发达则通常说明该地区市场广袤、需求旺盛,因此返乡创业者有更大的概率成功创业。

③ 文化环境

文化环境主要包括创业氛围和创业培训。良好的创业氛围可以充分发挥新生代农民工的乡土情结和主人翁意识,增强创业者的持续创业动力;而完备的创业培训体系有利于促进乡村创业新项目的开发,提高专业技能水平,增强创业者的信心。两者结合所形成的良好创业文化环境,将拓展新生代农民工的创业空间。

8.2.2 农民工返乡创业政策支持建议

农民工返乡创业不仅是解决农村就业问题的重要途径,也是推动农村产业升级、优化农村经济结构的重要力量。因此,政府、乡村和社会各界应当共同努力,为农民工返乡创业提供有力支持。

(1) 政府角度

① 简化创业过程审批流程,降低农民工创业成本

第一,设置创业审批兜底窗口。为防止创业者为创业审批程序多次往返,设置线下兜底窗口,做好相关单位的协调工作,简化审批手续,缩短审批时限,同时将更多的线下审批流程搬至线上,以提高审批效率。

第二,打通地区与部门间的信息壁垒。由于返乡创业者创业审批过程可能涉及多个地区与部门,政府应打通壁垒,加强各地区、单位间的交流,建立信息共享平台,对于可以通过信息共享或核查获取的信息,不再要求创业者提供相关材料,避免重复提交和烦琐证明,确保返乡创业工作的高效进行。

第三,定期对审批流程进行评估优化。设置创业者反馈平台,让政府充分了解返乡创业者对审批流程的优化建议,并结合实际情况定期调整和完善相关审批流程,确保审批流程的公正、透明与高效。

降低创业成本可以有效减少农民工返乡创业进程中的阻碍,进而推动返乡创业者创业成功。政府可采取以下措施来实现。

第一,提供低成本的经营场所。盘活可经营土地资源,对土地资源进行精细的整理、分类、规划,对闲置土地与低效能土地重新进行开发和利用,确保土地资源发挥其最大经济效益,同时优先保障返乡创业用地,给予政策倾斜,降低返乡创业农民工的创业成本。

第二,创业过程中提供技术帮助与跟踪指导。建立创业技能培训基地,帮助农民工构建完整的技术知识体系;加大农民工创业培训的经费投入,进行更精确的专项费用预算,防止后续培训资金短缺的情况发生;重视创业后的跟踪保障,以乡镇为单位成立专家团队,为农民工创业后出现的问题提供技术帮助。

② 加大政府财政补贴力度,拓宽农民工创业融资渠道

创业过程需要不断地投入资金,但由于农民工的特性,在融资时往往遇到许多困难,如信用和担保困难、信息不对称、融资渠道窄。据统计,超过60%的农民工在返乡创业时遇到资金短缺这一障碍。而解决这一问题需要地方政府、金融机构和农民自身的多方综合协调。

第一,地方政府部门支持。一是设立专门的融资基金,扩大资金补贴的额度,用于支持农民工创业,提供贷款担保、利息补贴等支持措施。二是加强对农民工创业融资政策和支持措施的宣传,提高农民工创业者的融资意识和参与度,举办贷款知识类和补贴申请类的讲座,加强资金政策宣传工作,鼓励符合条件的个体户和小微企业主动申请贷款和补贴。三是完善信用担保机制,因地制宜地出台本地区的信用担保政策。扩大抵押质押品范围,从农民工角度出发,将土地承包经营权、林权、宅基地使用权等列入质押品范围,也可结合农村保险与贷款,采用保单质押、养老保险证质押的方式贷款。

第二,金融机构支持。一是开发定制化的金融产品,满足农民工创业者的特殊需求,如低息贷款、灵活还款方式等,以降低融资门槛。二是农村信用社要因地制宜提高自身的监管评级,调整贷款利率,加强对农民工创业项目的风险评估和管理,制定科学的风险控制策略,保证资金安全性,降低不良贷款风险。三是提供专业的贷款咨询服务,协助农民工创业者了解融资流程、项目评估、贷款申请等相关信息,提高其融资能力。

第三,拓宽社会融资等其他渠道。一是利用互联网金融平台,拓展农民工创业的融资渠道,吸引更多社会资金参与。二是寻求社会组织和公益机构如基金会的支持,他们可能提供资金、培训、导师等方面的支持服务,更好地帮助农民工创业者获得融资。三是与上下游企业建立合作关系,利用产业链上的资源和渠道,实现共赢发展,同时获得融资支持。

③ 完善农民工创业退出与社会保障机制,减少创业风险

第一,退出保障机制。首先,设立创业风险保障基金或保险机制,为创业农民工提供一定程度的风险保障。一旦创业失败,创业者可以获得一定的经济补偿或援助。其次,提供职业培训和再就业服务,帮助他们

重新就业,减轻创业失败带来的负面影响。最后,提供心理咨询和社会支持,帮助创业失败的农民工面对挫折和困境,重新树立信心,融入社会。通过完善农民工返乡创业退出保障机制,在为农民工提供更全面、有效的支持和保障的同时,也为准备创业的农民工解决后顾之忧,激发农民工返乡创业的热情和活力。

第二,完善社会保障机制。首先,着力改善农村教育资源缺乏的问题,改善返乡创业农民工子女就学条件,保障农民工随迁子女义务教育。同时,农民工创业所在地政府应积极协助办理随迁子女入学事宜。其次,改善医疗健康服务,为返乡创业农民工提供免费的专项检查,普及与宣传健康卫生知识,加大对农村医疗卫生基础设施建设的投入,提升农村医疗服务的覆盖范围和水平,加强农村医疗人才培养和引进工作,通过设立奖励政策、提供培训机会等方式,吸引更多的医疗人才到农村从事医疗服务工作。最后,完善创业者社会养老保险体系。

(2)乡村角度

① 提供个性化培训服务,提升创业能力

为农民工提供个性化的创业培训服务,可以帮助他们更好地适应市场需求,掌握创业技能,提高创业成功率,也有助于推动乡村经济的发展,从而实现农村经济的可持续发展。

第一,开展个性化的需求分析,为他们提供精确的培训服务。由村镇部门对创业者在创业过程中遇到的问题开展个性化的需求分析,可以通过问卷调查、访谈等手段,深入了解每位创业者的创业需求,包括产业技术、个人技能及资源利用等,让有创业需求的农民工都能接受培训,建立创业者信息资源库,有针对性地确定培训项目,实施精准培训,提升其创业能力。

第二,结合当地的农业特色,设计定制化的培训课程。培训内容涵盖市场分析、创业计划制订、财务管理、法律法规等多个方面,同时针对不同行业的创业者,提供具有行业特色的培训课程,如农业技术、乡村旅游等。此外,在培训过程中,可以通过案例分析、模拟演练等方式,让创业者身临其境,学习如何在实际工作中应用所学知识,提升他们的操作技能和应对突发情况的能力。同时,邀请成功创业者进行现场指导,分享他们的创业经验和心得,这不仅能让农民工结识更多志同道合的创业者,共同分享经验、交流心得,更能进一步激发农民工的创业热情。

第三,建立跟踪评估与反馈机制,提升培训效果。通过对参加培训的创业者进行跟踪评估,了解培训的实际效果,及时调整培训内容和方法。同时,建立反馈机制,让创业者对培训服务提出宝贵的意见和建议,从而不断完善和优化未来的培训服务。

② 提升乡村治理水平,降低创业外部成本

为创业者降低外部成本,乡村政府需要加强乡村的基础设施建设,优化产业结构,提升乡村治理水平,为创业者提供支持。

第一,加强乡村的基础设施建设。一是优化乡村交通设施。对道路修缮加大投入,提升道路质量和通行效率,确保返乡创业人员与乡村居民能够便捷出行,这将有助于降低物流成本,增强乡村与外部市场的联系,为乡村经济的发展注入新的活力。同时,还应注重乡村交通设施的可持续发展,确保其与乡村经济和社会发展的需求相适应,推动农村流通高质量发展,促进产业融合,为返乡创业者提供良好的创业外部环境。二是改善水利和电力设施。水利设施的建设将有助于提高农业生产的效率和质量,为乡村经济的发展提供坚实的基础;电力设施的优化则能够确保创业项目稳定且高效地运行。当地政府加强应管理和维护,确保这些设施的正常运行和持续发展。

第二,提升乡村的信息化水平。随着现代信息技术的快速发展,信息化已成为推动乡村治理和产业发展的重要手段。加强乡村信息化建设,推动现代信息技术与乡村治理、产业发展的深度融合,建设乡村信息化平台,提供便捷的信息服务,为返乡创业者提供有力的信息化支撑,助力乡村经济实现跨越式发展。

第三,提高乡村治理效能。完善乡村基层组织体系,充分发挥村委会、村民代表大会等组织的作用,提高乡村治理效能,推动乡村治理体系和治理能力现代化。同时,鼓励并支持返乡创业的农民工积极参与乡村治理,增强他们的责任感和归属感;通过激发他们的积极性和创造力,共同推动乡村经济持续健康发展。

③ 落实好乡村振兴政策，推动返乡创业者创业进程

农民工的返乡创业行动，作为响应国家乡村振兴政策的一大亮点，不仅为农村经济注入了新的活力，更在优化农村就业结构、提升农民收入水平等方面发挥了举足轻重的作用，乡村政策的实施又为新生代农民工返乡创业提供了良好的外部环境。为了更好地推动返乡创业者创业进程，本书从强化政策宣传与教育、推动特色产业发展、加大人才引进力度三个方面提出具体建议。

第一，强化政策宣传与教育。为了让返乡创业者全面了解乡村振兴政策及其支持措施，政府和社会各界应共同努力，通过组织专题宣讲会、开设系统化培训班、利用线上教育平台等多种形式，确保创业者能够全面、深入地了解乡村振兴政策及其相关支持措施。这不仅能够提升创业者对政策的认知度，还能激发他们的创业热情和信心。

第二，推动特色产业发展。各地区应根据自身独特的资源和产业优势，发展具有地方特色的产业，如乡村旅游、农产品深加工、农村电子商务等，同时加强对特色产业的引导和支持，为创业者提供创业指导、市场分析和风险控制等方面的帮助。这不仅能够拓宽创业者的创业领域，还有利于实现农村经济的多元化发展。

第三，加大人才引进力度。当地政府应积极引进专业人才和技术，为返乡创业者提供必要的技术支持和智力支持，提高创业成功率，推动农村经济的持续发展。

（3）社会角度

① 营造良好创业氛围，激发农民工创业热情

在乡村振兴背景下农民工返乡创业的过程中，一个良好的创业环境与创业社会氛围能更好地激发农民工的创业积极性和热情。

第一，增强社会资本。社会资本的根基是以文化为核心的各种社会关系。对农民工而言，家庭文化、亲族文化、乡土文化、姓氏文化、饮食文化等都能够影响其社会资本的形成过程，并在社会资本的使用中通过文化反馈再次增强社会资本。具体可以通过举行地方文化传播活动，将地方曲艺、地方特产、地方名胜、地方名人在多种媒体、公共场所进行广泛

宣传和推广,以此形成特色鲜明的文化资源。

第二,树立创业典型。地方可以大力宣传返乡农民工创业成功典型案例,通过现场报告交流会、电视直播及其他诸如抖音、快手等直播平台,邀请创业成功代表介绍创业经验,为返乡创业与留乡创业群体提供学习与交流的机会,营造良好农村创业氛围。此外,还可以通过开展"创业之星"评比活动,宣传群众身边的创业典型,倡导"创业有功,致富光荣"的价值观,形成"千军万马闯市场,千家万户创大业"的良好局面;针对创业中的畏难情绪,要宣传"莫道今日创业难,他日致富比蜜甜"的理念,树立积极对待创业、允许失败的态度,营造"尊重创业、尊重创造"的良好社会氛围。对作出贡献的返乡创业农民工,可以给予一定的社会地位、政治荣誉和物质奖励。此外,还要维持市场经营秩序,营造市场公平竞争环境,加大社会治安综合治理力度,为农民工返乡创业营造良好的生产经营环境,严厉打击那些欺行霸市、扰乱市场秩序等破坏创业环境的行为,形成"人人尊重创业者,人人争当创业者"的良好氛围。

② 加强社会网络建设,搭建返乡创业交流平台

新生代农民工很多都是在城镇长大的,相较于老一代农民工,新生代农民工与农村之间的联系没那么紧密,一旦选择返乡创业,会在社会关系网络方面存在一定的不足。因此,新生代农民工在返乡创业的同时,拓宽社会关系网络显得尤为重要。

第一,搭建网络交流平台。积极拓展新型社会网络可以在很大程度上推动创业。一方面,创业者们可以通过传统的血缘和地缘资本,积极开发有用资源,为己所用;另一方面,地方政府要与农民工共同构建共享社区意识,帮助其建立起包含信任、合作、互惠、共享规范价值观,以及相互关怀、相互分享和相互交流的网络。在这一社会关系网络中,通过共享各种创业信息以及有形和无形的创业资源,不断丰富农民工的社会资源。同时,通过农业信息广播电台、微信公众号、官方微博、报纸报刊、电视、短信、社区信息栏等灵活多样的方式,使用通俗语言实时发布涉农相关信息,使农民工能够尽量在第一时间拿到创业的一手资料。

第二,组建民间经济合作组织。平台支撑是推进农民工返乡创新创

业的重要基石。从社会角度来说,除了搭建网络交流平台,还可以通过组建民间经济合作组织来发挥农民工社会资本的创业作用。民间经济合作组织的作用在于吸纳具有相同工作经历、创业经验的农民工进行专项的信息交流和资源互换。对农民工而言,由地方政府组建民间经济合作组织能够增加其社会资本的数量和利用程度。进入特定的民间经济合作组织就表明农民工对创业所需要的机会、资源和管理经验存在需求。农民工通过与具有相同创业经历的其他群体进行交流,就可能得到解决创业问题的直接方法,从而使得农民工倾向于与该组织中的其他个体进行频繁而深入的交流。这种交流方式能够形成农民工的社会资本,并通过对比使自身增强对拥有的社会资本的利用程度。地方政府可以在乡、镇、村组建非政府性质的经济合作组织,如养殖户合作社、运输中介服务中心、农产品供销社、农民工创业协会等。通过民间经济合作组织,农民工的信息交流能够更加顺畅和具有指向性,能够促进农民工社会资本的增加,从而推动农民工返乡创业。

农民工返乡创业是推动乡村振兴的重要力量。以上多方面的措施,可以有效推动农民工返乡创业进程,有利于实现农村经济的持续发展和农民生活水平的稳步提高。在这一过程中,政府、乡村以及社会各界包括农民工自身都应积极参与,共同努力,为实现乡村振兴战略目标贡献力量。

9 研究结论、不足与未来展望

9.1 研究结论

本书从创业行为入手,以新生代农民工为研究对象,依据"意愿—行为—绩效"逻辑思路,对影响返乡创业行为的多种因素从不同视角进行梳理和研究,探究驱动创业意愿转化为创业行为的内在机制,分析新生代农民工返乡创业行为选择机理,并对创业行为进行定量测度,构建适合新生代农民工高质量创业行为测度指标体系与路径,实证考察创业行为对农民创业绩效的影响大小及作用机理,最后提出引导新生代农民工返乡高质量地创业、培育创业群体、提高创业绩效的政策建议。本书得出如下主要结论。

第一,新生代农民工返乡创业以及行为的界定。本书认为,新生代农民工返乡创业是指新生代农民工去经济较发达地区或者外地务工半年以上,积累了一定的经验、资本后,识别机会、利用资源,结合当前市场环境,为创造价值和谋求发展而返乡创办工商企业或进行其他创业活动的过程。创业行为是新生代农民工在返乡创业过程中基于建立新企业、维持新企业生存或成长所作出的一系列动态反应,是一个动态化的逻辑行为过程。新生代农民工返乡创业本质上就是一个洞察机会、整合资源等一系列活动的过程。

第二,乡村振兴战略下引导新生代农民工返乡创业的必要性。首先,乡村振兴战略与新生代农民工返乡创业之间形成了一种互动耦合机制,乡村振兴的发展为新生代农民工返乡创业提供了必要条件,新生代农民工返乡创业促进了乡村振兴发展,协调好乡村振兴战略与新生代农民工返乡创业之间的关系对于实现乡村振兴的目标至关重要。其次,本书研究乡村振兴战略对新生代农民工返乡创业行为的影响,基于CLDS2018数据,运用二元Logistic回归模型,从"产业兴旺、生态宜居、乡风文明、治理有效、生活富裕"5个维度,选取10个二级指标构建乡村振兴评价指标体系。研究表明,产业兴旺对新生代农民工返乡创业存在显著影响,乡风文明、治理有效、生活富裕对新生代农民工返乡创业存在部分显著影响,生态宜居对新生代农民工返乡创业影响不显著。最后,本书基于推拉理论分析乡村振兴战略下新生代农民工返乡创业动力机制,新生代农民工返乡创业意愿行为涉及政府、家乡、社会等多个主体的交互作用。在乡村振兴战略背景下,政府推动相关政策落地乡村,引导乡村发展。同时,政府和社会彼此衔接,形成有价值有效率的整体,乡村整体实力的提升使其对农民工的拉动力与社会对农民工的推动力之间形成协同共创的局面。为了促进新生代农民工返乡创业,需要产业赋能、教育保障、技术驱动和物质支撑。

第三,驱动创业意愿向创业行为转化内在机制。首先,本书基于江西调查数据,运用二元Logistic回归模型对新生代农民工返乡创业意愿的影响因素进行实证研究。结果表明,性别、创业风险偏好、家庭支持、返乡创业的初始投资资金、乡村振兴政策满意程度、参加政府创业培训活动的次数、职业技能水平、常联系的朋友个数和周边的创业氛围等9个变量对新生代农民工返乡创业意愿行为具有正向影响。其次,本书基于CLDS2018数据,运用二元Logistic回归模型,从人力资本、经济资本、社会资本、心理资本和创业环境五个维度对我国新生代农民工返乡创业行为的影响进行分析。结果表明,经济资本和心理资本对新生代农民工返乡创业存在显著影响,但心理资本与新生代农民工创业行为实施呈负相关关系;人力资本、社会资本和创业环境对新生代农民工返乡创业有部分显著影响。其中最高学历、经济满意度、可以得到帮助的朋友数、生活幸福感、陌生人可信度和地理环境对新生代农民工返乡创业行为选择有显著影响。最后,本书以计划行为理论为基础,引入资源获取和创业环境变量,构建新生代农民工返乡创业意愿到创业行为的转化机制模型,基于江西省调研数据,运用层次回归法进行实证分析。结果表明,资源获取及其各维度对二者之间的关系起中介作用,创业环境正向调节二者之间的关系,即具有返乡创业意愿的新生代农民工创业者不仅会积极获取各种资源,并通过资源的可获得性进行返乡创业,而且其返乡创业行为还会受到周边创业环境的影响。因此,应畅通返乡创业诉求表达渠道,丰富返乡创业资源获取路径,创新返乡创业宣传工作手段。

第四,新生代农民工返乡创业行为的影响因素及测度指标体系。首先,本书基于三元交互理论和计划行为理论,将创业行为选择影响因素分为个人、决策和环境三个方面,建立"个人—决策—环境"的层级创业行为构建系统,分析创业者特征、创业者意愿、机会识别、创业资源、创业环境等因素对农民创业行为的影响。其次,本书基于江西省的调研数据,运用结构方程模型进行研究。结果表明,新生代农民工个人特质对返乡创业行为有显著正向影响,创业意愿在新生代农民工个人特质和返乡创业行为之间起部分中介作用,创业政策支持正向调节创业意愿与返乡创业行为之间的关系。最后,本书基于扎根理论,对新生代农民工返乡创业行为的维度结构(即指标体系)进行测度,对影响创业质量路径进行探索,利用NVivo14软件分析了江西省12家新生代农民工返乡创业企业的访谈资料,从新生代农民工返乡创业行为的5个维度(即网络构建行为、创业学习行为、机会识别行为、资源利用与分配和商业模式创新)进一步探讨了新生代农民工创业行为各维度对返乡创业质量的影响路径。研究结果表明,影响路径有两条:其一,网络构建行为与创业学习行为通过助推机会识别行为、资源利用与分配等核心创业行为,从而间接促进商业模式创新与新生代农民工返乡创业质量的提升。其二,机会识别行为、资源利用与分配等核心创业行为直接影响新生代农民工返乡创业质量的提升,同时可促进商业模式创新,进而提升返乡创业质量。从政府与社会的角度来说,要加强创业者特质的培育,营造良好的创业氛围,优化创业政策环境。从创业者角度来说,一是对内聚焦学习,对外交流合作;二是重视机会,把握资源;三是树立进化观,建立创新容错机制。

第五，新生代农民工返乡创业行为对创业绩效的影响。本书运用OLS回归和分位数回归，实证检验了创业行为的不同维度对返乡创业绩效的影响。研究发现，网络构建行为、创业学习行为、机会识别行为、资源利用与分配和商业模式创新不仅显著正向影响返乡创业绩效，而且仍显著正向影响25%、50%、75%的分位数水平下的返乡创业绩效。对此，本书从创业者角度提出如下建议：一是强化地方合作，二是持续教育与培训，三是实时监控与反馈，四是优化资源配置，五是构建创新生态系统。

第六，引导新生代农民工返乡创业行为的政策支持建议。本书基于江西省的调查数据、案例以及实证分析，借鉴国外移民创业经验，认为新生代农民工返乡创业行为受到创业资源、创业机会、创业环境这些重要因素的影响，涉及政府、乡村、社会等多个主体的推动。创业资源是创业行为的保障，创业机会是支撑，创业环境具有导向作用。从政府的角度来说，要简化创业过程中的审批流程，加大财政扶持，完善创业退出与社会保障机制；从乡村的角度来说，要加强创业培训，提升乡村治理水平，落实乡村振兴政策；从社会的角度来说，要营造社会创业氛围，搭建网络交流平台，拓宽社会网络资源。

9.2 研究不足

虽然本书有一定的理论与现实意义，但仍然存在不足之处。第一，受调查数据的限制，无法通过多年观测值对潜在农民工创业者的返乡创业行为作更长期的考察。第二，影响因素的限制。创业行为本身是一项非常复杂的过程，影响新生代农民工返乡创业行为的因素和路径可能有很多。第三，区域的限制。调研样本仅来源于江西省，而不同区域的创业行为影响因素不同，扩大样本区域可以拓展适用范围。

9.3 未来展望

未来研究可以从以下几个方面进一步拓展：一是利用创业学领域和

管理学领域兴起的新的研究方法去探讨与优化创业行为的问题研究。二是在本书的理论模型上丰富其他因素对创业行为的影响。三是扩大研究区域,降低区域限制的影响,提高研究的普适性。

总之,新生代农民工返乡创业行为的研究不是一成不变的,它是一个动态的发展过程,课题组将以动态的研究思维紧跟研究前沿。

主要参考文献

[1] 蔡莉,葛宝山,蔡义茹.中国转型经济背景下企业创业机会与资源开发行为研究[J].管理学季刊,2019(2):44-62.

[2] 蔡莉,葛宝山,朱秀梅,等.基于资源视角的创业研究框架构建[J].中国工业经济,2007(11):96-103.

[3] 蔡莉,黄贤凤.西方创业行为研究前沿回顾及对我国众创的展望[J].科学学与科学技术管理,2016,37(8):34-46.

[4] 蔡莉,汤淑琴,马艳丽,等.创业学习、创业能力与新企业绩效的关系研究[J].科学学研究,2014,32(8):1189-1197.

[5] 蔡炉明.农民工返乡创业风险的生成逻辑[J].西北农林科技大学学报(社会科学版),2023,23(1):110-117.

[6] 陈成文,孙淇庭.大学生创业政策:评价与展望[J].高等教育研究,2009,30(7):24-30.

[7] 陈国生,肖瑜君,李海波,等.返乡农民工创业选择的影响因素分析:基于5省465户返乡农民工家庭的调查数据[J].经济地理,2022,42(1):176-181.

[8] 陈文超,陈雯,江立华.农民工返乡创业的影响因素分析[J].中国人口科学,2014(2):96-105,128.

[9] 陈文娟.大学生创业动机影响因素:以江苏省高校大学生为例[J].中国科技论坛,2015(9):138-142.

[10] 陈雪琳,周冬梅,鲁若愚.数字创业企业商业模式创新对企业绩效的影响[J/OL].科技进步与对策,1-10[2024-06-23].http://kns.

cnki.net/kcms/detail/42.1224.G3.20240305.1444.006.html.

[11] 陈锡文.实施乡村振兴战略,推进农业农村现代化[J].中国农业大学学报(社会科学版),2018,35(1):5-12.

[12] 陈政,冯兰刚,李海波,等.基于社会和经济双重视角的农民工返乡创业驱动因素研究[J/OL].经济地理,1-11[2023-06-19].http://kns.cnki.net/kcms/detai.

[13] 陈政,王燕荣,李海波,等.农民工返乡创业驱动因素及其地区差异实证分析[J].经济地理,2022,42(10):186-192.

[14] 陈震红,刘国新,蓝俊武.国外创业研究的历程、动态与新趋势[J].国外社会科学,2004(1):21-27.

[15] 仇华.资源整合视域下商业模式创新对创业绩效的影响研究[J].商业经济研究,2020(24):111-113.

[16] 仇玉娟.基于层次分析法的新生代农民工返乡创业的影响因素研究:以江苏省为例[J].安徽农业科学,2018,46(16):209-212.

[17] 仇玉娟.新生代农民工返乡创业的影响因素研究:以江苏省为例[D].南京:南京农业大学,2020.

[18] 崔海兴,林凯,李旭.农民工个人特质对回乡创业意愿的影响分析[J].中国农学通报,2015,31(21):284-290.

[19] 崔祥民,杨东涛,刘彩生.创业意向向创业行为转化机制研究[J].科技管理研究,2017(4):124-128,134.

[20] 戴维奇,魏江.集群企业创业行为的测度及其影响效应:以浙江永康五金产业集群为例[J].科学学研究,2010(10):1502-1510,1466.

[21] 丁俊华,耿明斋.农民工返乡创业的政策执行绩效与治理逻辑:基于全国23个省(区、市)问卷调查的实证检验[J].河南师范大学学报(哲学社会科学版),2023,50(2):78-83.

[22] 丁小洲,郭韬,曾经纬.创业者人格特质对创业企业商业模式创新的影响研究[J].管理学报,2023,20(2):240-248.

[23] 董静,赵策.不同社会网络关系对农民创业意愿的影响[J].求索,

2019(2):56-65.

[24] 董静,赵策.家庭支持对农民创业动机的影响研究:兼论人缘关系的替代作用[J].中国人口科学,2019(1):61-75,127.

[25] 段锦云,韦雪艳.新生代农民工创业意向现状及其影响因素的质性研究[J].苏州大学学报(自然科学版),2012,28(1):83-89.

[26] 段锦云,徐悦,田晓明.新生代农民工的自我效能与创业意向:社会榜样和主观规范的影响[J].苏州大学学报(哲学社会科学版),2015,36(3):111-119.

[27] 范巍,王重鸣.创业倾向影响因素研究[J].心理科学,2004(5):1087-1090.

[28] 范巍,王重鸣.创业意愿维度结构的验证性因素分析[J].人类工效学,2006,12(1):14-16.

[29] 方鸣.创业培训、政策获取和农民工返乡创业绩效[J].北京工商大学学报(社会科学版),2021,36(6):116-126.

[30] 方鸣,翟玉婧,谢敏,等.政策认知、创业环境与返乡创业培训绩效[J].管理学刊,2021,34(6):32-44.

[31] 冯书航.河北省新生代农民工返乡创业意愿及其影响因素研究[D].保定:河北大学,2021.

[32] 甘宇,李伟.见贤思齐:返乡农民工创业绩效提升的一个解释[J].农业技术经济:2022(9):1-16.

[33] 高静,贺昌政,刘娇.基于SEM模型的大学生创业倾向影响因素研究:来自重庆的实证数据[J].教育发展研究,2014,34(1):57-62.

[34] 高顺成.区域创业环境与经济发展关系的实证研究[J].地域研究与开发,2013,32(2):31-35.

[35] 葛宝山,高洋,蒋大可,等.机会—资源一体化开发行为研究[J].科研管理,2015(5):99-108.

[36] 郭晓鸣,张克俊,虞洪,等.实施乡村振兴战略的系统认识与道路选择[J].农村经济,2018(1):11-20.

[37] 郭群成.返乡农民工创业行为研究[D].咸阳:西北农林科技大

学,2011.

[38] 郭天蔚,图娅,潘可欣,等.建筑业农民工的抑郁状态与人格特质、主观生存质量[J].中国心理卫生杂志,2014,28(7):550-554.

[39] 何良兴,张玉利.创业意愿与创业行为:研究述评与展望[J].外国经济与管理,2022,44(5):64-78.

[40] 何良兴,张玉利.创业意愿与行为:舒适区和可承担损失视角的清晰集定性比较分析[J].科学学与科学技术管理,2020,41(8):26-42.

[41] 何淑贞,龚英翔.创业政策影响大学生创业意愿的机制研究:一个有调节的中介模型[J].高教探索,2022(2):113-121.

[42] 何微微,邱黎源.人力资本、社会资本对新生代农民工创业意愿影响研究:基于四川省1 109份调查数据[J].西北人口,2016,37(4):37-44.

[43] 侯飞.创业者特质与创业倾向关系实证研究[J].管理现代化,2014,34(3):52-54.

[44] 侯俊华,彭珍.基于政策工具视角大学生创新创业政策的评价研究[J].新余学院学报,2022,27(2):45-51.

[45] 胡冠华,宣云.城镇化背景下农民工返乡创业对农村经济的影响、问题及策略[J].农业经济,2023(2):84-86.

[46] 胡海青,张颖颖,张丹,等.二元技术能力、进化创业行为与创业绩效:多重中介模型检验[J].南方经济,2019(7):54-71.

[47] 胡俊波.农民工返乡创业行为影响因素研究:以四川省为例[J].农村经济,2014(10):12-16.

[48] 胡晓娣.社会资本对创业机会识别的影响机理研究[J].生产力研究,2009,205(20):15-17.

[49] 胡祎.中国特色返乡创业问题研究:框架、进展与展望[J].北京工商大学学报(社会科学版),2023,38(3):120-134.

[50] 胡伊瑾.代际差异视角下农民工返乡创业意愿影响因素的实证分析:基于湖北省崇阳县539份问卷调查研究[J].湖北经济学院学

报,2015,12(8):47-50.

[51] 黄建新.农民工返乡创业行动研究:结构化理论的视角[J].华中农业大学学报(社会科学版),2008(5):15-17,23.

[52] 黄聿舟,裴旭东,刘骏.创业支持政策对创客空间创业孵化绩效的影响[J].科技进步与对策,2019,36(3):111-116.

[53] 贾冀南,梁晓丹,李凯伦.河北省新生代农民工返乡创业意愿驱动因素及提升路径研究[J].河北工程大学学报(社会科学版),2021,38(4):8-14.

[54] 贾丽娟.美国农业政策及启示[J].商业研究,2003(16):154.

[55] 简丹丹,段锦云,朱月龙.创业意向的构思测量、影响因素及理论模型[J].心理科学进展,2010,18(1):162-169.

[56] 姜红玲,王重鸣,倪宁.基于因子分析的创业特质探索研究[J].心理科学,2006(4):919-921.

[57] 姜姝.乡村振兴背景下"城归"群体的生成机制及其价值实现[J].南京农业大学学报(社会科学版),2021,21(3):140-147.

[58] 蒋剑勇,钱文荣,郭红东.社会网络、社会技能与农民创业资源获取[J].浙江大学学报(人文社会科学版),2013(1):85-100.

[59] 蒋剑勇,钱文荣,郭红东.社会网络、先前经验与农民创业决策[J].农业技术经济,2014,226(2):17-25.

[60] 蒋永穆.基于社会主要矛盾变化的乡村振兴战略:内涵及路径[J].社会科学辑刊,2018(2):15-21.

[61] 可靖涵.产业兴旺的农民解读与现实困境[J].中国农业大学学报(社会科学版),2022,39(4):32-52.

[62] 孔凡柱,赵莉.创业政策对新生代农民工创业意愿和行为的差异化影响[J].江苏农业科学,2018(20):355-361.

[63] 孔凡柱,赵莉.失败恐惧、创业教育对创业意愿与行为的调节效应研究[J].软科学,2017,31(11):39-43.

[64] 孔祥利,陈新旺.资源禀赋差异如何影响农民工返乡创业:基于CHIP2013调查数据的实证分析[J].产经评论,2018,9(5):112-

121.

[65] 李芬.创新创业环境下新生代农民工就业与创业选择的演化博弈[J].渤海大学学报(哲学社会科学版),2017(6):61-66.

[66] 李海波,毛现桩.城市社会网络嵌入对农民工返乡创业意愿的影响:基于结构和关系双维度嵌入的实证分析[J].城市问题,2021(4):33-42.

[67] 李俊蓉,林荣日.政府支持农民工返乡创业对乡村振兴的效应研究:基于返乡创业试点政策的双重差分检验[J].中国农业资源与区划,2024,45(1):150-162.

[68] 李丽群,胡明文,黄大星.新生代农民工的特征与创业动机分析[J].江苏农业科学,2011,39(3):581-583.

[69] 李练军,杨石美,李冬莲.新生代农民工返乡创业能力、创业模式与创业路径:机会与资源的视角[J].农业经济与管理,2021(4):85-92.

[70] 李练军,杨石美.社会资本、乡村振兴政策与新生代农民工返乡创业成长:来自江西省151位农民工创业调查[J].井冈山大学学报(社会科学版),2021,42(3):73-81.

[71] 李庆瑞,曹现强.党政统合与自主治理:基层社会治理的实践逻辑:基于2020年至2021年社会治理创新案例的扎根理论研究[J].公共管理学报,2022,19(3):110-122,173.

[72] 李文娟,朱春奎.影响科研人员创业意愿和行为的因素:以上海市科研人员为考察对象的探索性研究[J].科技管理研究,2022,42(15):156-162.

[73] 李文博.集群情景下小微企业进化创业行为的驱动机理:话语分析方法的一项探索性研究[J].科学学研究,2014,32(3):410-420.

[74] 李雯,夏清华.创业行为形成机理:感知合意性与感知可行性的交互效应[J].管理学报,2013,10(9):1338-1344.

[75] 李远煦,黄兆信,钟卫东.新生代农民工创业教育与公共政策选择[J].教育发展研究,2011,31(21):42-46.

[76] 李长生,刘晓蕾,汪淑群.信贷约束、社会网络和新生代农民工创业实施[J].农林经济管理学报,2019,18(5):607-617.

[77] 李辉敏.农民工是工人阶级的重要组成部分[J].中国特色社会主义研究,2006(2):47-51.

[78] 李志东.数字营商环境如何驱动青年创新创业:基于多城市的政策和调研分析[J].青年探索,2023,245(3):57-68.

[79] 李志能,郁义鸿,罗伯特.D·希斯瑞克.创业学[M].上海:复旦大学出版社,2000.

[80] 李钊.华容县新生代农民工返乡创业意愿的影响因素研究[D].长沙:中南林业科技大学,2019.

[81] 李彦娅,谢庆华.农民工返乡创业的动力机制研究:基于三次返乡创业高潮的调查[J].重庆社会科学,2019(7):99-110.

[82] 林奇清.农村籍大学生返乡创业:价值逻辑、现况调研与动力机制[J].福建教育学院学报,2023,24(1):61-63.

[83] 刘勤华,刘晓冰,盛甫斌.科技型新创企业的创业行为中介作用研究[J].科技管理研究,2020,40(18):157-164.

[84] 刘海鹰.大学生创业意向影响因素研究[J].科技进步与对策,2010,27(18):154-156.

[85] 刘鹏程,李磊,王小洁.企业家精神的性别差异:基于创业动机视角的研究[J].管理世界,2013(8):126-135.

[86] 刘儒,刘江,王舒弘.乡村振兴战略:历史脉络、理论逻辑、推进路径[J].西北农林科技大学学报(社会科学版),2020,20(2):1-9.

[87] 刘唐宇.农民工回乡创业的影响因素分析:基于江西赣州地区的调查[J].农业经济问题,2010,31(9):81-88,112.

[88] 刘新民,张衡,于文成.务工城市双创环境对农民工返乡创业的影响分析[J].农业技术经济,2022(11):4-19.

[89] 刘亚娜,董琦圆.新生代农民工的城市融入与返乡调适:基于在京务工人员择偶问题的观察[J].理论月刊,2019(7):139-146.

[90] 刘溢海,来晓东."双创"背景下农民工返乡创业意愿研究:基于河

南省 4 市 12 县的实证分析[J]. 调研世界,2016(11):8-12.

[91] 刘迎君. 禀赋特质、农民工回流创业与地域分层意愿[J]. 贵州社会科学,2017,327(3):133-140.

[92] 刘宇娜,张秀娥. 创业意愿、创业机会识别与创业行为关系的实证研究[J]. 税务与经济,2018(2):48-55.

[93] 龙海军,田丽芳. 返乡创业者先前经验、利用式学习与企业创业拼凑:一个被调节的中介效应模型[J]. 软科学,2023,37(1):124-129,134.

[94] 卢闯,刘万兆. 新生代农民工创业问题探讨[J]. 农业经济,2013(7):85-86.

[95] 罗明忠,陈江华. 资源禀赋、外部环境与农民创业组织形式选择[J]. 产经评论,2016,7(4):103-115.

[96] 罗明忠. 个体特征、资源获取与农民创业:基于广东部分地区问卷调查数据的实证分析[J]. 中国农村观察,2012(2):11-19.

[97] 罗竖元,黄萍. 社会网络对农民工返乡创业绩效的影响[J]. 华南农业大学学报(社会科学版),2022,21(4):57-66.

[98] 吕诚伦. 农民工返乡创业意愿的影响因素分析:基于湖南省 482 位返乡农民工调查数据[J]. 求索,2016(9):139-143.

[99] 马鸿佳,宋春华,郭海. 战略选择、双元创新与天生国际化企业绩效关系研究[J]. 科学学研究,2016(10):1550-1560.

[100] 马忠国. 社会流动视角下农民工返乡创业路径研究[J]. 特区经济,2009,251(12):183-184.

[101] 牛磊. 乡村"空心化"背景下劳动力返乡创业的差异化路径选择:基于对 123 个村庄的定性比较分析[J]. 农村经济,2020,455(9):137-144.

[102] 潘启龙,韩振,陈钰颖. 美国农村阶段发展及对中国乡村振兴的启示[J]. 世界农业,2021(9):78.

[103] 彭少峰,赵奕钧,汪禹同. 社会资本、资源获取与返乡农民工创业绩效:基于长三角地区的实证[J]. 统计与决策,2021,37(22):

81-84.

[104] 彭莹莹,邸耀敏.京津冀新生代农民工返乡创业行为影响因素[J].江苏农业科学,2019,47(4):316-320.

[105] 戚迪明,刘玉侠.人力资本、政策获取与返乡农民工创业绩效:基于浙江的调查[J].浙江学刊,2018(2):169-174.

[106] 钱永红.创业意向影响因素研究[J].浙江大学学报(人文社会科学版),2007(4):144-152.

[107] 钱永红.个人特质对男女创业意向影响的比较研究[J].技术经济,2007(7):8-13,124.

[108] 钱永红.女性创业意向与创业行为及其影响因素研究[D].杭州:浙江大学,2007.

[109] 阙立峻.创业机会、政策获得亦或乡土情怀:新生代农民工返乡创业意愿及影响因素:基于浙江丽水的调查[J].丽水学院学报,2019,41(1):9-17.

[110] 芮正云,史清华.中国农民工创业绩效提升机制:理论模型与实证检验:基于"能力—资源—认知"综合范式观[J].农业经济问题,2018(4):108-120.

[111] 石丹淅,王轶.乡村振兴视域下农民工返乡创业质量影响因素及其政策促进[J].求是学刊,2021,48(1):90-101.

[112] 石智雷,谭宇,吴海涛.返乡农民工创业行为与创业意愿分析[J].中国农村观察,2010(5):25-37,47.

[113] 史苏.新生代农民工返乡创业的价值依归[J].人民论坛,2020,668(14):82-83.

[114] 舒尔茨.人力资本投资:教育与研究的作用[M].上海:上海商务印书馆,1990.

[115] 宋国学.创业意愿如何转化为创业行为?:基于行动状态导向作用的研究[J].商业经济与管理,2022(3):16-26.

[116] 宋克勤.创业成功学[M].北京:经济管理出版社,2002.

[117] 宋时磊,史宇轩.户籍制度背景下农民工与城市工的人格特质比

较[J].统计与决策,2016(12):84-87.

[118] 孙昕宇,张秀娥.绿色创业导向对农业企业绩效的影响研究:以东北三省农业企业为例[J].现代商业,2021(21):86-88.

[119] 田毕飞,张斌斌.创业者个人特质对机会识别的影响:中国数据的分析[J].中国人力资源开发,2014(3):56-62.

[120] 田力,徐一平.浅析大学生创业政策的特点与分类[J].课程教育研究,2013(16):33-34.

[121] 童星,孙思.返乡农民工创业的影响因素分析:以江苏省盐城市为例[J].华东理工大学学报(社会科学版),2016,31(5):79-86.

[122] 汪昕宇,陈雄鹰,邹建刚,等.我国农民工返乡创业影响因素研究的回顾与展望[J].北京联合大学学报(人文社会科学版),2018,16(3):86-99.

[123] 汪昕宇,吴克强,赵鑫,等.返乡农民工从机会型创业意愿到创业行为的转化机制:基于创业情境的叙事研究[J].北京联合大学学报(人文社会科学版),2020,18(2):96-106.

[124] 王春光.新生代农村流动人口的社会认同与城乡融合的关系[J].社会学研究,2001(3):63-76.

[125] 王春光.新生代的农村流动人口对基本公民权的渴求[J].民主与科学,2000(1):18-20.

[126] 王丛霞."生态宜居"乡村问题研究述评及展望[J].宁夏社会科学,2023(1):143-149.

[127] 王国猛,黎建新,郑全全.社会网络特征、工作搜索策略对新生代农民工再就业的影响[J].农业经济问题,2011,32(10):76-82,111-112.

[128] 王辉,朱健.农民工返乡创业意愿影响因素及其作用机制研究[J].贵州师范大学学报(社会科学版),2021(6):79-89.

[129] 王慧珍.青年返乡创业的路径选择和归因分析[J].当代青年研究,2021(3):25-31.

[130] 王季,耿健男,肖宇佳.从意愿到行为:基于计划行为理论的学术

创业行为整合模型[J].外国经济与管理,2020,42(7):64-81.

[131] 王季,李倩.创业者特质对绿色创业意愿的影响机理:基于大学生样本的实证研究[J].财经问题研究,2017(6):132-137.

[132] 王杰,蔡志坚.风险规避、数字技术使用与农村家庭创业行为[J].华南农业大学学报(社会科学版),2022,21(2):28-40.

[133] 王侃,董保宝.国外创业网络研究评述[J].学习与探索,2010(3):173-174.

[134] 王丽芳.山西省农业与旅游业融合的动力机制与发展路径[J].农业技术经济,2018(4):136-144.

[135] 王伟,张善良,于吉萍.关系网络构建行为有助于提升创业绩效吗?:来自227家新创企业的微观证据[J].经济与管理,2018,32(1):87-92.

[136] 王细红,刘雯.人格特征对高职学生创业意图的影响研究:基于创业态度的中介效应[J].职业技术教育,2022,43(2):71-76.

[137] 王兴周.乡村振兴背景下逆城市化动力机制探析[J].江海学刊,2021(3):98-108,255.

[138] 王兴周,庞嘉楠,李岩崇.家庭责任伦理与新生代农民工返乡创业[J].青年探索,2022(6):85-97.

[139] 王亚欣,宋世通,彭银萍,等.基于交互决定论的返乡农民工创业意愿影响因素研究[J].中央民族大学学报(哲学社会科学版),2020,47(3):120-129.

[140] 王轶,陆晨云.财政扶持政策能否提升返乡创业企业创新绩效?:兼论企业家精神的机制作用[J].产业经济研究,2022(4):59-71.

[141] 王轶,熊文.返乡创业:实施乡村振兴战略的重要抓手[J].中国高校社会科学,2018(6):37-45,154-155.

[142] 王轶,熊文,黄先开.人力资本与劳动力返乡创业[J].东岳论丛,2020,41(3):14-28,191.

[143] 王雨濛,衣晓祺,孔祥智.自我效能感、资源拼凑与农民创业绩效

分析[J].华中农业大学学报(社会科学版),2022(1):83-93.

[144] 王转弟,马红玉,郭鹏宇.创业激情、创业学习与农民工创业绩效[J].南方经济,2020(5):111-126.

[145] 魏后凯.实施乡村振兴战略的目标及难点[J].社会发展研究,2018,5(1):2-8.

[146] 危旭芳,罗必良.农民创业研究:一个文献综述[J].中大管理研究,2014(9):188-208.

[147] 韦吉飞.阶层分化、代际分工与新生代农民工创业参与意愿[J].宏观经济研究,2017(6):132-146.

[148] 文革,何慧敏,秦颖.心理资本与社会资本对返乡农民创业绩效的影响研究:基于四川省样本数据[J].西南大学学报(自然科学版),2023,45(7):45-56.

[149] 吴磊,刘纠纠,闻海洋.农村女性创业具有"数字红利"吗?:基于CGSS2015数据的实证分析[J].世界农业,2021,508(8):53-68,119-120.

[150] 吴凌菲.基于感知创业价值的大学生创业意愿形成研究[D].上海:同济大学,2008.

[151] 吴庆松,胡卉.高职学生创业意愿与创业行为之间存在"黑箱"吗?:有调节的多重中介效应模型构建与检验[J].职业技术教育,2023,44(8):55-61.

[152] 吴小立,于伟.环境特性、个体特质与农民创业行为研究[J].外国经济与管理,2016,38(3):19-29.

[153] 武小龙,刘祖云.社区自助、协同供给与乡村振兴:澳大利亚乡村建设的理念与实践[J].国外社会科学,2019(1):30-39.

[154] 伍如昕,何薇薇.新生代农民工创业动机和意愿的影响因素分析:以人力、社会和心理资本为视角[J].湖南农业大学学报(社会科学版),2018,19(1):53-60,72.

[155] 夏征农,陈至立.大辞海:心理学卷[M].上海:上海辞书出版社,2013.

[156] 谢桂花,王林萍.新生代农民工返乡创业意向影响因素实证研究[J].福建商学院学报,2019(3):62-69.

[157] 谢桂花,王林萍.制度环境对新生代农民工返乡创业意愿影响实证分析[J].西安电子科技大学学报(社会科学版),2020,30(3):29-37.

[158] 谢勇,杨倩.外出务工经历、创业行为与创业绩效[J].经济评论,2020(1):146-160.

[159] 颉茂华,赵圆圆,刘远洋.网络联结、资源获取与组织学习互动影响战略绩效路径研究:基于长城汽车的纵向案例研究[J].科研管理,2021,42(5):57-69.

[160] 辛凯,李增元."过渡型片区"体制:新时代乡村治理体制的新探索[J].地方治理研究,2023(3):64-77,80.

[161] 熊智伟,黄声兰.社会支持视角下返乡农民工创业失败修复研究:基于中部五省401份微观数据[J].农林经济管理学报,2018,17(6):746-753.

[162] 熊智伟,王征兵.基于TPB理论修正的农民工返乡创业意愿影响因子研究:以江西省262名农民工微观数据为例[J].人口与发展,2012,18(2):54-60.

[163] 徐超,吴玲萍,孙文平.外出务工经历、社会资本与返乡农民工创业:来自CHIPS数据的证据[J].财经研究,2017,43(12):30-44.

[164] 许成磊,张超,郭凯,等.政策支持、创业激情与技术创业成功:政策感知的调节作用[J].科技进步与对策,2022,39(14):94-104.

[165] 许艳丽,王岚.众创时代女大学生创业困局探析:基于创业过程理论的视角[J].高教探索,2018(2):103-108.

[166] 薛永基,翟祥.资源获取预期对林农创业意向影响的实证研究:个体心理特征的中介作用[J].农业技术经济,2012(7):103-110.

[167] 闫华飞,胡蓓.产业集群环境、创业者特质与创业成功关系研究[J].科技进步与对策,2011,28(22):58-61.

[168] 闫华飞,胡蓓.产业集群创业行为维度结构与测量[J].科技进步与对策,2014,31(19):51-57.

[169] 闫丽平.时间维度视角下创业行为的动态特征:成因分析与实证研究[J].经济与管理,2013(6):56-62.

[170] 杨家蕊,符文颖.当代国际移民创业研究进展[J].世界地理研究,2020,29(3):480-490.

[171] 杨俊.基于创业行为的企业家能力研究:一个基本分析框架[J].外国经济与管理,2005(4):28-35.

[172] 杨学儒,邹宝玲.模仿还是创新:互联网时代新生代农民工创业机会识别实证研究[J].学术研究,2018(5):77-83.

[173] 叶敬忠.创造变化的空间:农民发展创新的原动力研究[J].中国农村观察,2004(4):37-45,81.

[174] 叶文平,李新春,陈强远.流动人口对城市创业活跃度的影响:机制与证据[J].经济研究,2018(6):157-170.

[175] 尹俣潇,梅强,徐占东.创业网络关系嵌入与新创企业成长:创业学习的中介作用[J].科技管理研究,2019,39(5):199-206.

[176] 喻登科,陈淑婷.信息技术与企业绩效:知识管理能力与商业模式创新的链式中介作用[J].科技进步与对策,2024,41(8):117-128.

[177] 喻登科,肖欢,彭静,薄秋实.性格特质对企业绩效的影响:知识资本的中介与调节作用[J].情报杂志,2017,36(5):199-207.

[178] 于丽卫,孔荣.绿色创业能提高农户农业创业绩效吗?[J].干旱区资源与环境,2023,37(5):53-60.

[179] 于博.大学生创业意愿的演变趋势、驱动因素与效能影响[J].外国经济与管理,2023,45(5):38-52.

[180] 袁方,史清华.创业能减少农村返贫吗?:基于全国农村固定观察点数据的实证[J].农村经济,2019(10):62-69.

[181] 赵庚,刘兵,李子彪.孵化企业创业行为对创业绩效的影响及促进政策:以天津市为例[J].企业经济,2017,36(1):88-95.

[182] 张丛丛.荷兰多举措促进农村农业发展[J].中国社会科学报,2022(7):1-2.

[183] 张改清.农民工返乡创业:意愿、行为与效应的代际差异比较[J].统计与决策,2011(18):94-97.

[184] 张静宜,李睿,陈传波.先前经验、政策支持与返乡创业机会识别[J].调研世界,2021(9):32-38.

[185] 张立新,段慧昱,戚晓妮.创业环境对返乡农民工创业意愿的影响[J].农业经济与管理,2019(1):72-83.

[186] 张梁梁,李世强.外出务工经历、邻里关系与返乡农民工创业[J].人口与经济,2022(2):140-154.

[187] 张若瑾,张静.农民工创业意愿影响因素的实证研究[J].中国人口·资源与环境,2017(S2):29-31.

[188] 张若瑾.创业补贴、小额创业贷款政策对回流农民工创业意愿激励实效比较研究:一个双边界询价的实证分析[J].农业技术经济,2018(2):88-103.

[189] 张淑梅,罗国锋.创业者的二维辨别模型及其对创新创业教育的启示[J].河北师范大学学报(教育科学版),2021,23(6):134-137.

[190] 张顺,程诚.市场化改革与社会网络资本的收入效应[J].社会学研究,2012,27(1):130-151,244-245.

[191] 张思阳,赵敏娟,应新安,牛方妍.社会资本对农民工返乡创业意愿的影响效应分析:基于互联网嵌入视角[J].农业现代化研究,2020,41(5):783-792.

[192] 张省,杨倩.数字技术能力、商业模式创新与企业绩效[J].科技管理研究,2021,41(10):144-151.

[193] 张笑秋.新生代农民工人力资本与市民化研究:以新人力资本理论为视角[J].学海,2022(4):13-19.

[194] 张秀娥,孙中博,韦韬.新生代农民工工作不安全感对离职倾向的

影响:基于396个新生代农民工的调研分析[J].中国农村研究,2013(1):199-212.

[195] 张秀娥,孙中博.新生代农民工返乡创业与政府支持体系建设[J].求是学刊,2013,40(5):50-55.

[196] 张秀娥,王超.成就需要对创业意向的影响:风险倾向和创业警觉性的双重中介作用[J].软科学,2019,33(7):34-39.

[197] 张秀娥,张坤.先前经验与社会创业意愿:自我超越价值观和风险倾向的中介作用[J].科学学与科学技术管理,2018,39(2):142-156.

[198] 张秀娥,张梦琪.新型城镇化与新生代农民工返乡创业互动机制探析[J].内蒙古大学学报(哲学社会科学版),2015(1):106-112.

[199] 张秀娥,徐雪娇.创业学习与新创企业成长:一个链式中介效应模型[J].研究与发展管理,2019,31(2):11-19.

[200] 张玉利,陈寒松.创业管理[M].北京:机械工业出版社,2008.

[201] 张玉利,冯潇."三农"创业实践驱动的学术问题与研究建议[J].南方经济,2019(7):72-82.

[202] 张玉利,杨俊.企业家创业行为的实证研究[J].经济管理,2003(20):19-26.

[203] 张玉利.企业家型企业的创业与快速成长[M].天津:南开大学出版社,2003.

[204] 赵峰,王轶.市场化信贷、非市场化信贷对返乡创业企业绩效的影响研究:基于中国返乡创业调查问卷的证据[J].经济纵横,2022(4):67-81.

[205] 赵富强,李诗琪,陈耘,等.创业警觉对创业行为的影响:基于两阶段调节的中介作用模型[J].科技管理研究,2022,42(18):203-210.

[206] 赵庚,刘兵,李子彪.孵化企业创业行为对创业绩效的影响及促进政策:以天津市为例[J].企业经济,2017,36(1):88-95.

[207] 赵观兵,梅强,万武.基于环境宽松性的创业者特质对创业机会识

别影响的实证研究[J].中国科技论坛,2010(8):109-113,133.

[208] 赵佳佳,魏娟,刘军弟,等.信任有助于提升创业绩效吗?:基于876个农民创业者的理论探讨与实证检验[J].中国农村观察,2020(4):90-108.

[209] 赵文红,李垣.企业家成长理论综述[J].经济学动态,2002(11):70-75.

[210] 赵霞,姜利娜.荷兰发展现代化农业对促进中国农村一二三产业融合的启示[J].世界农业,2016(11):22.

[211] 郑大忠.新生代农民工返乡创业的影响因素分析[D].福州:福建农林大学,2020.

[212] 郑山水.强弱关系、创业学习与农民工返乡创业绩效[J].西部论坛,2017,27(3):25-33.

[213] 郑蕊.关系网络和社会资源对农民工群体返乡创业的影响机制及调控[J].农业经济,2023(5):67-69.

[214] 仲伟仁,芦春荣.环境动态性对创业机会识别可行性的影响路径研究:基于创业者个人特质[J].预测,2014,33(3):27-33.

[215] 钟云华,刘姗.乡村振兴战略背景下大学生农村就业意愿的影响因素分析:基于推拉理论的视角[J].高等教育研究,2019,40(8):88-97.

[216] 周毕芬.城镇化进程中失地农民的创业环境与创业意愿:基于福建省N市的调查数据分析[J].西北人口,2015,36(5):49-52.

[217] 周娟,万琳.乡村振兴背景下新生代返乡农民创业及其对农业转型的影响[J].中国青年研究,2023,327(5):87-94.

[218] 周宇飞.新时代乡村文化与农民工返乡创业意愿[J].求索,2017,304(12):122-130.

[219] 朱红根,江慧珍,康兰媛.创业环境对农民创业绩效的影响:基于DEA-Tobit模型的实证分析[J].商业研究,2015(3):112-118.

[220] 朱红根,康兰媛,翁贞林,等.劳动力输出大省农民工返乡创业意愿影响因素的实证分析:基于江西省1 145个返乡农民工的调查

数据[J].中国农村观察,2010(5):38-47.

[221] 朱红根,康兰媛.金融环境、创业政策支持与农民创业意愿[J].中国农村观察,2013(5):24-33,95-96.

[222] 朱红根,翁贞林,陈昭玖.创业政策支持对农民工返乡创业影响的实证分析:基于江西调查数据[J].江西农业大学学报(社会科学版),2011,10(1):19-27.

[223] 朱红根.农业龙头企业绿色创业与企业绩效:基于新制度经济学的理论与实证分析[J].农业经济问题,2018(10):121-131.

[224] 朱红根,梁曦.制度环境、创业氛围与农民创业成长[J].农业经济与管理,2018(2):27-36.

[225] 朱建江.习近平新时代中国特色社会主义乡村振兴思想研究[J].上海经济研究,2018(11):5-14,50.

[226] 朱鹏.创业绩效:理论溯源与研究进路[J].求索,2020(6):157-166.

[227] 朱明芬.农民创业行为影响因素分析:以浙江杭州为例[J].中国农村经济,2010(3):25-34.

[228] 朱艳军,夏利波.内因对新生代农民工创业意愿形成的作用机制研究[J].中国职业技术教育,2020(1):73-78.

[229] 祝振兵,许晟.农民创业意愿与行为的一致性研究:基于AMO框架的分析[J].农林经济管理学报,2022,21(6):699-706.

[230] AJZEN I. Perceived behavioral control, self-efficacy, locus of control, and the theory of planned behavior[J]. Journal of Applied Social Psychology, 2002, 32(4): 665-683.

[231] AJZEN I. From intentions to actions: a theory of planned behavior[M]. Springer-Verlag Berlin Heidelberg, 1985: 1-63.

[232] AJZEN I. The theory of planned behavior[J]. Organizational Behavior and Human Decision Processes, 1991, 50(2): 179-211.

[233] AIQI W, DI S, YANG Y. Untangling the effects of entrepreneurial opportunity on the performance of peasant entrepreneurship: the

moderating roles of entrepreneurial effort and regional poverty level [J]. Entrepreneurship & Regional Development, 2020, 32(1-2): 112-133.

[234] ALBERT B. Social foundations of thought and action [M]. Englewood Cliffs, NJ: Prentice Hall. 1985.

[235] ALEXANDER A, RICHARD C, SOURAV R. A theory of entrepreneurial opportunity identification and development [J]. Journal of Business Venturing, 2003, 18(1): 105-123.

[236] ALIAGA-ISLA R, RIALP A. Systematic review of immigrant entrepreneurship literature: previous findings and ways forward[J]. Entrepreneurship & Regional Development, 2013, 25(9-10): 819-844.

[237] ALTINAY L, MADANOGLU M, DANIELE R, et al. The influence of family tradition and psychological traits on entrepreneurial intention[J]. International Journal Of Hospitality Management, 2012, 31(2): 489-499.

[238] ALVAREZ A S, BUSENITZ W L. The entrepreneurship of resource-based theory[J]. Journal of Management, 2001, 27(6): 755-775.

[239] BANDURA A. Social foundations for thought and action: a social cognitive theory[J]. Journal Of Applied Psychoiogy, 1986, 12(1): 169.

[240] BARNEY J. Firm resources and sustained competitive advantage [J]. Journal of Management, 1991, 17(1): 99-120.

[241] BARON R M. The cognitive perspective: a valuable tool for answering entrepreneurship's basic "why" questions[J]. Journal of Business Venturing, 2004, 19(2): 221-239.

[242] BARON R M, KENNY D A. The moderator-mediator variable distinction in social psychological research: conceptual, strategic, and statistical considerations[J]. Journal of Personality and Social

Psychology, 1986, 51(6): 1173-1182.

[243] BIRD B. Implementing entrepreneurial ideas: the case for intention [J]. The Academy of Management Review, 1988, 13 (3): 442-453.

[244] BLANCHFLOWER D G. Self-employment in oecd countries[J]. Labour Economics, 2000, 7(5): 471-505.

[245] BOGATYREVA K, EDELMAN L F, MANOLOVA T S, et al. When do entrepreneurial intentions lead to actions? The role of nationalculture[J]. Journal of Business Research, 2019, 96(3): 309-321.

[246] BOGUE D J. Internal migration, inhauser, duncan (ed.), the study of population: an inventory and appraisal[M]. Chicago: University of Chicago Press, 1959: 488-509.

[247] BOYD N G, VOZIKIS G S. The influence of self-efficacy on the development of entrepreneurial intentions and actions [J]. Entrepreneurship Theory&Practice, 1994, 18(1): 63-77.

[248] BRÜDERL J, PREISENDÖRFER P. Network support and the success of newly founded business[J]. Small Business Economics, 1998, 10(3): 213-225.

[249] CAI L, MURAD M, ASHRAF S, et al. Impact of dark tetrad personality traits on nascent entrepreneurial behavior: the mediating role of entrepreneurial intention[J]. Frontiers Of Business Research In China, 2021, 15: 1-19.

[250] CANTILLON R. The circulation and exchange of goods and merchandise[R]. Essai sur la Nature du Commerce enGénéral, 1755.

[251] CARTER N M, GARTNER W B, REYNOLDS P D. Exploring start-up event sequences[J]. Journal Of Business Venturing, 1996, 11(3): 151-166.

[252] CHRISMAN J J, BAUERSCHRNIDT A, HOFER C W. The determinants of new venture performance: an extended model. Entrepreneurship[J]. Theory and Practice, 1998, 23(1): 5-29.

[253] CIAVARELLA M A, BUCHHOLTA A K, et al. The big five and venture survival: is there a linkage? [J]. Journal of Business Venturing, 2004, 19(4): 465-483.

[254] COLLINS C J, HANGES P J, LOCKE E A. The relationship of achievement motivation to entrepreneurial behavior: a meta-analysis [J]. Human Performance, 2004, 17(1): 95-117.

[255] CORUM V, ROSENZWEIG M, GIBSON E. The new farmers' market: farm-fresh ideas for producers [M]. Managers & Communities. Aubum: New World Publishing, 2001.

[256] EDELMAN L F, MANOLOVA T, SHIROKOVA G, et al. The impact of family support on young entrepreneurs' start-up activities [J]. Journal of Business Venturing, 2016, 31(4): 428-448.

[257] EDELMAN L, YLI-RENKO H. The impact of environment and entrepreneurial perceptions on venture-creation efforts: bridging the discovery and creation views of entrepreneurship[J]. Entrepreneurship Theory and Practice, 2010, 34(5): 833-856.

[258] LAZEAR E P. Entrepreneurship[J]. Journal of Labor Economics, 2005, 23(4): 649-680.

[259] ESHIMA Y, ANDERSON B S. Firm growth, adaptive capability, and entrepreneurial orientation[J]. Strategic Management Journal, 2016, 38(3): 770-779.

[260] ETRIYA E, SCHOLTEN E V, WUBBEN F E, et al. The impact of networks on the innovative and financial performance of more entrepreneurial versus less entrepreneurial farmers in West Java, Indonesia[J]. NJAS-Wageningen Journal of Life Sciences, 2019, 89(1): 100-308.

[261] EUGENIA P, NIKI G. Rural women entrepreneurship within co-operatives: training support [J]. Gender in Management: An International Journal, 2008, 23(4): 262-277.

[262] EDWARD J M. Digital development in rural areas: potentials and pitfalls[J]. Journal of Rural Studies, 2003, 19(2): 201-214.

[263] FAFCHAMPS M, QUISUMBING A R. Social roles, human capital and the intra household division of labor: evidence from pakistan[J]. Oxford Economic Papers, 2003, 55(1): 36-80.

[264] FARMER S M, YAO X, MCINTYRE K K. The behavioral impact of entrepreneur identityaspiration and prior entrepreneurial experience[J]. Entrepreneurship Theory And Practice, 2011, 5(2): 245-273.

[265] FISHBEIN M. An investigation of the relationships between beliefs about an object and the attitude toward that object[J]. Human relations, 1963, 16(3): 233-239.

[266] FOLMER H, SUBRATA D, HAN O. Determinants of rural industrial entrepreneurship of farmers in west bengal: a structural equations approach [J]. International Regional Science Review, 2010, 33(4): 367-396.

[267] FONSECA R W, ABETTI P A. Impact of entrepreneurship: start-up costs and employment[J]. European Economic Review, 2001, 45(4): 692-705.

[268] FOX W F, PORCA S. Investing in rural infrastructure[J]. International Regional Science Review, 2001, 24(1): 103-133.

[269] FONSECA R, LOPEZ-GARCIA P, PISSARIDES C A. Entrepreneurship: start-up costs and employment[J]. European Economic Review, 2001, 45(5): 692-705.

[270] FOSS N J, SAEBI T. Fifteen years of research on business model innovation: how far have we come, and where should we go? [J].

Journal of Management, 2017, 43(1): 200-227.

[271] WILSON F, KICKUL J, MARLINO D. Gender, entrepreneurial self-efficacy, and entrepreneurial career intentions: Implications for entrepreneurship educational [J]. Entrepreneurship Theory And Practice, 2007, 31(3): 387-406.

[272] LUTHANS F, STEVEN M, BRUCE J, et al. The mediating role of psychological capital in the supportive organizational climate: employee performance relationship [J]. Journal of Organizational Behavior, 2008, 29(2): 219-238.

[273] SHIROKOVA G, OSIYEVSKYY O, BOGATYREVA K. Exploring the intention-behavior link in student entrepreneurship: moderating effects of individual and environmental characteristics [J]. European Management Journal, 2016, 34(4).

[274] GARTNER W B. A conceptual framework for describing the phenomenon of new venture creation [J]. Academy Of Management Review, 1985, 10(4): 696-706.

[275] GARTNER W B, STARR J, BHAT S. Predicting new venture survival: analysis of anatomy of a start-up: cases from Inc. Magazine [J]. Joumal Of Business Venturing, 1999, 14(2), 215-232.

[276] GARTNER W B. What are we talking about when we talk about entrepreneurship? [J]. Social Science Electronic Publishing, 1990, 5(1): 15-28.

[277] GELDEREN M V, KAUTONEN T, WINCENT J, et al. Implementation intentions in the entrepreneurial process: concept, empirical findings, and research agenda [J]. Small Business Economics, 2018, 51(4): 1-19.

[278] GIBB A A, DAVIES L G. In pursuit of frameworks for the development of growth models of the small business [J].

International Small Business Journal, 1990, 9(1): 15-31.

[279] GILBERT A B, MCDOUGALL P P, AUDRETSCH B D. New venture growth: a review and extension [J]. Journal of Management, 2006, 32(6): 926-950.

[280] GREINER L E. Evolution and revolution as organizations grow[J]. Harvard business review, 1972, 76(3): 37-46.

[281] GRANDE J. New venture creation in the farm sector-critical resources and capabilities [J]. Journal of Rural Studies, 2011, 27(2): 220-233.

[282] HAIRE M. Psychological problems relevant to business and industry[J]. Psychological Bulletin, 1959, 56(3): 169-194.

[283] HART D M. The emergence of entrepreneurship policy: governance, start-ups, and growth in the us knowledge economy [M]. Cambridge, UK: Cambridge University Press, 2003: 3-16.

[284] HISRICH R D. Entrepreneurship, intrapreneurship, and venture capital: the foundation of economic renaissance [M]. Massachusetts: Lexington Books, 1986: 119-139.

[285] HINKINT R. A review of scale development practices in the study of organizations [J]. Journal of Management, 1995, 21 (5): 967-988.

[286] ADIZES I. Organizational passages: diagnosing and treating lifecycle problems of organizations[J]. Organizational Dynamics, 1979, 8(1): 3-25.

[287] YIN J, HUANG X, DONG Y, et al. Dual-level impact of regional context and individual attributes on entrepreneurship among return migrants in China [J]. Growth and Change, 2021, 52 (2): 1099-1116.

[288] JOHNSON B R. Toward a multidimensional model of entrepreneurship: the case of achievement motivation and the entrepreneur [J].

Entrepreneurship Theory And Practice, 1990, 14(3): 39-54.

[289] WATSON J. Modeling the relationship between networking and firm performance[J]. Journal of Business Venturing, 2006, 6(8): 1-23.

[290] GRANDE J. New venture creation in the farm sector-critical resources and capabilities[J]. Journal of Rural Studies, 2011, 27(2): 220-233.

[291] JOSEPH A. A theory of economic development[J]. Bloomsbury Business Library Management Library, 1934(46): 61-116.

[292] KARABULUT A T. Personality traits on entrepreneurial intention [J]. Procedia Social And Behavioral Sciences, 2016, 22(9): 12-21.

[293] KLINE R B. Principles and practice of structural equation modeling [M]. New York: Guilford Press, 1998.

[294] KNIGHT F. Risk, uncertainty and profit[J]. Social Science Electronic Publishing, 1921(4): 682-690.

[295] ISAKSENE K L. New business start-up and subsequent entry into self-employment[J]. Journal Of Business Venturing, 2006, 21(6): 866-885.

[296] KRASNIQI B A, WILLIAMS N. Migration and intention to return: entrepreneurial intentions of the diaspora in post-conflict economies[J]. Post-Communist Economies, 2019, 31(4): 464-483.

[297] KRUEGER N F, BRAZEAL D V. Entrepreneurial potential and potential entrepreneurs[J]. Social Science Electronic Publishing, 1994, 18(3): 91-104.

[298] KRUEGER N F, CARSRUD A L. Entrepreneurial intentions: applying the theory of planned behavior[J]. Entrepreneurship and Regional Development, 1993, 5(4): 315-330.

[299] KRUEGER N F, REILLY M D, CARSRUD A L. Competing models of entrepreneurialintentions [J]. Journal Of Business Venturing, 2000, 15(5): 411-432.

[300] KURATKO D F, HORNSBY J S, COVIN J G. Diagnosing a firm's internal environment for corporate entrepreneurship [J]. Business Horizons, 2014, 57(1): 37-47.

[301] KURATKO D F, MORRIS M H, SCHINDEHUTTE M. Understanding the dynamics of entrepreneurship through framework approaches[J]. Small Business Economics, 2015, 45(1): 18-30.

[302] KRUGMAN P. Geography and trade[M]. Cambridge Mass: MIT Press, 1991.

[303] LEE E S. A theory of migration[J]. Demography, 1966(1): 47-57.

[304] LIM K, MORSE A, MITCHELL K, SEAWRIGHT K. Institutional environment and entrepreneurial cognitions: a comparative business systems perspective[J]. Entrepreneurship Theory and Practice, 2010, 34(3): 491-516.

[305] LIÑÁN F, CHEN Y W. Development and cross: cultural application of a specific instrument to measure entrepreneurial intentions [J]. Entrepreneurship Theory And Practice, 2009, 33(3): 593-617.

[306] LUMPKIN G T, DESS G G. Clarifying the entrepreneurial orientation construct and linking it to performance[J]. Academy Of Management Review, 1996(21): 135-172.

[307] LYIGUN Q. Entrepreneurship and human capital accumulation[J]. American Economy Review, 1998(2): 454-457.

[308] MA H, BARBE T F, ZHANG C Y. Can social capital and psychological capital improve the entrepreneurial performance of the new generation of migrant workers in China? [J]. Sustainability,

2018, 10(11): 1-16.

[309] MALECKI E J. Digital development in rural areas: potentials and pitfalls[J]. Journal of Rural Studies, 2003, 19(2): 201-214.

[310] MARTIN B C, MCNALLY J J, KAY M J. Examining the formation of human capital in entrepreneurship: a meta-analysis of entrepreneurship education outcomes [J]. Journal of Business Venturing, 2013, 28(2): 211-224.

[311] DMOVSEK M, ERIKSON T. Competing models of entrepreneurial intentions[J]. Economic And Business Review For Central And South-Eastern Europe, 2005, 7(1): 55-71.

[312] MCCLELLAND D C. Need achievement and entrepreneurship: a longitudinal study [J]. Journal Of Personality And Social Psychology, 1965, 1(4): 389-392.

[313] MENG D, SHANG Y, ZHANG X, et al. Does entrepreneurship policy encourage college graduates' entrepreneurship behavior: the intermediary role based on entrepreneurship willingness [J]. Sustainability, 2023, 15(12): 1-19.

[314] SNOW M. Organization strategies, structure and process[M]. New York: Mc Graw-Hill, 1978.

[315] MUNIR H, AMZAN S. Personality traits and theory of planned behavior comparison of entrepreneurial intentions between an emerging economy and a developing country [J]. International Journal Of Entrepreneurial Behavior & Research, 2019(3): 554-580.

[316] NDOFIREPI T M. Relationship between entrepreneurship education and entrepreneurial goal intentions: psychological traits as mediators [J]. Journal Of Innovation And Entrepreneurship, 2020(1): 1-20.

[317] NENEH B N. From entrepreneurial intentions to behavior: the role

of anticipated regret and proactive personality[J]. Journal of Vocational Behavior, 2019(112): 311-324.

[318] PEDERSEN E R, GWOZDZ W, HVASS K K. Exploring the relationship between business model innovation, corporate sustainability, and organizational values within the fashion industry[J]. Journal of Business Ethics, 2018, 149(2): 267-284.

[319] PENROSE E T. The theory of the growth of the firm[M]. New York: John Wiley&Sons, 1959.

[320] PETERAF M A. The cornerstones of competitive advantage: a resource-based view[J]. Strategic Management Journal, 1993, 14(3): 179-191.

[321] RAVENSTEIN E G. The laws of migration[J]. Journal of the Statistical Society of London, 1885(2): 167-235.

[322] FONSECA RAQUEL, LOPEZ-GARCIA P, PISSARIDES C A. Entrepreneurship, start-up costs and employment[J]. European Economic Review, 2001, 45(4): 692-705.

[323] REISSOVÁ A, ŠIMSOVÁ J, SONNTAG R, et al. The influence of personal characteristics on entrepreneurial intentions: international comparison[J]. Entrepreneurial Business And Economics Review, 2020, 8(4): 29-46.

[324] ROBERTSON I T, ILES P A, GRATTON L, SHARPLEY D. The impact of personal selection and assessment methods on candidates[J]. Human Relations, 1991, 44(9): 963-982.

[325] RONSTADT R C, ROBERT R. Entrepreneurship: text, cases and notes[M]. Massachusetts: Lord Publishing, 1984.

[326] ROSIQUE-BLASCO M, MADRID-GUIJARRO A, GARCIA-PEREZ-DE-LEMA D. The effects of personal abilities and self-efficacy on entrepreneurial intentions[J]. International Entrepreneurship And Management Journal, 2018(4): 1025-1052.

[327] ROTTER J B, FITZGERALD B J, JOYCE J N. A comparison of some objective measures of expectancy[J]. The Journal Of Abnormal And Social Psychology, 1954, 49(1): 111-114.

[328] SANDBERG W R, HOFER C W. Improving new venture performance: the role of strategy, industry structure, and the entrepreneur[J]. Journal of Business Venturing, 1987, 2(1): 5-28.

[329] SHANE S, CABLE D. Network ties, reputation, and the financing of new ventures[J]. Management Science, 2002, 48(3): 364-381.

[330] SHANE S, VENKATARAMAN S. The promise of entrepreneurship as a field of research[J]. Academy of Management Review, 2000, 25(1): 217-226.

[331] SHANE S, NICOLAOU N. The genetics of entrepreneurial performance[J]. International Small Business Journal, 2013, 31(5): 473-495.

[332] SHAPERO A, SOKOL L. Social dimensions of entrepreneurship[M]. Englewood Cliffs, NJ: Prentice Hall, 1982.

[333] SHIYUAN Y, MENGJIA L, LONGHUA Y, et al. From farmers' entrepreneurial motivation to performance: the chain mediating effect of entrepreneurial learning and entrepreneurial ability[J]. Sustainability, 2022, 15(1): 726-726.

[334] SHOOK C L. Venture creation and the enterprising individual: a review and synthesis[J]. Journal of Mangement, 2003, 29(3): 379-399.

[335] SMITH K G, GREGORIO D. Discovery and the role of entrepreneurial action[J]. Strategic Entrepreneurship: Creating a New Mindset, 2002, 129: 150.

[336] STATHOPOULOU S, PSALTOPOULOS D, SKURAS D. Rural

entrepreneurship in Europe: a research framework and agenda[J]. International Journal of Entrepreneurial Behaviour & Research, 2004, 10(6): 404-425.

[337] STEVENSON L. Entrepreneurship policy for the future[R]. Swedish Foundation for Small Business Research, Irwin, 2003.

[338] STEVENSON H H, ROBERTS M J, GROUSBECK H I. New business ventures and the entrepreneur[R]. R. D. Irwin, 1987.

[339] STERNBERG R, WENNEKERS S. Determinants and effects of new business creation using global entrepreneurship monitor data [J]. Small Business Economics, 2005, 24(3): 193-203.

[340] STOREY D J, TETHER B S. New technology-based firms in the European Union: an introduction[J] Research Policy, 1998, 26(9): 933-946.

[341] TETT R P, BURNETT D D. A personality trait-based interactionist model of job performance[J]. Journal Of Applied Psychology, 2003, 88(3): 500-517.

[342] THOMPSON E R. Individual entrepreneurial intent: construct clarification and development of an internationally reliable metric [J]. Entrepreneurship Theory and Practice, 2009, 33(5): 669-694.

[343] TIMMONS J A, SPINELLI S. New venture creation: entrepreneurship for the 21st century[M]. Burr Ridge, IL: Irwin, 1994.

[344] TIMMONS J A. New venture creation[M]. 5ed. New York: Mc Graw-Hill, 1999.

[345] TONG X F, TONG D Y, LOY L C. Factor influencing entrepreneurial intentions among university students[J]. International Journal Of Social Sciences And Humanity Studies, 2011, 3(1): 487-496.

[346] VAN R K, SEIFERT C F. A theoretical analysis of the role of

characteristics in entrepreneurial propensity[J]. Strategic Entrepreneurship Journal, 2016, 10(1): 89-96.

[347] VESPER K H, GARTNER W B. Measuring progress in entrepreneurship education[J]. Journal of Business Venturing, 1997, 12(5): 403-421.

[348] WEI X, ZHU H. Return migrants' entrepreneurial decisions in rural China[J]. Asian Population Studies, 2020, 16(1): 1-21.

[349] WERNERFELT B. A resource-based view of the firm[J]. Strategic Management Journal, 1984, 5(2): 171-180.

[350] WICKHAM P. Developing a mission for an entrepreneurial venture [J]. Management Decision, 1997, 35(5): 373-381.

[351] WICKHAM P. Strategic entrepreneurship[J]. Social Science Electronic Publishing, 2007, 4(24): 178-181.

[352] WILLIAM B G. A conceptual framework for describing the phenomenon of new venture creation[J]. Academy of Management review. 1985, 10(4): 696-705.

[353] NICK W, EMMANUELLA P, KRASNIQI B A. When forced migrants go home: the journey of returnee entrepreneurs in the post-conflict economies of Bosnia & Herzegovina and Kosovo[J]. Entrepreneurship Theory and Practice, 2023, 47(2): 430-460.

[354] ZAHRA S A. Corporate entrepreneurship and financial performance: the case of management leveraged buyouts [J]. Journal of Business Venturing, 1995, 10(1): 225-247.

[355] ZHOU Y, CAI Z, WANG J. Digital rural construction and rural household entrepreneurship: evidence from China [J]. Sustainability, 2023, 15(19).

[356] ZOTTC A R, MASSA L. The business model: recent developments and future research[J]. Journal of Management, 2011, 37(4): 1019-1042.

附　　录

附录1
新生代农民工返乡创业行为特征调查问卷

尊敬的朋友：

　　您好！为了开展关于"新生代农民工返乡创业"相关课题的研究，课题组特此组织了本次调研，以了解新生代农民工返乡创业行为的特征及发展状况。

　　调查采取匿名方式，请各位朋友如实填写，以期获得普遍性的真实情况。您可以依据内容选择单选或者多选。若您还有其他想法或意见建议需要反映，也可附写在问卷之后。

　　感谢您的合作！

　　调查地点：＿＿＿＿市（县）＿＿＿＿镇（乡）＿＿＿＿村（社居委）

一、个人基本情况

1. 性别：[1] 男　[2] 女
2. 户籍性质：[1] 农村　[2] 非农村
3. 婚姻状况：[1] 未婚　[2] 已婚
4. 年龄：[1] 18～25 岁　[2] 26～30 岁　[3] 31～35 岁　[4] 36～42 岁　[5] 42 岁以上
5. 文化程度：[1] 小学及以下　[2] 初中　[3] 中专及高中　[4] 大专　[5] 本科及以上

6. 职业技能水平:[1]无　[2]初级　[3]中级　[4]高级

7. 家庭人口:_____(人)劳动力人口:_____(人)承包耕地数:_____(亩)

8. 家庭年收入:[1] 3 万元以下　[2] 3 万～5 万元　[3] 5 万～8 万元
　　　　　　　[4] 8 万～15 万元　[5] 15 万元及以上

9. 当前子女数量:[1] 0 个　[2] 1 个　[3] 2 个　[4] 3 个及以上

10. 常联系的朋友大约有多少个:[1] 3 个及以下　[2] 4～6 个
　　　　　　　　　　　　　　[3] 7～15 个　[4] 15 个以上

二、返乡创业前就业情况

11. 返乡创业前就业的主要地区为(　　)
    [1]北京、上海市区及周边　[2]江浙一带　[3]广东一带
    [4]福建一带　[5]其他

12. 外出务工总时长为(　　)
    [1] 6 个月以下　[2] 6 个月至 2 年　[3] 2～4 年　[4] 4～6 年
    [5] 6 年以上

13. 外出务工月均收入为(　　)
    [1] 2 500 元以下　[2] 2 501～4 500 元　[3] 4 501～6 500 元
    [4] 6 501～8 500 元　[5] 8 500 元以上

14. 家庭年支出费用均礼金为(　　)
    [1] 1 000 元以下　[2] 1 001～3 000 元　[3] 3 001～5 000 元
    [4] 5 001～10 000 元　[5] 10 000 元以上

三、返乡创业意愿

15. 参加政府、社团的团体活动的次数如何(　　)
    [1]很少　[2]比较少　[3]一般　[4]较多　[5]很多

16. 周边的创业氛围如何(　　)
    [1]很差　[2]较差　[3]一般　[4]良好　[5]很好

17. 亲朋好友是否有人创业(　　)
    [1]是　[2]否

18. 家人对您返乡创业态度为(　　)

[1]完全不同意 [2]较不同意 [3]不确定 [4]较同意
[5]完全同意

19. 您的返乡创业意愿程度为( )

    [1]非常弱 [2]很弱 [3]不确定 [4]很强 [5]非常强

20. 您的创业风险偏好是( )

    [1]激进型 [2]中间型 [3]保守型

21. 此次返乡的主要原因是( )

    [1]受经济等影响外出就业难 [2]家庭因素
    [3]暂时回家待业 [4]家乡对农民政策扶持力度大 [5]其他

22. 您不选择返乡创业的原因是( )

    [1]创业风险大 [2]缺乏技术和管理经验 [3]资金不足
    [4]缺乏社会资源 [5]政策支持力度不大 [6]其他

四、返乡创业者现状

23. 您是否创办过企业( )

    [1]是 [2]否

24. 您选择返乡创业的动机是( )

    [1]外出就业难 [2]创业收入高 [3]改善生活条件
    [4]发挥自身技能优势 [5]提高社会地位 [6]其他

25. 创业年限为( )

    [1]2年以下 [2]2~5年 [3]5~10年 [4]10年及以上

26. 创业机会的来源有( )

    [1]农业生产活实践 [2]亲戚朋友 [3]互联网等媒介
    [4]当地产业特色 [5]外地务工经验积累 [6]其他

27. 如果创办过公司,现在是否实现盈利( )

    [1]是 [2]否

28. 您公司的规模怎样( )

    [1]小于等于5人 [2]6~10人 [3]11~20人 [4]21~50人
    [5]51人以上

29. 您所创办的企业年营业收入(万元)为:

目前年营业收入：_____ 年均利润：_____ 上交税收：_____

30. 您计划或者正在返乡创业选择的行业领域是（　　）

   ［1］建筑业　［2］零售业　［3］住宿餐饮业　［4］交通运输业

   ［5］农林牧渔业　［6］制造加工业　［7］其他

31. 您创业的初始投资计划是（　　）

   ［1］10万元以下　［2］11万～50万元　［3］51万～100万元

   ［4］101万～500万元　［5］500万元以上

32. 您返乡创业的初始创业资金来源渠道有（　　）

   ［1］自有存款　［2］银行贷款　［3］亲朋好友拆借

   ［4］政府扶持政策贷款　［5］民间贷款　［6］其他

33. 您认为当前返乡创业面临的困难有（　　）

   ［1］资金问题　［2］技术问题　［3］市场信息环境问题

   ［4］政府支持力度　［5］经营管理能力与经验　［6］其他

34. 你认为打工经历对创业有何影响（　　）

   ［1］扩展人际交往范围　［2］增加市场经济的头脑

   ［3］掌握经验和管理能力　［4］积累创业资金　［5］积累创业资源

   ［6］其他

35. 您认为您的返乡创业优势是（　　）

   ［1］学习技能经验　［2］积攒资金　［3］积累社会关系

   ［4］政策支持　［5］有合适的创业资源　［6］其他

36. 您认为返乡创业成功的最主要因素是（　　）

   ［1］经验管理和能力　［2］个人特质　［3］机遇

   ［4］社会交往能力　［5］创业学习能力　［6］乡村振兴政策的支持
   ［7］其他

37. 对新生代农民工返乡创业支持的有关乡村振兴政策，您的满意程度是（　　）

   ［1］非常不满意　［2］不太满意　［3］一般满意　［4］比较满意

   ［5］非常满意

38. 您参加政府有关创业培训活动的次数如何（　　）

　　　　[1]非常少　[2]不太多　[3]一般　[4]比较多　[5]非常多

39. 哪些优惠扶持政策对您返乡创业的影响力度比较大(　　　)

　　　　[1]金融贷款　[2]税费减免　[3]咨询与指导服务

　　　　[4]场地优惠　[5]财政补贴　[6]其他

40. 您认为家乡创业的优势有(　　　)

　　　　[1]基础设施改善　[2]地域特色明显　[3]人居环境改善

　　　　[4]产业结构的调整　[5]乡村振兴政策的支持

附：您对新生代农民工返乡创业的其他建议：_____
_____
_____
_____。

附录 2
新生代农民工返乡创业意愿与行为调查问卷

尊敬的朋友：

您好！我们是课题组研究成员，为了有效了解新生代农民工返乡创业意愿与行为，课题组组织了本次调查。问卷的相关调查结果可能会被相关决策部门采用，可以为您的创业和就业工作提供更大的支持和帮助。

调查问卷采取匿名方式，仅用于学术用途，我们保证问卷涉及的所有相关信息将会被保密。请各位朋友如实填写，以期获得用于研究的真实情况。若无特殊说明，每个问题只选一个答案；若朋友们还有其他想法或建议需要反映，也可附写在问卷之后。

感谢您的合作！

一、基本情况

1. 年龄：[1] 18～25 岁　[2] 26～30 岁　[3] 31～35 岁
　　　　[4] 36～45 岁　[5] 45 岁以上
2. 性别：[1] 男　[2] 女
3. 户籍所在地：[1] 农村　[2] 非农村
4. 文化程度：[1] 小学及以下　[2] 初中　[3] 高中（中专）　[4] 大专
　　　　　　[5] 本科及以上
5. 婚姻：[1] 未婚　[2] 已婚　[3] 离异　[4] 丧偶
6. 外出务工时间：[1] 6 个月以下　[2] 6 个月至 2 年　[3] 2～4 年
　　　　　　　　[4] 4～6 年　[5] 6 年以上
7. 您家目前人均月收入：[1] 2 500 元及以下　[2] 2 501～5 000 元
　　　　　　　　　　　[2] 5 001～6 500 元　[3] 6 500～7 500 元
　　　　　　　　　　　[4] 7 500 元以上

下面是关于返乡创业意愿、创业行为、政策支持以及个人特质的调查，请根据实际情况，在评价栏相应的选项上进行选择：1是"完全不同意"，2是"不同意"，3是"比较不同意"，4是"一般"，5是"比较同意"，6是"同意"，7是"完全同意"。

二、返乡创业意愿

题项	评价						
返乡创业意愿	完全不同意	不同意	比较不同意	一般	比较同意	同意	完全同意
1. 返乡后，我的职业目标就是成为一个创业者	1	2	3	4	5	6	7
2. 我认真考虑过返乡创业这个问题	1	2	3	4	5	6	7
3. 我有坚定打算，将来返乡创办自己的公司	1	2	3	4	5	6	7
4. 我会尽一切努力返乡去创办我自己的公司	1	2	3	4	5	6	7

三、返乡创业行为

题项	评价						
返乡创业行为	完全不同意	不同意	比较不同意	一般	比较同意	同意	完全同意
1. 返乡后，我已经在一个创业项目上投入大量的时间，如搜索相关信息、筹资等	1	2	3	4	5	6	7
2. 返乡后，我已经搭建好社会网络，并和有业务关系的人谈论过这个创业项目	1	2	3	4	5	6	7
3. 返乡后，我已经确定了创业所提供的产品、服务和市场机会等	1	2	3	4	5	6	7
4. 返乡后，我已经申请了税务识别号码	1	2	3	4	5	6	7

四、创业政策支持

题项	评价						
创业政策支持	完全不同意	不同意	比较不同意	一般	比较同意	同意	完全同意
1. 政府制定和实施了给予办公场所、税收减免等有助于返乡创业的优惠政策	1	2	3	4	5	6	7
2. 当地政府为返乡农民工提供了重要市场信息	1	2	3	4	5	6	7
3. 政府常为返乡农民工提供政策咨询、免费培训等帮助	1	2	3	4	5	6	7
4. 政府经常给予返乡农民工资金资助等方面帮助	1	2	3	4	5	6	7

五、个人特质

题项	评价						
个人特质	完全不同意	不同意	比较不同意	一般	比较同意	同意	完全同意
1. 返乡后,我是不会满足那些未达到预期结果的事情	1	2	3	4	5	6	7
2. 虽然别人认为这是不可能的事情,但我仍然会去尝试	1	2	3	4	5	6	7
3. 我认为返乡后的工作是实现目标的一种方式	1	2	3	4	5	6	7
4. 对于自己制订的计划,我会让它们实际生效	1	2	3	4	5	6	7
5. 我在面对关于生活方向等问题时有足够的自控力	1	2	3	4	5	6	7
6. 我相信我的能力决定了我是否能在生活中取得成功	1	2	3	4	5	6	7
7. 我对运气的态度是不相信	1	2	3	4	5	6	7
8. 在旅行中,我更喜欢尝试新的路线	1	2	3	4	5	6	7
9. 我愿意用我的钱去冒险投资,如投资股票	1	2	3	4	5	6	7
10. 我喜欢尝试各种新的事物,如新食物、新地方和新体验	1	2	3	4	5	6	7
11. 我在返乡后6个月内曾经有过冒险	1	2	3	4	5	6	7

附:您对新生代农民工返乡创业的其他建议:_____

附录3
新生代农民工返乡创业行为对创业绩效的影响调查问卷

尊敬的朋友：

您好！为了开展关于"新生代农民工创业"相关课题的研究,课题组特此组织了本次调研,以了解新生代农民工返乡创业行为对创业绩效的影响。调查采取匿名作答的方式,问卷回收后我们将严格保密,数据和结果仅作科研用途,不涉及任何商业行为,请您放心且客观地作答。非常感谢您的支持！

问卷编号： 调研员： 调研时间：
调研地址： 市(县、区) 镇(街道) 村(居委会)
户籍所在地： 市(县、区) 镇(街道) 村(居委会)

第一部分 基本情况

1. 年龄：[1] 18～22岁 [2] 23～28岁 [3] 29～34岁
   [4] 35～40岁 [5] 41～45岁 [6] 45岁以上

2. 性别：[1] 男 [2] 女

3. 户籍性质：[1] 农村 [2] 非农村

4. 受教育程度：[1] 小学及以下 [2] 初中 [3] 高中(中专)
   [4] 大专 [5] 本科及以上

5. 婚姻：[1] 未婚 [2] 已婚 [3] 离异 [4] 丧偶

6. 返乡创业前外出务工时长：[1] 6个月以下 [2] 6个月至2年
   [3] 2～4年 [4] 4～6年 [5] 6年以上

7. 企业员工数量：[1] 1～5人 [2] 6～10人 [3] 11～15人
   [4] 16～20人 [5] 21人及以上

8. 企业所属领域：[1] 批发零售业 [2] 种养殖业 [3] 居民服务业
   [4] 建筑建材业 [5] 餐饮业

[6] 其他(如无法确定具体领域,可填入企业主营业务_____)

9. 创业年限:[1] 1 年以下　[2] 1～2 年　[3] 2～4 年　[4] 4～6 年
　　　　　　[5] 6 年以上

第二部分　变量测量

一、以下是返乡创业绩效的调查,请根据实际情况选择相应选项(1 = 完全不同意,2 = 不同意,3 = 比较不同意,4 = 一般,5 = 比较同意,6 = 同意,7 = 完全同意)

题项	完全不同意→完全同意
第一个题项:1 是 2 万元及以下,2 是 3 万～5 万元,3 是 6 万～10 万元,4 是 11 万～20 万元,5 是 21 万～35 万元,6 是 36 万～60 万元,7 是 60 万元以上,其他题项 1～7 为完全不同意到完全同意。	
1. 返乡创业企业的年利润	1　2　3　4　5　6　7
2. 企业资金能保持正常运作	1　2　3　4　5　6　7
3. 产品有一定的市场销路	1　2　3　4　5　6　7
4. 所选创业行业的发展前景好	1　2　3　4　5　6　7
5. 企业的销售额在不断增长	1　2　3　4　5　6　7
6. 企业的利润在快速增长	1　2　3　4　5　6　7

二、以下是机会识别行为的调查,请根据实际情况选择相应选项(1 = 完全不同意,2 = 不同意,3 = 比较不同意,4 = 一般,5 = 比较同意,6 = 同意,7 = 完全同意)

题项	完全不同意→完全同意
1. 对新的信息和机会有敏锐的知觉	1　2　3　4　5　6　7
2. 能很好地识别出有价值的市场机会	1　2　3　4　5　6　7
3. 积极行动,抓住已有创业机会	1　2　3　4　5　6　7

三、以下是资源利用与分配的调查,请根据实际情况选择相应选项(1 = 完全不同意,2 = 不同意,3 = 比较不同意,4 = 一般,5 = 比较同意,

6＝同意,7＝完全同意)

题项	完全不同意→完全同意						
1. 在创业过程中充分利用家乡优势	1	2	3	4	5	6	7
2. 在创业过程中充分利用政府政策	1	2	3	4	5	6	7
3. 在创业过程中充分利用自身工作经历所得	1	2	3	4	5	6	7
4. 能创造性利用有限资源	1	2	3	4	5	6	7
5. 能合理安排生产与运营过程	1	2	3	4	5	6	7

四、以下是创业学习行为的调查,请根据实际情况选择相应选项(1＝完全不同意,2＝不同意,3＝比较不同意,4＝一般,5＝比较同意,6＝同意,7＝完全同意)

题项	完全不同意→完全同意						
1. 创业过程中注重积累各种经验	1	2	3	4	5	6	7
2. 已有的经验对创业决策非常重要	1	2	3	4	5	6	7
3. 失败行为并不可怕,关键在于能从中吸取教训	1	2	3	4	5	6	7
4. 经常与行业中的专业人员进行交流	1	2	3	4	5	6	7
5. 非常关注同行业中"标杆"企业的行为	1	2	3	4	5	6	7
6. 观测他人的行为是获取信息的重要来源	1	2	3	4	5	6	7

五、以下是网络构建行为的调查,请根据实际情况选择相应选项(1＝完全不同意,2＝不同意,3＝比较不同意,4＝一般,5＝比较同意,6＝同意,7＝完全同意)

题项	完全不同意→完全同意						
1. 会利用线下活动与同行建立联系	1	2	3	4	5	6	7
2. 注重与上下游企业建立良好的合作关系	1	2	3	4	5	6	7
3. 会通过熟人与他人建立联系	1	2	3	4	5	6	7
4. 积极与亲友或他人保持良好互动	1	2	3	4	5	6	7
5. 与其他群体或个人互相帮助	1	2	3	4	5	6	7

六、以下是商业模式创新的调查,请根据实际情况选择相应选项(1＝完全不同意,2＝不同意,3＝比较不同意,4＝一般,5＝比较同意,6＝同意,7＝完全同意)

题项	完全不同意→完全同意						
1. 我们能识别并服务新的市场和客户群体	1	2	3	4	5	6	7
2. 我们能不断开发新的产品或服务	1	2	3	4	5	6	7
3. 我们能够开发新的核心流程和活动(设计、营销等)	1	2	3	4	5	6	7
4. 我们积极引入新的、多样化的合作伙伴(供应商、分销商、最终用户等)	1	2	3	4	5	6	7
5. 我们能够开发建立客户关系的新工具或方式(会员资格、奖金制度等)	1	2	3	4	5	6	7
6. 我们能够通过新渠道(合作伙伴商店、在线商店等)销售产品或提供服务	1	2	3	4	5	6	7
7. 我们能够不断开拓新业务,探索新的盈利模式	1	2	3	4	5	6	7
8. 我们能够引入降低成本的新方式	1	2	3	4	5	6	7